>>> 绿色交通建设与维护丛书

公路试验检测与养护技术

黄耀俭　袁　勇　杨文光　主编

中国建设科技出版社有限责任公司
China Construction Science and Technology Press Co., Ltd.

北　京

图书在版编目(CIP)数据

公路试验检测与养护技术 / 黄耀俭, 袁勇, 杨文光主编. -- 北京 : 中国建设科技出版社有限责任公司, 2024.12. -- (绿色交通建设与维护丛书). -- ISBN 978-7-5160-3414-9

Ⅰ. U41

中国国家版本馆 CIP 数据核字第 2024XS5202 号

公路试验检测与养护技术
GONGLU SHIYAN JIANCE YU YANGHU JISHU
黄耀俭　袁　勇　杨文光　主编

出版发行：	中国建设科技出版社有限责任公司
地　　址：	北京市西城区白纸坊东街 2 号院 6 号楼
邮　　编：	100054
经　　销：	全国各地新华书店
印　　刷：	北京雁林吉兆印刷有限公司
开　　本：	787mm×1092mm　1/16
印　　张：	12.25
字　　数：	290 千字
版　　次：	2024 年 12 月第 1 版
印　　次：	2024 年 12 月第 1 次
定　　价：	**78.00 元**

本社网址：www.jskjcbs.com，微信公众号：zgjskjcbs
请选用正版图书，采购、销售盗版图书属违法行为
版权专有，盗版必究。本社法律顾问：北京天驰君泰律师事务所，张杰律师
举报信箱：zhangjie@tiantailaw.com　　举报电话：(010)63567684
本书如有印装质量问题，由我社事业发展中心负责调换，联系电话：(010)63567692

编 委 会

主　编：黄耀俭（广西壮族自治区西林公路养护中心）
　　　　袁　勇（云基智慧工程股份有限公司）
　　　　杨文光（深圳高速工程检测有限公司）
副主编：康伟中（中国华西工程设计建设有限公司深圳分公司）
　　　　李晓可（浙江交工集团股份有限公司）
编　委：黎仁锋（中交第四航务工程局有限公司）

前　言

公路工程试验检测是一门融公路工程基础知识、试验检测基础理论和测试操作技能于一体的学科，是进行公路工程质量检测的一种有效手段，是公路建设质量管理工作的重要组成部分。它可以直观地反映出工程的整体质量水平，进而及时发现问题并采取有效的措施和手段加以解决，对公路的建设、养护具有重要的作用。

公路交通作为最基础、最广泛的运输方式，在综合交通运输体系中具有不可替代的作用。公路、桥梁和隧道在服役过程中，由于反复遭受各种荷载作用、材料疲劳与腐蚀，以及自然因素的破坏，其安全性能存在隐患，因此需要定时对其进行养护、维护和修缮。

本书参考国家现行标准和规程，包括《公路工程质量检验评定标准 第一册 土建工程》(JTG F80/1—2017)、《公路土工试验规程》(JTG 3430—2020)、《公路工程无机结合料稳定材料试验规程》(JTG 3441—2024)、《公路工程基桩检测技术规程》(JTG/T 3512—2020)等，围绕公路的试验检测技术与养护技术进行研究。全书分7章，分别为路基路面常用原材料试验检测、路基路面试验检测技术、桥梁试验检测技术、隧道试验检测技术、公路工程养护技术、桥梁工程养护技术以及隧道工程养护技术。书中系统地介绍了路基路面工程、桥梁工程、隧道工程涉及的现场检测技术、质量检测项目、养护技术等内容，具有较强的工程应用性。

在本书的编写过程中，第一主编黄耀俭负责第3章的第3.1节、第3.4节，第4章，第5章的第5.1节、5.2节，第6章的第6.1~6.3节，第7章的第7.1节及前言、参考文献的编写，并负责全书的统稿及修正工作；第二主编袁勇负责第3章的第3.2节、3.3节，第6章的第6.4节、6.5节，第7章的第7.2节的编写；第三主编杨文光负责第1章的第1.2~1.4节，第2章的第2.1~2.3节的编写。第一副主编康伟中负责第2章的第2.4节、2.5节，第5章的第5.3节的编写，第二副主编李晓可负责第1章的第1.1节的编写。同时感谢编委黎仁锋为本书的编写工作提供了诸多数据、资料等方面的收集支持。

本书在编写过程中采用的标准、规范和规程均为现行标准，在本书使用过程中如有标准、规范和规程进行了修订，请以最新的版本为准。由于公路工程试验检测新方法、新技术及新规范发展迅速，加之编者水平有限，书中难免存在不妥之处，恳请读者提出宝贵意见和建议。

编　者
2024年8月

目　　录

1 路基路面常用原材料试验检测 ································· 1
　　1.1　土工试验检测 ··· 1
　　1.2　无机结合料稳定材料试验检测 ···························· 9
　　1.3　沥青混合料试验检测 ···································· 20
　　1.4　水泥混凝土拌和物试验检测 ······························ 29

2 路基路面试验检测技术 ·· 34
　　2.1　路基路面几何尺寸与路面厚度测试 ······················· 34
　　2.2　路基路面压实度检测 ···································· 38
　　2.3　路基路面承载能力检测 ·································· 46
　　2.4　路面平整度检测 ·· 55
　　2.5　路面抗滑性能和渗水系数检测 ···························· 60

3 桥梁试验检测技术 ·· 67
　　3.1　桥梁基础检测 ·· 67
　　3.2　桥梁上部结构检测 ······································ 73
　　3.3　桥梁支座和伸缩装置检测 ································ 83
　　3.4　桥梁荷载试验 ·· 89

4 隧道试验检测技术 ·· 98
　　4.1　隧道施工质量检测 ······································ 98
　　4.2　隧道施工监控量测 ····································· 101
　　4.3　隧道施工环境检测 ····································· 103

5 公路工程养护技术 ··· 109
　　5.1　路基养护 ··· 109
　　5.2　沥青路面养护 ··· 117
　　5.3　水泥混凝土路面养护 ··································· 133

6 桥梁工程养护技术 ··· 145
　　6.1　基础与墩(台)的养护 ··································· 145

  6.2 梁式桥跨的养护 ·· 149
  6.3 拱桥的养护 ·· 158
  6.4 悬吊及斜拉系统的养护 ··· 162
  6.5 桥面与桥梁支座的养护 ··· 167

7 隧道工程养护技术 ·· **177**
  7.1 土建结构养护的工作内容 ·· 177
  7.2 隧道主要病害的处理 ··· 179

参考文献 ·· 185

1 路基路面常用原材料试验检测

1.1 土工试验检测

1.1.1 土的含水率试验

1. 烘干法

(1) 适用范围。烘干法适用于测定黏质土、粉质土、砂类土、砾类土、有机质土和冻土等土类的含水率。

(2) 仪器设备。烘箱、天平（称量200g，感量0.01g；称量5000g，感量0.1g）以及干燥器、称量盒。

(3) 试验步骤。①取具有代表性的试样，细粒土不少于50g，砂类土、有机质土不少于100g，砾类土不少于1kg，放入称量盒内，立即盖好盒盖，分别称质量；②揭开盒盖，将试样和称量盒放入烘箱内，在105～110℃恒温下烘干。烘干时间，对细粒土不得短于8h；对砂类土和砾类土不得少于6h；对含有机质超过5%的土或含石膏的土，应将温度控制在60～70℃，烘干时间宜不少于24h；③将烘干后的试样和称量盒取出，放入干燥器内冷却（一般为0.5～1h）。冷却后盖好盒盖，称质量，细粒土、砂类土和有机质土的质量精确至0.01g；砾类土的质量精确至1g。

(4) 结果整理。含水率按式（1.1）计算。

$$\omega=\frac{m-m_s}{m_s}\times 100\% \tag{1.1}$$

式中，ω为含水率（%），计算结果精确至0.1%；m为湿土质量（g）；m_s为干土质量（g）。

试验记录格式、精度和允许差应分别符合《公路土工试验规程》（JTG 3430—2020）中“T 0103—2019 烘干法”第4.2条、4.3条的规定。

2. 酒精燃烧法

(1) 适用范围。酒精燃烧法适用于快速简易测定土（含有机质的土和盐渍土除外）的含水率。

(2) 仪器设备。天平（感量0.01g）、酒精（纯度95%以上）、滴管、调土刀、称量盒（可定期调整为恒定质量）等。

(3) 试验步骤。①称取空盒的质量，精确至0.01g；②取代表性试样不少于10g，放入称量盒内，称盒与湿土的总质量，精确至0.01g；③用滴管将酒精注入放有试样的称量盒中,直至盒中出现自由液面为止。为使酒精与试样充分混合均匀,可将盒底放在桌面上并轻轻敲击;④点燃盒中酒精,燃烧至火焰熄灭;⑤火焰熄灭并冷却数分钟,再次用滴管滴入酒精,不得用瓶直接往盒里倒酒精,以防意外。如此再燃烧两次;⑥待第三次火焰熄灭后,盖好盒盖,称干土和盒的质量,精确至0.01g。

(4) 结果整理。同烘干法。

1.1.2 土的密度试验

1. 环刀法

(1) 适用范围。环刀法适用于细粒土。

(2) 仪器设备。环刀(内径6~8cm,高2~5.4cm,壁厚1.5~2.2mm)、天平(感量0.01g)、削土刀、钢丝锯、凡士林等。

(3) 试验步骤。①按工程需要取原状土或制备所需状态的扰动土样,整平两端,环刀内壁涂一薄层凡士林,刀口向下放在土样上;②用削土刀或钢丝锯将土样上部削成略大于环刀直径的土柱,然后将环刀垂直下压,边压边削,至土样伸出环刀上部为止。削去两端余土,使土样与环刀口面齐平,并用剩余土样测定含水率;③擦净环刀外壁,称环刀与土的总质量 m_1,精确至0.01g。

(4) 结果整理。湿密度和干密度按式(1.2)和式(1.3)计算。

$$\rho = \frac{m_1 - m_2}{V} \quad (1.2)$$

$$\rho_d = \frac{\rho}{1 + 0.01w} \quad (1.3)$$

式中,ρ 为湿密度,计算结果精确至0.01g/cm³;m_1 为环刀与土的总质量(g);m_2 为环刀质量(g);V 为环刀体积(cm³);ρ_d 为干密度,计算结果精确至0.01g/cm³;w 为含水率(%)。

试验记录格式、精度和允许差应符合《公路土工试验规程》(JTG 3430—2020)中"T 0107—1993 环刀法"第4.2条、4.3条的规定。

2. 灌砂法

(1) 适用范围。

灌砂法适用于现场测定路基土的密度。试样最大粒径不得超过60mm,测定密度层的厚度为150~200mm。

在测定细粒土的密度时,可以采用直径100mm的小型灌砂筒;如最大粒径超过15mm,则灌砂筒和现场试洞的直径应为150~200mm,灌砂筒的直径宜大于最大粒径的3倍。

(2) 仪器设备。

①灌砂筒。灌砂筒主要分两部分:上部为储砂筒,筒底中心有一个圆孔;下部装一倒置的圆锥形漏斗,漏斗上端开口,直径与储砂筒的圆孔相同。漏斗焊接在一块铁板上,铁板中心有一圆孔与漏斗上开口相接。在储砂筒筒底与漏斗顶端铁板之间设有开关。开关为一薄铁板,一端与筒底及漏斗铁板铰接在一起,另一端伸出筒身外,开关铁板上也有圆孔。将开关向左移动时,开关铁板上的圆孔恰好与筒底圆孔及漏斗上开口相

对，即 3 个圆孔在平面上重叠在一起，砂可通过圆孔自由落下。将开关向右移动时，开关将筒底圆孔堵塞，砂即停止下落。

②金属标定罐。上端周围有罐缘（金属标定罐的顶部边缘部分一个向外凸出的边缘，通常为环形结构，围绕在金属标定罐的顶部开口周围）。

③基板。一个边长 350mm、深 40mm 的金属方盘，盘中心有一圆孔，直径与灌砂筒相同。

④玻璃板。边长约 500mm 的方形板。

⑤充电式天平（称量 15kg，感量 1g）、天平（称量 1000g，感量 0.01g）。

⑥量砂。粒径 0.25~0.5mm、清洁干燥的均匀砂，20~40kg。应先烘干，并放置足够时间，使其与空气的温度达到平衡。

⑦其他。打洞工具，如凿子、毛刷、铁锤、长把勺、长把小簸箕等；烘干设备。

（3）仪器标定。

①确定灌砂筒下部圆锥体内砂的质量。

首先，在储砂筒内装满砂，筒内砂的高度与筒顶的距离不超过 15mm，称灌砂筒和筒内砂的总质量 m_1，精确至 1g。每次标定及以后的试验均维持该质量不变；其次，将开关打开，让砂流出，并使流出的砂的体积与工地所挖试洞的体积相当（或等于金属标定罐的容积），再关上开关，称灌砂筒和筒内砂的质量 m_5，精确至 1g；再次，将灌砂筒放在玻璃板上，打开开关，让砂流出，直至筒内砂不再下流时，关上开关，并取走灌砂筒；从次，收集并称量留在玻璃板上的砂或称量筒内的砂，精确至 1g，玻璃板上的砂即填满灌砂筒下部圆锥体的砂；最后，重复上述测量，至少 3 次；最后，取其平均值 m_2，精确至 1g。

②确定量砂的密度。

a. 用水确定金属标定罐的容积 V。先将空罐放在电子秤上，使罐的上口处于水平位置，读记罐的质量 m_7，精确至 1g。再向金属标定罐中灌水，注意不要将水弄到电子秤上或罐的外壁；将一把直尺放在罐顶，当罐中水面快要接近直尺时，用滴管往罐中加水，直到水面接触直尺；移去直尺，读记罐和水的总质量 m_8。重复测量时，仅需用吸管从罐中取出少量水，并用滴管重新将水加满到接触直尺。金属标定罐的体积 V 按式（1.4）计算：

$$V = (m_8 - m_7)/\rho_w \tag{1.4}$$

式中，V 为金属标定罐的容积，计算结果精确至 0.01cm^3；m_7 为金属标定罐质量（g）；m_8 为金属标定罐和水的总质量（g）；ρ_w 为水的密度（g/cm³）。

b. 在储砂筒中装入质量为 m_1 的砂，并将灌砂筒放在金属标定罐上，打开开关，让砂流出，直到储砂筒内的砂不再下流时，关闭开关；取下灌砂筒，称灌砂筒和筒内剩余砂的总质量 m_3，精确至 1g。

c. 至少重复上述测量三次，最后取其平均值，精确至 1g。

d. 填满金属标定罐所需砂的质量 m_a 按式（1.5）计算。

$$m_a = m_1 - m_2 - m_3 \tag{1.5}$$

式中，m_a 为灌砂的质量（g），计算结果精确至 1g；m_1 为灌砂入金属标定罐前，灌砂筒和筒内砂的总质量（g）；m_2 为灌砂筒下部圆锥体内砂的平均质量（g）；m_3 为灌砂入金属标定罐后,灌砂筒和筒内剩余砂的质量(g)。

e. 量砂的密度 ρ_s 按式(1.6)计算。

$$\rho_s = \frac{m_a}{V} \qquad (1.6)$$

式中,ρ_s 为量砂的密度,计算结果精确至 0.01g/cm^3;其他符号含义同上。

(4)试验步骤。

①在试验地点,选一块约 40cm×40cm 的平坦表面,并清扫干净;称灌砂筒和砂的总质量 m_5。如表面的粗糙度较大,将基板放在平坦表面上;将盛有量砂的灌砂筒放在基板中间的圆孔上;打开灌砂筒开关,让砂流入基板的中孔内,直到储砂筒内的砂不再下流时关闭开关;取下灌砂筒,并称筒内砂的质量 m_6,精确至 1g。

②取走基板,收回留在试验地点的量砂,重新将表面清扫干净;将基板放在表面上,沿基板中孔凿直径为 100mm 的洞。在凿洞过程中,应注意不丢失凿出的试样,并随时将凿出的材料取出,放在已知质量的塑料袋内并密封。试洞的深度应与金属标定罐高度接近或一致。凿洞完成后,称塑料袋中全部试样质量,精确至 1g。减去已知塑料袋质量后,即为试样的总质量 m_t。

③从挖出的全部试样中取有代表性的样品,测定其含水率 w。

④将基板放在试洞上,灌砂筒放在基板中间(储砂筒内放满砂至恒量 m_1),使灌砂筒的下口对准基板的中孔及试洞。打开灌砂筒开关,让砂流入试洞内,关闭开关。小心取走灌砂筒,称量筒内剩余砂的质量 m_4,精确至 1g。如清扫干净的平坦表面的粗糙度不大,则无须放在基板上,将灌砂筒直接放在已挖好的试洞上。打开筒的开关,让砂流入试洞内。在此期间禁止碰灌砂筒。直到储砂筒内的砂不再下流时,关闭开关。取走灌砂筒,称量筒内剩余砂的质量 m_4,精确至 1g。

⑤取出试洞内的量砂,以备下次试验时再用。若量砂的湿度已发生变化或量砂中有杂质,应重新烘干、过筛,并放置一段时间,使其与空气的湿度达到平衡后再用。

⑥如试洞中有较大孔隙,量砂可能进入孔隙时,应按试洞外形,松弛地放入一层柔软的纱布后,再进行灌砂工作。

(5)结果整理。

①按式(1.7)和式(1.8)计算填满试洞所需砂的质量。灌砂时,试洞上放有基板时按式(1.7)计算,灌砂时试洞上不放基板时按式(1.8)计算。

$$m_b = m_1 - m_4 - (m_5 - m_6) \qquad (1.7)$$

$$m_b = m_1 - m'_4 - m_2 \qquad (1.8)$$

式中,m_b 为砂的质量(g);m_1 为灌砂入试洞前筒和砂的总质量(g);m_4、m'_4 为灌砂入试洞后,筒和筒内剩余砂的总质量(g);$(m_5 - m_6)$ 为灌砂筒下部圆锥体内及基板和粗糙表面间砂的总质量(g);m_2 为灌砂筒下部圆锥体内砂的平均质量(g)。

②试验地点土的湿密度按式(1.9)计算。

$$\rho = \frac{m_t}{m_b} \cdot \rho_s \qquad (1.9)$$

式中,ρ 为土的湿密度,计算结果精确至 0.01g/cm^3;m_t 为试洞中取出的全部土样的质量(g);m_b 为填满试洞所需砂的质量(g);其他符号含义同上。

③按式（1.3）计算土的干密度。

试验记录格式、精度和允许差应分别符合《公路土工试验规程》（JTG 3430—2020）中"T 0111—1993　灌砂法"第5.4条、第5.5条的规定。

1.1.3　土的击实试验

1. 适用范围

击实试验分为轻型击实和重型击实。应根据工程要求和试样最大粒径按表1.1选用击实试验方法。当粒径大于40mm的颗粒含量大于5%且不大于30%时，应对试验结果进行校正；粒径大于40mm的颗粒含量大于30%时，按《公路土工试验规程》（JTG 3430—2020）中的"T 0133—2019　表面振动压实仪法"进行。

表1.1　击实试验方法种类

试验方法	类别	锤底直径/cm	锤质量/kg	落高	试筒尺寸		试样尺寸		层数	每层击数	最大粒径/mm
					内径/cm	高/cm	高度/cm	体积/cm³			
轻型	Ⅰ-1	5	2.5	30	10	12.7	12.7	997	3	27	20
	Ⅰ-2	5	2.5	30	15.2	17	12	2177	3	59	40
重型	Ⅱ-1	5	4.5	45	10	12.7	12.7	997	5	27	20
	Ⅱ-2	5	4.5	45	15.2	17	12	2177	3	98	40

2. 仪器设备

标准击实仪、烘箱及干燥器、电子天平（称量2000g，感量0.01g；称量10kg，感量1g）、圆孔筛（孔径40mm，20mm和5mm各1个）、拌和工具（400mm×600mm、深70mm的金属盘、土铲）及铝盒、量筒、碾土器、盛土盘、推土器、削土刀、平直尺、喷水设备等。

3. 试样

试验可分别采用干土法或湿土法准备试样，具体可按表1.2准备试料。需要注意的是，击实试验后的试料不宜重复使用。

表1.2　试料用量

使用方法	试筒内径/cm	最大粒径/mm	试料用量
干土法	10	20	至少5个试样，每个3kg
	15.2	40	至少5个试样，每个6kg
湿土法	10	20	至少5个试样，每个3kg
	15.2	40	至少5个试样，每个6kg

采用干土法时，过40mm筛后，按四分法至少准备5个试样，分别加入不同量的水（按1%~3%含水率递增），将土样拌和均匀，拌匀后闷料一夜备用。

采用湿土法时，对于高含水率土，可省略过筛步骤，拣除粒径大于40mm的粗石子。保持天然含水率的第一个土样，可立即用于击实试验。其余几个试样，将土分成小土块，分别风干，使含水率按2%~4%递减。

4. 试验步骤

(1) 根据土的性质和工程要求，按表 1.1 选择轻型或重型试验方法，并选用干土法或湿土法。

(2) 称取试筒质量 m_1，精确至 1g。将击实筒放在坚硬的地面上，在筒壁上抹一薄层凡士林，并在筒底（小试筒）或垫块（大试筒）上放置蜡纸或塑料薄膜。取制备好的土样分 3~5 次倒入筒内。小筒按三层法时每次 800~900g（其量应使击实后的试样等于或略高于筒高的 1/3）；按五层法时每次 400~500g（其量应使击实后的土样等于或略高于筒高的 1/5）。对于大试筒，先将垫块放入筒内底板上，按三层法，每层需试样 1700g 左右。整平表面并稍加压紧，然后按规定的击数击实第一层土，击实时击锤应自由垂直落下，锤迹必须均匀分布于土样面，第一层击实完后将试样层面"拉毛"，再装入套筒，重复上述方法击实其余各层土。小试筒击实后，试样应不高出筒顶面 5mm；大试筒击实后，试样应不高出筒顶面 6mm。

(3) 用削土刀沿套筒内壁削刮，使试样与套筒脱离后，扭动并取下套筒，齐筒顶细心削平试样，拆除底板，擦净筒外壁，称筒与土的总质量，精确至 1g。

(4) 用推土器推出筒内试样，从试样中心处取有代表性的土样并测其含水率，计算结果精确至 0.1％。测定含水率用试样的数量应符合《公路土工试验规程》（JTG 3430—2020）中"T 0131—2019 击实试验"第 4.4 条的规定。

5. 结果整理

(1) 按式（1.3）计算击实后各点的干密度。

(2) 以干密度为纵坐标，含水率为横坐标，绘制干密度与含水率的关系曲线，曲线上峰值点的纵横坐标分别为最大干密度和最佳含水率。如曲线不能绘出明显的峰值点，应进行补点或重做。

(3) 当试样中有粒径大于 40mm 的颗粒时，应先取出粒径大于 40mm 的颗粒，并求得其百分率 p，用粒径把小于 40mm 的部分做击实试验，按下面公式分别对试验所得的最大干密度和最佳含水率进行校正（适用于粒径大于 40mm 颗粒的含量小于 30％时）。

最大干密度按式（1.10）校正。

$$\rho'_{dmax} = \frac{1}{\frac{(1-0.01p)}{\rho_{dmax}} + \frac{0.01p}{\rho_w G'_s}} \tag{1.10}$$

式中，ρ'_{dmax} 为校正后的最大干密度，计算结果精确至 0.01g/cm³；p 为试料中粒径大于 40mm 颗粒的百分率（％）；ρ_{dmax} 为用粒径小于 40mm 的土样试验所得的最大干密度（g/cm³）；ρ_w 为水的密度（g/cm³）；G'_s 为粒径大于 40mm 颗粒的毛体积分数，计算结果精确至 0.01。

最佳含水率按式（1.11）校正。

$$\omega'_0 = \omega_0 (1-0.01p) + 0.01p\omega_2 \tag{1.11}$$

式中，ω'_0 为校正后的最佳含水率，计算结果精确至 0.1％；ω_0 为用粒径小于 40mm 的土样试验所得的最佳含水率（％）；ω_2 为粒径大于 40mm 颗粒的吸水量（％）；其他符号含义同上。

试验记录格式、精度和允许差应分别符合《公路土工试验规程》（JTG 3430—

2020) 中"T 0131—2019 击实试验"第 5.4 条、第 5.5 条的规定。

1.1.4 界限含水率试验

下面主要介绍液限和塑限联合测定法。

1. 目的和适用范围

本试验的目的是联合测定土的液限和塑限，用于划分土类、计算天然稠度和塑性指数，供公路工程设计和施工使用。

本试验适用于粒径不大于 0.5mm、有机质含量不大于试样总质量 5% 的土。

2. 仪器设备

液限塑限联合测定仪应包括带标尺的圆锥仪、电磁铁、显示屏、控制开关和试验样杯。圆锥质量为 100g 或 76g，锥角为 30°。此外，还有盛土杯（内径 50mm，深度 40～50mm）、天平（感量 0.01g）、筛（孔径 0.5mm）、吸管、调土刀、盛土皿、称量盒、研钵（附带橡皮头的研杵或橡皮板、木棒）、干燥器、凡士林等。

3. 试验步骤

（1）取有代表性的天然含水率或风干土样进行试验。如土中含粒径大于 0.5mm 的土粒或杂物时，应将风干土样用带橡皮头的研杵研碎或用木棒在橡皮板上压碎，过 0.5mm 的筛。取 0.5mm 筛下的代表性土样 200g，分开放入三个盛土皿中，加不同数量的纯水，土样的含水率分别控制在液限（a 点）、略大于塑限（c 点）和二者的中间状态（b 点）。用调土刀调匀，盖上湿布放置 18h 以上。测定 a 点的锥入深度，对于 100g 锥应为（20±0.2）mm，对于 76g 锥应为（17±0.2）mm。测定 c 点的锥入深度，对于 100g 锥应控制在 5mm 以下，对于 76g 锥应控制在 2mm 以下。对于砂类土，用 100g 锥测定 c 点的锥入深度可大于 5mm，用 76g 锥测定可大于 2mm。

（2）将制备的土样充分搅拌均匀，分层装入盛土杯，用力压密，使空气逸出。对于较干的土样，应先充分搓揉，用调土刀反复压实。试杯装满后，刮成与杯边齐平。

（3）当用游标式或百分表式液限塑限联合测定仪进行试验时，调平仪器，提起锥杆（此时游标或百分表读数为零），锥头上涂少许凡士林。

（4）将装好土样的试杯放在液限塑限联合测定仪的升降座上，转动升降旋钮，待锥尖与土样表面刚好接触时停止升降，扭动锥下降旋钮，经 5s 后，锥体停止下落，此时游标读数即为锥入深度 h_1。

（5）改变锥尖与土的接触位置（锥尖两次锥入位置距离不小于 1cm），重复步骤（3）和（4），得锥入深度 h_2。h_1，h_2 允许平行误差为 0.5mm，否则应重做。取 h_1，h_2 平均值作为该点的锥入深度 h。

（6）去掉锥尖入土处的凡士林，取 2 个 10g 以上的土样，分别装入称量盒内，称质量（精确至 0.01g），测定其含水率 ω_1，ω_2（计算结果精确至 0.1%）。计算含水率平均值 ω。

（7）重复步骤（2）～（6），对其他两个含水率土样进行试验，测锥入深度和含水率。

4. 结果整理

（1）在双对数坐标纸上，以含水率 ω 为横坐标，锥入深度 h 为纵坐标，点绘 a，b，

c 三点含水率的 h-ω 图，如图 1.1 所示。连此三点，应呈一条直线。如三点不在同一直线上，要通过 a 点与 b、c 两点连成两条直线，根据液限（a 点含水率）在 h_p-ω_L 图（图 1.2）上查得 h_p（塑限时入土深度），以此 h_p 再在 h-ω 图上的 ab 及 ac 两直线上求出相应的两个含水率。当两个含水率的差值小于 2% 时，以该两点含水率的平均值与 a 点连成一直线。当两个含水率的差值不小于 2% 时，应重做试验。

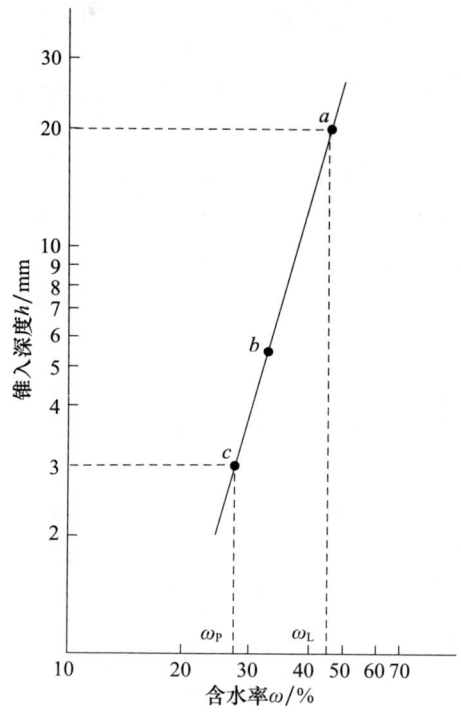

图 1.1 锥入深度与含水率（h-ω）关系

（2）液限的确定方法。①若采用 76g 锥做液限试验，则在 h-ω 图上，查得纵坐标入土深度 $h=17$mm 所对应的横坐标的含水率 ω，即为该土样的液限 ω_L；②若采用 100g 锥做液限试验，则在 h-ω 图上，查得纵坐标入土深度 $h=20$mm 所对应的横坐标的含水率 ω，即为该土样的液限 ω_L。

（3）塑限的确定方法。根据（2）中的①求出的液限，通过 76g 锥入土深度 h 与含水率 ω 的关系曲线（图 1.1），查得锥入土深度为 2mm 所对应的含水率，即为该土样的塑限 ω_p；采用 100g 锥时，根据（2）中的②求出的液限，通过液限 ω_L 与塑限时入土深度 h_p 的关系曲线（图 1.2），查得 h_p，再由图 1.2 求出入土深度为 h_p 时所对应的含水率，即为该土样的塑限 ω_p。查 h_p-ω_L 关系图时，须先通过简易鉴别法及筛分法把砂类土与细粒土区别开来，再按这两种土分别采用相应的 h_p-ω_L 关系曲线；对于细粒土，用双曲线确定 h_p 值；对于砂类土，则用多项式曲线确定 h_p 值。若根据（2）中的②求出的液限，当 a 点的锥入深度在（20±0.2）mm 范围内时，应在 h-ω 图上查得入土深度为 20mm 时相对应的含水率，此为液限 ω_L。再用此液限在图 1.2 上找出与之相对应的塑限入土深度 h'_p，然后到 h-ω 图上查得 h'_p 相对应的含水率，此为塑限 ω_p。

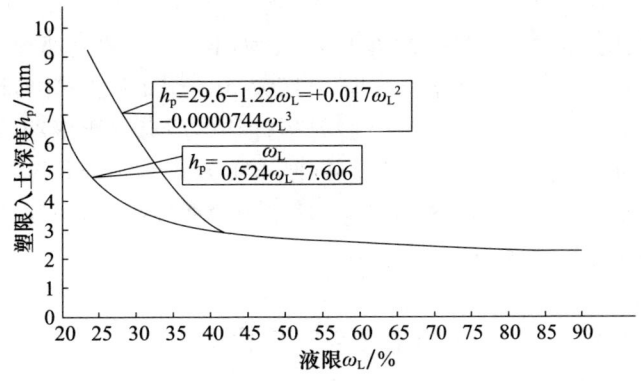

图1.2 h_p-ω_L 关系曲线

（4）计算塑性指数 $I_p = \omega_L - \omega_p$。试验记录格式、精度和允许差应分别符合《公路土工试验规程》（JTG 3430—2020）中"T 0118—2007 液限和塑限联合测定法"第4.5条、第4.6条的规定。

1.2 无机结合料稳定材料试验检测

1.2.1 水泥或石灰稳定材料中水泥或石灰剂量测定（EDTA滴定法）

1. 适用范围

EDTA 即 Ethylene DiamineTetraacetic Acid 的简称，中文名为乙二胺四乙酸。本试验方法适用于快速测定水泥或石灰稳定材料及水泥和石灰综合稳定材料中结合料的剂量，并可用以检查现场拌和与摊铺的均匀性。

2. 仪器设备

50mL 滴定管（酸式）1支，滴定台1个，滴定管夹1个，10mL 和 50mL 大肚移液管各10支，200mL 锥形瓶（三角瓶）20个，2000mL（或1000mL）烧杯1只、300mL 烧杯10只，1000mL 容量瓶1个，容量大于1200mL 的搪瓷杯10只，不锈钢棒（或粗玻璃棒）10根，100mL 和 5mL 量筒各1只、50mL 量筒2只，60mL 棕色广口瓶1个（装钙红指示剂），电子天平（量程不小于1500g，感量0.01g），秒表1块，ϕ90mm 表面皿10个，ϕ120～ϕ130mm 研钵1个，洗耳球1个，精密试纸（pH 值为12～14），20L 聚乙烯桶3个[装蒸馏水、装氯化铵（NH_4Cl）及EDTA二钠标准溶液]、5L 聚乙烯桶1个[装氢氧化钠（NaOH）]、5L 大口聚乙烯桶10个，毛刷、去污粉、吸水管、塑料勺、特种铅笔、厘米纸，500mL 塑料洗瓶1个。

3. 试剂

（1）0.1mol/L EDTA 二钠标准溶液。准确称取 EDTA 二钠（分析纯）37.23g，用40～50℃ 的无二氧化碳蒸馏水溶解，待全部溶解并冷至室温后，用蒸馏水定容至 1000mL。

（2）10% 氯化铵溶液。将 500g 氯化铵（分析纯或化学纯）放在 10L 聚乙烯桶内，加蒸馏水 4500mL，充分振荡，使氯化铵完全溶解。也可以分批在 1000mL 烧杯内配制，然后倒入塑料桶内摇匀。

（3）1.8%氢氧化钠（内含三乙醇胺）溶液。用电子天平称18g氢氧化钠（分析纯），放入洁净干燥的1000mL烧杯中，加入1000mL蒸馏水使其全部溶解，待溶液冷却至室温后，加入2mL三乙醇胺（分析纯），搅拌均匀后储存于聚乙烯桶中。

（4）钙红指示剂。将0.2g钙试剂羟酸钠（分子式为$C_{21}H_{13}N_2NaO_7S$，分子量为460.39）与20g预先在（105±1）℃烘箱中烘1h的硫酸钾混合。一起放入研钵中，研成极细粉末，储存于棕色广口瓶中，以防吸潮。

4. 准备标准曲线

（1）取样。取工地用石灰和被稳定材料，风干后用烘干法测其含水率（如果为水泥，可假定含水率为0）。

（2）混合料组成按式（1.12）计算。

$$干料质量 = 湿料质量/(1+含水率) \quad (1.12)$$

计算步骤如下：①干混合料质量＝湿混合料质量/（1+最佳含水率）；②被稳定材料的干质量＝干混合料质量/（1+石灰或水泥剂量）；③干石灰或水泥质量＝干混合料质量－被稳定材料的干质量；④被稳定材料的湿质量＝被稳定材料的干质量×（1+被稳定材料的风干含水率）；⑤湿石灰质量＝干石灰质量×（1+石灰的风干含水率）；⑥石灰稳定材料中应加入的水＝湿混合料质量－被稳定材料的湿质量－湿石灰质量。

（3）准备5种试样，每种2个样品（以水泥稳定材料为例），如为水泥稳定中粗粒材料，每个样品取1000g左右（如为细粒材料，可称取300g左右）准备试验。为了减少中粗粒材料的离散，宜按设计级配单份掺配的方法备料。5种混合料的水泥剂量应为：水泥剂量为0，最佳水泥剂量左右、最佳水泥剂量的±2%和+4%（在此，准备标准曲线的水泥剂量可为0，2%，4%，6%，8%。如水泥剂量较高或较低，应保证工地实际所用水泥或石灰的剂量位于标准曲线所用剂量的中间水平），每种剂量取2个（为湿质量）试样，共10个试样，并分别放在10个大口聚乙烯桶（如为稳定细粒材料，可用搪瓷杯或1000mL具塞三角瓶；如为粗粒材料，可用5L的大口聚乙烯桶）内。被稳定材料的含水率应等于工地预期达到的最佳含水率，被稳定材料中所加的水应与工地所用的水相同。

（4）取一个盛有试样的盛样器，在其中加入2倍试样质量（湿料质量）体积的10%氯化铵溶液（如湿料质量为300g，则氯化铵溶液为600mL；如湿料质量为1000g，则氯化铵溶液为2000mL）。若料为300g，则搅拌3min（每分钟搅拌110～120次）；若料为1000g，则搅拌5min。如用1000mL具塞三角瓶，则手握三角瓶（瓶口向上）用力振荡3min［每分钟（120±5）次］，以代替搅拌棒搅拌。放置沉淀10min［如果10min后得到的是混浊悬浮液，则应增加放置沉淀时间，直到出现无明显悬浮颗粒的悬浮液为止，并记录所需时间。以后所有该种水泥（或石灰）稳定材料的试验，均应以同一时间为准］，然后将上部清液转移到300mL烧杯内，搅匀，加盖表面皿待测。

（5）用移液管吸取上层（液面下10～20mm）悬浮液10.0mL于200mL的三角瓶内，用量管量取1.8%氢氧化钠（内含三乙醇胺）溶液50mL倒入三角瓶中，此时溶液pH值为12.5～13.0（可用pH值为12～14的精密试纸检验），然后加入质量约为0.2g的钙红指示剂，摇匀后溶液呈玫瑰红色。记录滴定管中EDTA二钠标准溶液体积V_1，然后用EDTA二钠标准溶液滴定，边滴定边摇匀，并仔细观察溶液的颜色；在溶液颜色变为紫色时，放慢滴定速度，并摇匀；直到终点呈现纯蓝色，记录滴定管中EDTA二钠标准溶液体积V_2（以mL计，精确至0.1mL）。计算V_1-V_2，即为EDTA二钠标准溶液的消耗量。

（6）对其他几个盛样器中的试样，用同样的方法进行试验，并记录各自的EDTA二钠标准溶液的消耗量。

（7）以同一水泥或石灰剂量稳定材料EDTA二钠标准溶液消耗量（mL）的平均值为纵坐标，以水泥或石灰剂量（%）为横坐标制图。两者的关系应如图1.3所示，是一条顺滑的曲线。如素土、水泥或石灰改变必须重做标准曲线。

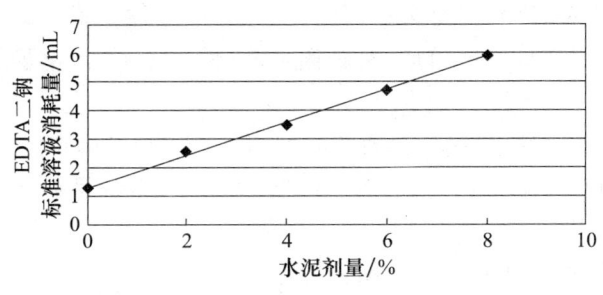

图1.3　EDTA标准曲线

5. 试验步骤

（1）选取有代表性的无机结合料稳定材料，对稳定中粗粒材料取试样约3000g，对稳定细粒材料取试样约1000g。

（2）对水泥或石灰稳定细粒材料，称300g放在搪瓷杯中，用搅拌棒将结块搅散，加10%氯化铵溶液600mL；对水泥或石灰稳定中、粗粒材料，可直接称取1000g左右，放入10%氯化铵溶液2000mL，然后按前述步骤进行试验。

（3）利用所绘制的标准曲线，根据所消耗的EDTA二钠标准溶液消耗量，确定混合料中的水泥或石灰剂量。

6. 结果整理

本试验应进行两次平行测定，取算术平均值，精确至0.1mL。允许重复性误差不得大于均值的5%，否则重新进行试验。

本试验记录格式应符合《公路工程无机结合料稳定材料试验规程》（JTG 3441—2024）中的"T 0809—2009　水泥或石灰稳定材料中水泥或石灰剂量测定方法（EDTA滴定法）"第8条的规定。

1.2.2　无机结合料稳定材料击实试验方法

1. 适用范围

本方法适用于不同级配形式和细、中、粗粒式水泥稳定材料（在水泥水化前）、石灰稳定材料及石灰（或水泥）粉煤灰稳定材料的击实试验，以确定其最佳含水率和最大干密度。

试验集料的公称最大粒径宜控制在37.5mm以内。

本试验方法分3类，各类试验方法的主要参数见表1.3。

表1.3 试验方法类别表

类别	锤的质量/kg	锤击面直径/mm	落高/mm	试筒尺寸			锤击层数	每层锤击次数	平均单位击实功/J	容许公称最大粒径/mm
				内径/mm	高/mm	容积/mL				
甲	4.5	50	450	100	127	997	5	27	2.687	19
乙	4.5	50	450	152	170	2177	5	59	2.687	19
丙	4.5	50	450	152	170	2177	3	98	2.677	37.5

2．仪器设备

（1）击实筒。小型，内径100mm、高127mm的金属圆筒，套环高50mm，底座；大型，内径152mm、高170mm的金属圆筒，套环高50mm，直径151mm和高50mm的筒内垫块，底座。

（2）多功能自控电动击实仪。击锤的底面直径50mm，总质量4.5kg。击锤在导管内的总行程为450mm。可设置击实次数，并保证击锤自由垂直落下，落高应为450mm，锤迹均匀分布于试样面。

（3）电子天平。量程不小于4000g，感量0.01g；量程不小于15kg，感量0.1g。

（4）方孔筛。孔径53mm、37.5mm、26.5mm、19mm、4.75mm、2.36mm的筛各1个。

（5）直刮刀。长200~250mm、宽30mm、厚3mm，一侧开口的直刮刀，用以刮平和修饰粒料大试件的表面。

（6）刮土刀。长150~200mm、宽约20mm的刮刀，用以刮平和修饰小试件的表面。

（7）拌和工具。约400mm×600mm×70mm的长方形金属盘，拌和用平头小铲等。

（8）其他。50mL，100mL和500mL的量筒各1个，30mm×50mm×310mm工字形刮平尺（上下两面和侧面均刨平），脱模器，游标卡尺，测定含水率用的铝盒、烘箱等其他用具。

3．试验准备

（1）将具有代表性的风干试料（必要时，可以在50℃烘箱内烘干）用木锤或木碾捣碎。土团均应破碎到能通过4.75mm的筛孔，但不应使粒料的单个颗粒破碎或其破碎程度超过施工中拌和机械的破碎率。

（2）将已捣碎的具有代表性的试样过4.75mm筛备用（用表1.3中的甲法或乙法做试验）。

（3）如试料中含有大于4.75mm的颗粒，则先将试料过19mm筛；如存留在19mm筛的颗粒的含量不超过10%，则过26.5mm筛，留作备用（用表1.3中的甲法或乙法做试验）。

（4）如试料中粒径大于19mm的颗粒含量超过10%，则将试料过37.5mm筛；如存留在37.5mm筛的颗粒含量不超过10%，则过53mm筛，留作备用（用表1.3中的丙法做试验）。

（5）每次筛分后，均应记录超尺寸颗粒的百分率p。

(6) 在预定做击实试验的前一天，取有代表性的试料，测定其风干含水率。对于细粒材料，试样应不少于100g；对于中粒材料，试样应不少于1000g；对于粗粒材料的各种集料，试样应不少于2000g。

(7) 在试验前用游标卡尺准确测量试模的内径、高和垫块的高，以计算试筒的容积。

4. 试验步骤

在试验前，应将试验所需要的各种仪器准备齐全，测量设备应满足精度要求；调试击实仪器，检查其运转是否正常。

(1) 甲法。

①将已筛分的试样用四分法逐次分小，至最后取出10~15kg试料。再用四分法将已取出的试料分成5~6份，每份试料的干质量为2.0kg（细粒材料）或2.5kg（中粒材料）。

②预定5~6个不同含水率，依次相差0.5%~1.5%（对于中、粗粒材料，在最佳含水率附近取0.5%，其余取1%；对于细粒材料，取1%，但对于黏土，特别是重黏土，可能要取2%），且其中至少有两个大于和两个小于最佳含水率。

③按预定含水率制备试样。将1份试样平铺于金属盘内，将事先计算好量的该份试料中应加的水均匀喷洒在试料上，用小铲将试料充分拌和到均匀状态（如为石灰稳定材料、石灰粉煤灰综合稳定材料、水泥粉煤灰综合稳定材料和水泥、石灰综合稳定材料，可将石灰、粉煤灰和试料一起拌匀），然后装入密闭容器或塑料口袋内浸润备用。浸润时间要求：黏质土12~24h，粉质土6~8h，砂类土、砂砾土、红土砂砾、级配砂砾等可以缩短到4h左右，含土很少的未筛分碎石、砂砾和砂可缩短到2h。浸润时间一般最长应不超过24h。

应加的水量可按式（1.13）计算。

$$m_w = \left(\frac{m_n}{1+0.01\omega_n} + \frac{m_c}{1+0.01\omega_c}\right) \times 0.01\omega - \frac{m_n}{1+0.01\omega_n} \times 0.01\omega_n - \frac{m_c}{1+0.01\omega_c} \times 0.01\omega_c$$

(1.13)

式中，m_w为混合料中应加的水量（g）；m_n为混合料中素土（或集料）的质量（g），其原始含水率为ω_n，即风干含水率（%）；m_c为混合料中水泥或石灰的质量（g），其原始含水率为ω_c（%）；ω为要求达到的混合料的含水率（%）。

④将所需要的稳定剂（如水泥）加到浸润后的试样中，并用小铲、泥刀或其他工具充分拌和到均匀状态。水泥应在试样击实前逐个加入，加有水泥的试样拌和后，应在1h内完成下述击实试验。拌和后超过1h的试样作废（石灰稳定材料和石灰粉煤灰稳定材料除外）。

⑤试筒套环与击实底板应紧密联结。将击实筒放在坚实地面上，用四分法取制备好的试样400~500g（其质量应使击实后的试样等于或略高于筒高的1/5）倒入筒内，整平其表层并稍加压紧，然后将其安装到多功能自控电动击实仪上，设定所需锤击次数，击实第一层试样。第一层击实完后，检查该层高度是否合适，以便调整以后几层的试样用量。用刮土刀或改锥将已击实层的表面"拉毛"，然后重复上述做法，击实其余四层试样。最后一层试样击实后，试样超出筒顶的高度不得大于6mm，超出高度过大的试

件应作废。

⑥用刮土刀沿套环内壁削挖（使试样于套环脱离）后，扭动并取下套环。齐筒顶细心刮平试样，并拆除底板。如试样底面略突出筒外或有孔洞，应刮平或修补。最后用工字形刮平尺齐筒顶和筒底将试样刮平。擦净试筒的外壁，称其质量 m_1。

⑦用脱模器推出筒内试样。从试样内部从上至下取两个有代表性的样品（可将脱出试件用锤打碎后，通过四分法采取），测定其含水率，计算结果精确至 0.1%。两个试样的含水率的差值不得大于 1%。所取样品的质量：公称最大粒径为 2.36mm 时，样品质量约 50g；公称最大粒径为 19mm 时，样品质量约 300g。如只取一个样品测定含水率，则样品的质量应为前述数值的 2 倍。擦净试筒，称其质量 m_2。须注意：烘箱的温度应事先调整到 110℃ 左右，使放入的试样能立即在 105～110℃ 的温度下烘干。

⑧按本方法③～⑦的步骤击实和测定其余含水率下的稳定材料。凡已用过的试样，一律不再重复使用。

（2）乙法。

在缺乏内径 100mm 试筒时，以及需要与承载比试验结合起来进行时，采用乙法进行击实试验。本方法更适宜于公称最大粒径达 19mm 的集料。

①将已过筛的试料用四分法逐次分小，至最后取出约 30kg 试料。再用四分法将所取的试料分成 5～6 份，每份试料的干质量约为 4.4kg（细粒材料）或 5.5kg（中粒材料）。

②以下各步的做法与甲法中的步骤②～⑧相同，但应先将垫块放入筒内底板上，然后加料击实。所不同的是，每层需取制备好的试样约 900g（对于水泥或石灰稳定细粒材料）或 1100g（对于稳定中粒材料），每层锤击 59 次。

（3）丙法。

①将已过筛的试料用四分法逐次分小，至最后取约 33kg 试料，再用四分法将所取试料分成 6 份（至少要 5 份），每份质量约 5.5kg（风干质量）。

②预定 5～6 个不同含水率，依次相差 0.5%～1.5%。在估计最佳含水率时，左右可只差 0.5%～1%（对于水泥稳定类材料，在最佳含水率附近取 0.5%；对于石灰、二灰稳定类材料，根据具体情况在最佳含水率附近取 1%）。

③同甲法中的步骤③。

④同甲法中的步骤④。

⑤将试筒、套环与夯击底板紧密地联结在一起，并将垫块放在筒内底板上。击实筒应放在坚实地面上，取制备好的试样 1.8kg 左右，其量应使击实后的试样略高于筒高的 1/3（高出 1～2mm），倒入筒内，整平其表面并稍加压紧。然后将其安装到多功能自控电动击实仪上，设定所需锤击次数，进行第一层试样击实。第一层击实完后，检查该层的高度是否合适，以便调整以后两层的试样用量。用刮土刀或螺丝刀将已击实的表面"拉毛"，然后重复上述做法，击实其余两层试样。最后一层试样击实后，试样超出试筒顶的高度不得大于 6mm，否则试件作废。

⑥用刮土刀沿套环内壁削挖（使试样与套环脱离），扭动并取下套环。齐筒顶细心刮平试样，并拆除底板，取走垫块。擦净试筒的外壁，称其质量 m_1。

⑦用脱模器推出筒内试样。从试样内部从上至下取两个有代表性的样品（可将脱出

试件用锤打碎后,用四分法采取),测定其含水率,计算结果精确至0.1%。两个试样的含水率的差值不得大于1%。所取样品的数量应不少于700g,如果只取一个样品测定含水率,则样品的数量应不少于1400g。烘箱的温度应事先调整到(110±1)℃,以使放入的试样能立即在(110±1)℃的温度下烘干。擦净试筒,称其质量m_2。

⑧按本方法步骤③~⑦进行其余含水率下稳定材料的击实和测定工作。凡已用过的试样,一律不再重复使用。

5. 计算、制图

每次击实后稳定材料的湿密度按式(1.14)计算。

$$\rho_w = \frac{m_1 - m_2}{V} \tag{1.14}$$

式中,ρ_w为稳定材料的湿密度(g/cm³);m_1为试筒与湿试样的总质量(g);m_2为试筒的质量(g);V为试筒的容积(cm³)。

每次击实后稳定材料的干密度按式(1.15)计算。

$$\rho_d = \frac{\rho_w}{1 + 0.01\omega} \tag{1.15}$$

式中,ρ_d为试样的干密度(g/cm³);ω为试样的含水率(%);其他符号含义同上。

制图时,以干密度为纵坐标,含水率为横坐标,绘制含水率-干密度曲线。曲线必须为凸形,如试验点不足以连成完整的凸形曲线,则应进行补充试验。试验各点采用二次曲线方法拟合,曲线的峰值点对应的含水率及干密度即为最佳含水率和最大干密度。

6. 结果整理

应做两次平行试验,取两次试验的平均值作为最大干密度和最佳含水率。两次重复性试验最大干密度的差应不超过0.0200g/cm³(稳定细粒材料)和0.0400g/cm³(稳定中粒材料和粗粒材料),最佳含水率的差应不超过0.50%(最佳含水率小于10%)和1.00%(最佳含水率不小于10%)。若超过上述规定值,应重做试验,直到满足精度要求。

混合料密度计算结果应保留至小数点后四位,含水率应保留至小数点后两位。

试验记录格式应符合《公路工程无机结合料稳定材料试验规程》(JTG 3441—2024)中"T 0804—1994 无机结合料稳定材料击实试验方法"第8条的规定。

1.2.3 无机结合料稳定材料试件成型方法(圆柱形)

1. 适用范围

适用于无机结合料稳定材料径高比为1:1的圆柱形试件的静压成型,对于径高比为1:1.5或1:2试件的静压成型,在增加试模高度的前提下也可参考本方法。

2. 仪器设备

(1)方孔筛。孔径53mm、37.5mm、31.5mm、26.5mm、4.75mm和2.36mm的筛各1个。

(2)试模。试模分大、中、小三种。粗粒材料,试模内径150mm、壁厚10mm、高应满足放入上下垫块后余150mm;中粒材料,试模内径100mm、壁厚10mm、高应满足放入上下垫块后余100mm;细粒材料,试模内径50mm、壁厚10mm、高应满足放入上下垫块后余 50mm。

(3) 电子天平。量程不小于 15kg，感量为 0.1g；量程不小于 4000g，感量为 0.01g。

(4) 压力试验机。可替代千斤顶和反力架，量程不小于 2000kN，行程、速度可调。

(5) 其他。电动脱模器，反力架（反力为 400kN 以上），液压千斤顶（200～1000kN），钢板尺（量程 200mm 或 300mm，最小刻度 1mm），游标卡尺（量程 200mm 或 300mm）。

3. 试验准备

(1) 试件的径高比一般为 1∶1，根据需要也可成型 1∶1.5 或 1∶2 的试件。试件根据需要的压实度水平成型，按照体积标准，采用静力压实法制备。

(2) 将具有代表性的风干试料（必要时，可以在 50℃烘箱内烘干），用木锤和木碾捣碎，但应避免破坏粒料的原粒径。利用公称最大粒径的大一级筛，将试料过筛并进行分类。

(3) 在预定做试验的前一天取有代表性的试料测定其风干含水率。对于细粒材料，试样应不少于 100g；对于中粒材料，试样应不少于 1000g；对于粗粒材料，试样应不少于 2000g。

(4) 按照《公路工程无机结合料稳定材料试验规程》（JTG 3441—2024）中的"T 0804—1994 无机结合料稳定材料击实试验方法"测定无机结合料稳定材料的最佳含水率和最大干密度。

(5) 根据击实结果称取一定质量的风干试料，其质量随试件大小而变。对于 ϕ50mm×50mm 的小试件，1 份试件需干试料 180～210g；对于 ϕ100mm×100mm 的中试件，1 份试件需干试料 1700～1900g；对于 ϕ150mm×150mm 的大试件，1 份试件需干试料 5700～6000g。对于细粒材料，宜一次称取 6 份试件的料；对于中粒材料，宜一次称取 1 份试件的料；对于粗粒材料，宜一次只称取 1 份试件的料。

(6) 将准备好的试料分别装入塑料袋中备用。

4. 试验步骤

(1) 检查调试成型所需要的各种设备是否运行正常，擦拭干净成型用的模具，并涂抹机油。成型中、粗粒材料时，试模筒的数量应与每组试件的个数相配套。上下垫块应与试模筒相配套，上下垫块能够刚好放入试筒内上下自由移动（一般上下垫块直径比试筒内径小约 0.2mm）且上下垫块完全放入试筒后，试筒内未被上下垫块占用的空间体积能满足径高比为 1∶1 的设计要求。

(2) 根据试验目的和被稳定材料粒径成型相应数量的试件。

(3) 根据击实结果和无机结合料的配合比按式（1.16）计算每份料的加水量、无机结合料的质量。

$$m_w = \left(\frac{m_n}{1+0.01\omega_n} + \frac{m_c}{1+0.01\omega_c} \right) \times 0.01\omega - \frac{m_n}{1+0.01\omega_n} \times 0.01\omega_n - \frac{m_c}{1+0.01\omega_c} \times 0.01\omega_c$$

(1.16)

式中，m_w 为混合料中应加的水量（g）；m_n 为混合料中素土（或集料）的质量（g），其含水率为 ω_n，即风干含水率（%）；m_c 为混合料中水泥或石灰的质量（g），其原始含水率为 ω_c（%），通常水泥的 ω_c 很小，也可忽略不计；ω 为要求达到的混合料的含水率（%）。

（4）将称好的试料放在长方盘（约 400mm×600mm×70mm）内。向试料中加水拌料，闷料。石灰稳定材料、水泥和石灰综合稳定材料、石灰粉煤灰综合稳定材料、水泥粉煤灰综合稳定材料，可将石灰或粉煤灰和土一起拌和，将拌和均匀后的混合料放在密闭容器或塑料袋中（封口）内浸润备用。对于细粒材料（特别是黏性土），浸润后的含水率应比最佳含水率小 3%；对于中粒材料和粗粒材料，可按最佳含水率加水［可按式（1.16）计算］；对于水泥稳定类材料，浸润后的含水率应比最佳含水率小 1%～2%。浸润时间要求：黏质土 12～24h，粉性土 6～8h，砂类土、砂砾土、红土砂砾、级配砂砾等可缩短到 4h 左右；含土很少的未筛分碎石、砂砾及砂可缩短到 2h。浸润时间一般不超过 24h。

（5）在试件成型前 1h 内，加入预定数量的水泥并拌和均匀。在拌和过程中，应将预留的水（对于细粒材料为 3%，对于水泥稳定类为 1%～2%）加入试料中，使混合料达到最佳含水率。拌和均匀的加有水泥的混合料应在 1h 内按下述方法制成试件，超过 1h 的混合料应该作废。其他结合料稳定材料、混合料虽不受此限，但也应尽快制成试件。

（6）用反力框架和液压千斤顶，或采用压力试验机制件。将试模配套的下垫块放入试模的下部，外露 2mm 左右。将称量的规定数量 m_2 的稳定材料混合料分 2～3 次灌入试模中，每次灌入后用夯棒轻轻均匀插实。如果制取 ϕ50mm×50mm 的小试件，可以将混合料一次倒入试模中，然后将与试模配套的上垫块放入试模内，也应使其外露 2cm 左右（即上下垫块露出试模外的部分应该相等）。

（7）将整个试模（连同上下垫块）放到反力框架内的千斤顶上（千斤顶下应放一扁球座）或压力机上，以 1mm/min 的加载速率加压，直到上下压柱都压入试模为止。维持压力 2min。

（8）解除压力后，取下试模，并放到脱模器上将试件顶出。用水泥稳定有黏结性的材料（如黏质土）时，制件后可以立即脱模；用水泥稳定无黏结性细粒材料时，最好过 2～4h 再脱模；对于中、粗粒材料的无机结合料稳定材料，最好过 2～6h 脱模。

（9）在脱模器上取试件时，应用双手抱住试件侧面的中下部，然后沿水平方向轻轻旋转，待感觉到试件移动后，再将试件轻轻抱起放置到试验台上。禁止直接将试件向上捧起。

（10）称试件的质量 m_2，小试件、中试件精确到 0.01g，大试件精确到 0.1g。然后用游标卡尺量试件高度 h，精确至 0.1mm。检查试件的高度和质量，不满足成型标准的试件作为废件。

（11）试件称量后，立即放在塑料袋中封闭，并用潮湿的毛巾覆盖，移放至养护室。

5. 计算

单份试件标准质量的计算见式（1.17）。

$$m_0 = V \cdot \rho_{dmax} \cdot (1+\omega_{opt}) \cdot \gamma \tag{1.17}$$

考虑到试件成型过程中的质量损耗，实际操作过程中，每份试件的质量可增加 0～2%，计算见式（1.18）。

$$m'_0 = m_0(1+\delta) \tag{1.18}$$

每份试件干料（包括被稳定材料和无机结合料）总质量，计算见式（1.19）。

$$m_1 = \frac{m'_0}{1+\omega_{opt}} \tag{1.19}$$

每份试件中无机结合料的质量，采用外掺法时计算见式（1.20），采用内掺法时计算见式（1.21）。

$$m_2 = m_1 \cdot \frac{\alpha}{1+\alpha} \tag{1.20}$$

$$m_2 = m_1 \cdot \alpha \tag{1.21}$$

每份试件中干的被稳定材料质量的计算见式（1.22）。

$$m_3 = m_1 - m_2 \tag{1.22}$$

每份试件中加水量的计算见式（1.23）。

$$m_w = (m_2 + m_3)\omega_{opt} \tag{1.23}$$

验算见式（1.24）。

$$m'_0 = m_2 + m_3 + m_w \tag{1.24}$$

式中，m_0、m'_0 为混合料质量（g）；V 为试件体积（cm³）；ρ_{dmax} 为混合料最大干密度（g/cm³）；ω_{opt} 为混合料最佳含水率（%）；γ 为混合料压实度标准（%）；δ 为计算混合料质量的冗余量（%）；m_1 为干混合料质量（g）；α 为无机结合料的掺量（%）；m_2 为无机结合料质量（g）；m_3 为干的被稳定材料质量（g）；m_w 为加水质量（g）。

6. 结果整理

小试件的高度误差范围应为 0~1.0mm，中试件的应为 0~1.5mm，大试件的应为 0~2.0mm。对于质量损失，小试件质量应不超过标准质量的 5g，中试件应不超过 25g，大试件应不超过 55g。

试验记录格式应符合《公路工程无机结合料稳定材料试验规程》（JTG 3441—2024）中"T 0843—2009 无机结合料稳定材料试件成型方法（圆柱形）"第7条的规定。

1.2.4 无机结合料稳定材料无侧限抗压强度试验方法

1. 适用范围

本试验方法适用于测定室内成型或现场钻芯取得的无机结合料稳定材料试件的无侧限抗压强度。

2. 仪器设备

（1）压力机或万能试验机（也可用路面强度试验仪和测力计）。压力机应符合《液压式万能试验机》（GB/T 3159—2008）及《试验机 通用技术要求》（GB/T 2611—2022）中的要求，其测量精度为±1%，同时应具有加载速率指示装置或加载速率控制装置。上下压板平整并有足够刚度，可以均匀地连续加载卸载，可以保持固定荷载。开机停机均灵活自如，能够满足试件吨位要求，且压力机加载速率可以有效控制在 1mm/min。

（2）电子天平。量程不小于 15kg，感量 0.1g；量程不小于 4000g，感量 0.01g。

（3）其他。标准养护室或可控温控湿的养护设备，水槽（深度应大于试件高度 50mm），量筒、拌和工具、大小铝盒、烘箱等，球形支座，机油（若干），游标卡尺

（量程 200mm）。

3. 试件制备和养护

（1）细粒材料，试件的直径×高＝ϕ50mm×50mm 或 ϕ100mm×100mm；中粒材料，试件的直径×高＝ϕ100mm×100mm 或 ϕ150mm×150mm；粗粒材料，试件的直径×高＝ϕ150mm×150mm。在施工质量控制的强度试验中，细粒材料的试件直径应为 100mm，中、粗粒材料试件直径应为 150mm。

（2）按照《公路工程无机结合料稳定材料试验规程》（JTG 3441—2024）中的"T 0843—2009 无机结合料稳定材料试件成型方法（圆柱形）"成型径高比为 1∶1 的圆柱形试件。

（3）按照《公路工程无机结合料稳定材料试验规程》（JTG 3441—2024）中的"T 0845—2009 无机结合料稳定材料养生试验方法"进行 7d 的标准养护。

（4）将试件两顶面用刮刀刮平，必要时可用快凝水泥砂浆抹平试件顶面。

（5）为保证试验结果的可靠性和准确性，每组试件的数目要求为：小试件不少于 6 个，中试件不少于 9 个，大试件不少于 13 个。

4. 试验步骤

（1）根据试验材料的类型和一般的工程经验，选择合适量程的测力计和压力机，试件破坏荷载应大于测力量程的 20% 且小于测力量程的 80%。在球形支座和上下顶板上涂机油，使球形支座能够灵活转动。

（2）从水中取出已浸水 24h 的试件，用软布吸去试件表面的水分，并称试件的质量 m_4。

（3）用游标卡尺测量试件的高度 h，精确到 0.1mm。

（4）将试件放到路面材料强度试验仪或压力机上，并在升降台上先放一扁球座，进行抗压试验。试验过程中，应保持加载速率约 1mm/min。记录试件破坏时的最大压力 P（N）。

（5）从试件内部取有代表性的样品（经过打破），按照《公路工程无机结合料稳定材料试验规程》（JTG 3441—2024）中"T 0801—2009 无含水率试验方法（烘干法）"测定其含水率 w。

5. 计算

试件的无侧限抗压强度按式（1.25）计算。

$$R_c = \frac{P}{A} \tag{1.25}$$

式中，R_c 为试件的无侧限抗压强度（MPa）；P 为试件破坏时的最大压力（N）；A 为试件的截面积（mm²），按式（1.26）计算。

$$A = \frac{1}{4}\pi D^2 \tag{1.26}$$

式中，D 为试件的直径（mm）；其他符号含义同上。

6. 结果整理

（1）抗压强度计算结果应保留至小数点后两位。

（2）同一组试件试验中，采用 3 倍标准差方法剔除异常值，细、中粒材料异常值不超过1个，粗粒材料不超过2个。异常值超过上述规定时，重做试验。

（3）同一组试验的变异系数 C_v（%）符合下列规定时方为有效试验：小试件 $C_v \leqslant 6\%$，中试件 $C_v \leqslant 10\%$，大试件 $C_v \leqslant 20\%$。如果不能保证试验结果的变异系数小于规定的值，应按允许误差10%和90%概率重新计算所需的试件数量，增加试件数量并另做新试验。

试验记录格式应符合《公路工程无机结合料稳定材料试验规程》（JTG 3441—2024）中"T 0805—2024 无机结合料稳定材料无侧限抗压强度试验方法"第8条的规定。

1.3 沥青混合料试验检测

1.3.1 沥青混合料马歇尔稳定度试验

1. 适用范围

本方法适用于马歇尔稳定度试验和浸水马歇尔稳定度试验，以进行沥青混合料的配合比设计或沥青路面施工质量检验。浸水马歇尔稳定度试验（根据需要，也可进行真空饱水马歇尔试验）供检验沥青混合料受水损害时抵抗剥落能力时使用，通过测试其水稳定性检验配合比设计的可行性。

本方法适用于按行业标准《公路工程沥青及沥青混合料试验规程》（JTG E20—2011）中"T 0702—2011 沥青混合料试件制作方法（击实法）"的规定成型的标准马歇尔试件圆柱体和大型马歇尔试件圆柱体。

2. 仪具与材料技术要求

（1）沥青混合料马歇尔试验仪。分为自动式和手动式。自动式马歇尔试验仪应具备控制装置，并具有记录荷载-位移曲线、自动测定荷载与试件的垂直变形、自动显示和存储或打印试验结果等功能。手动式马歇尔试验仪由人工操作，通过操作者目测后读取数据。对用于高速公路和一级公路的沥青混合料，宜采用自动马歇尔试验仪。①集料公称最大粒径小于等于26.5mm时，宜采用 ϕ101.6mm×63.5mm 的标准马歇尔试件，试验仪最大荷载不得小于25kN，读数精确至0.1kN，加载速率应能保持（50±5）mm/min。钢球直径为（16±0.05）mm，上下压头曲率半径为（50.8±0.08）mm；②当集料公称最大粒径大于26.5mm时，宜采用 ϕ152.4mm×95.3mm 大型马歇尔试件，马歇尔试验仪最大荷载不得小于50kN，读数精确至0.1kN。上下压头的曲率内径为 ϕ（152.4±0.2）mm，上下压头间距为（19.05±0.1）mm。

（2）恒温水槽。控温精确至1℃，深度不小于150mm。

（3）真空饱水容器。包括真空泵及真空干燥器。

（4）其他。烘箱，卡尺，棉纱、黄油，天平（感量不大于0.1g），温度计（分度值1℃）。

3. 标准马歇尔试验方法

（1）准备工作。

①按标准击实法成型马歇尔试件，标准马歇尔试件尺寸应符合直径（101.6±0.2）mm、高（63.5±1.3）mm 的要求。对于大型马歇尔试件，尺寸应符合直径（152.4±0.2）mm、

高（95.3±2.5）mm 的要求。一组试件的数量不得少于 4 个，并符合《公路工程沥青及沥青混合料试验规程》（JTG E20—2011）中"T 0702—2011 沥青混合料试件制作方法（击实法）"成型马歇尔试件的规定。

②量测试件的直径及高度。用卡尺测量试件中部的直径，用马歇尔试件高度测定器或用卡尺在十字对称的 4 个方向量测离试件边缘 10mm 处的高度，精确至 0.1mm，并以其平均值作为试件的高度。如试件高度不符合（63.5±1.3）mm 或（95.3±2.5）mm 要求或两侧高度差大于 2mm，此试件应作废。

③按《公路工程沥青及沥青混合料试验规程》（JGT E20—2011）规定的方法测定试件的密度，并计算空隙率、矿料间隙率、沥青饱和度、沥青体积百分率等体积指标。

④将恒温水槽调节至要求的试验温度，对黏稠石油沥青或烘箱养护过的乳化沥青混合料为（60±1）℃，对煤沥青混合料为（33.8±1）℃，对空气养护的乳化沥青或液体沥青混合料为（25±1）℃。

（2）试验步骤。

①将试件置于已达规定温度的恒温水槽中保温，保温时间标准马歇尔试件为 30～40min，大型马歇尔试件为 45～60min。试件之间应有间隔，底下垫起，距水槽底部不小于 5cm。

②将马歇尔试验仪的上下压头放入水槽或烘箱中达到同样温度。将上下压头从水槽或烘箱中取出，擦拭干净表面。为使上下压头滑动自如，可先在下压头的导棒上涂少量黄油，再将试件取出置于下压头上，盖上上压头，最后装在加载设备上。

③在上压头的球座上放妥钢球，并对准荷载测定装置的压头。

④当采用自动马歇尔试验仪时，将自动马歇尔试验仪的压力传感器、位移传感器与计算机或 X-Y 函数记录仪正确连接，调整好适宜的放大比例，压力和位移传感器调零。

⑤当采用压力环和流值计时，将流值计安装在导棒上，使导向套管轻轻地压住上压头，同时将流值计读数调零。调整压力环中百分表，对零。

⑥启动加载设备，使试件承受荷载，加载速度为（50±5）mm/min。计算机或 X-Y 函数记录仪自动记录传感器压力和试件变形曲线，并将数据自动存入计算机。

⑦当试验荷载达到最大值的瞬间时，取下流值计，同时读取压力环中百分表读数及流值计的流值读数。

⑧从恒温水槽中取出试件至测出最大荷载值的时间不得超过 30s。

4. 试验方法

浸水马歇尔试验方法与标准马歇尔试验方法的不同之处在于：试件在已达规定温度恒温水槽中的保温时间为 48h，其余步骤均与标准马歇尔试验方法相同。

对于真空饱水马歇尔试验方法，首先将试件放入真空干燥器中，关闭进水胶管，开动真空泵，使干燥器的真空度达到 97.3kPa（730mmHg）以上，维持 15min；其次打开进水胶管，靠负压进入冷水流使试件全部浸入水中，浸水 15min 后恢复常压；最后，取出试件再放入已达规定温度的恒温水槽中保温 48h。其余均与标准马歇尔试验方法相同。

5. 计算

(1) 试件的稳定度与流值。

当采用自动马歇尔试验仪时,将计算机采集的数据绘制成压力和试件变形曲线,或由 X-Y 函数记录仪自动记录荷载-变形曲线,按图 1.4 所示的方法,在切线方向延长曲线与横坐标相交于 O_1,将 O_1 作为修正原点,从 O_1 起量取相应于荷载最大值时的变形作为流值(FL),以 mm 计,精确至 0.1mm。最大荷载即为稳定度(MS),以 kN 计,精确至 0.01kN。

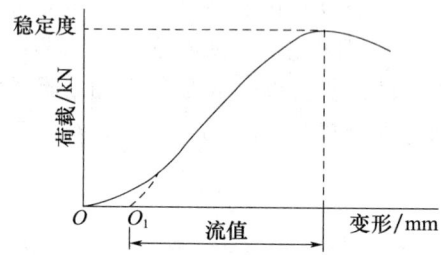

图 1.4 马歇尔试验结果的修正方法

采用压力环和流值计测定时,根据压力环标定曲线,将压力环中百分表的读数换算为荷载值,或者由荷载测定装置读取的最大值即为试样的稳定度(MS),以 kN 计,精确至 0.01kN。由流值计及位移传感器测定装置读取的试件垂直变形,即为试件的流值(FL),以 mm 计,精确至 0.1mm。

(2) 试件的马歇尔模数。

试件的马歇尔模数按式(1.27)计算。

$$T = \frac{MS}{FL} \tag{1.27}$$

式中,T 为试件的马歇尔模数(kN/mm);MS 为试件的稳定度(kN);FL 为试件的流值(mm)。

(3) 试件的浸水残留稳定度。

试件的浸水残留稳定度按式(1.28)计算。

$$MS_0 = \frac{MS_1}{MS} \times 100\% \tag{1.28}$$

式中,MS_0 为试件的浸水残留稳定度(%);MS_1 为试件浸水 48h 后的稳定度(kN);其他符号含义同上。

(4) 试件的真空饱水残留稳定度。

试件的真空饱水残留稳定度按式(1.29)计算。

$$MS'_0 = \frac{MS_2}{MS} \times 100\% \tag{1.29}$$

式中,MS'_0 为试件的真空饱水残留稳定度(%);MS_2 为试件真空饱水后浸水 48h 后的稳定度(kN);其他符号含义同上。

6. 报告

当一组测定值中某个测定值与平均值之差大于标准差的 k 倍时,该测定值应予舍弃，并以其余测定值的平均值作为试验结果。当试件数目 n 为 3，4，5，6 个时，k 值分别为 1.15，1.46，1.67，1.82。

报告中需列出马歇尔稳定度、马歇尔模数、流值，以及试件尺寸、密度、空隙率、矿料间隙率、沥青用量、沥青饱和度、沥青体积百分率等各项物理指标。当采用自动马歇尔试验仪时，试验结果应附上荷载-变形曲线原件或自动打印结果。

1.3.2 沥青混合料车辙试验

1. 适用范围

本方法适用于测定沥青混合料的高温抗车辙能力，供沥青混合料配合比设计时的高温稳定性检验使用，也可用于现场沥青混合料的高温稳定性检验。

车辙试验的温度与轮压（试验轮与试件的接触压强）可根据有关规定和需要选用，非经注明，试验温度为 60℃，轮压为 0.7MPa。根据需要，如在寒冷地区试验温度可采用 45℃，在高温条件下试验温度可采用 70℃等，重载交通的轮压可增加至 1.4MPa，但应在报告中注明。计算动稳定度的时间原则上为试验开始后 45～60min。

本方法适用于按《公路工程沥青及沥青混合料试验规程》（JGT E20—2011）中"T 0703—2011 沥青混合料试件制作方法（轮碾法）"的规定碾压成型的长 300mm、宽 300mm、厚 50～100mm 的板块状试件。根据工程需要也可采用其他尺寸的试件。本方法也适用于现场切割板块状试件，切割试件的尺寸根据现场面层的实际情况由试验确定。

2. 仪具与材料技术要求

（1）车辙试验机。主要由以下六部分组成：①试件台。可牢固地安装两种宽度（300mm 和 150mm）的规定尺寸试件的试模。②试验轮。橡胶制的实心轮胎，外径 200mm，轮宽 50mm，橡胶层厚 15mm。橡胶硬度（国标标准硬度）20℃时为 84±4；60℃时为 78±2。试验轮行走距离为（230±10）mm，往返碾压频率为（42±1）次/min（21 次往返/min）。采用曲柄连杆驱动加载轮往返运动方式。③加载装置。使试验轮与试件的接触压强在 60℃时为（0.7±0.05）MPa，施加的总荷载为 780N 左右，根据需要可以调整压强大小。④试模。钢板制成，由底板及侧板组成，试模内侧尺寸为 300mm，宽为 300mm，厚为 50～100mm，可根据需要对厚度进行调整。⑤试件变形测量装置。自动采集车辙变形并记录曲线的装置，通常用位移传感器 LVDT（Linear Variable Differential Transformer，即线性可变差动变压器）或非接触位移计。位移测量范围 0～130mm，精度±0.01mm。⑥温度检测装置。自动检测并记录试件表面及恒温室内温度的温度传感器，精度±0.5℃。温度应能自动连续记录。

（2）恒温室。恒温室应具有足够的空间。车辙试验机必须整机安放在恒温室内，装有加热器、气流循环装置及自动温度控制设备，恒温室还应有至少能保温 3 块试件并进行试验的条件。保持恒温室温度（60±1）℃[试件内部温度（60±0.5）℃]，根据需要也可采用其他试验温度。

（3）台秤。称量 15kg，感量不大于 5g。

3. 方法与步骤

（1）准备工作。

①试验轮接地压强测定。测定在 60℃时进行，在试验台上放置一块 50mm 厚的钢

板，其上铺一张毫米方格纸，上铺一张新的复写纸，以规定的700N荷载试验轮静压复写纸，即可在方格纸上得出轮压面积，并由此求得接地压强。当压强不符合（0.7±0.05）MPa时，应适当调整荷载。

②按《公路工程沥青及沥青混合料试验规程》（JGT E20—2011）中"T 0703—2011 沥青混合料试件制作方法（轮碾法）"的规定制作车辙试验试块。在实验室或工地制备成型的车辙试件，板块状试件尺寸为长300mm×宽300mm×厚50～100mm（厚度根据需要确定）。也可从路面切割得到需要尺寸的试件。

③当直接在拌和厂取拌和好的沥青混合料样品制作车辙试验试件检验生产配合比设计或混合料生产质量时，必须将混合料装入保温桶中，在温度下降至成型温度之前，迅速送达实验室制作试件。如果温度稍有不足，可放在烘箱中稍事加热（时间不超过30min）后成型，但不得将混合料放冷却后二次加热以重塑制作试件。重塑制件的试验结果仅供参考，不得用作评定配合比设计检验是否合格的标准。

④如需要，将试件脱模按《公路工程沥青及沥青混合料试验规程》（JGT E20—2011）规定的方法测定密度及空隙率等物理指标。

⑤试件成型后，连同试模一起在常温条件下放置的时间不得少于12h。对聚合物改性沥青混合料，放置的时间以48h为宜，使聚合物改性沥青充分固化后方可进行车辙试验，室温放置时间不得长于一周。

（2）试验步骤。

将试件连同试模一起，置于已达到试验温度（60±1）℃的恒温室中，保温不少于5h，也不得超过12h。在试件的试验轮不行走的部位上，粘贴一个热电偶温度计（也可在试件制作时预先将热电偶导线埋入试件角），控制试件温度稳定在（60±0.5）℃。

将试件连同试模移置于车辙试验机的试验台上，试验轮在试件的中央部位，其行走方向须与试件碾压或行车方向一致。开动车辙变形自动记录仪，然后启动车辙试验机，使试验轮往返行走，时间约1h，或最大变形达到25mm时为止。试验时，记录仪自动记录变形曲线（图1.5）及试件温度。对试验变形较小的试件，也可在两侧1/3位置上进行两次试验，然后取平均值。

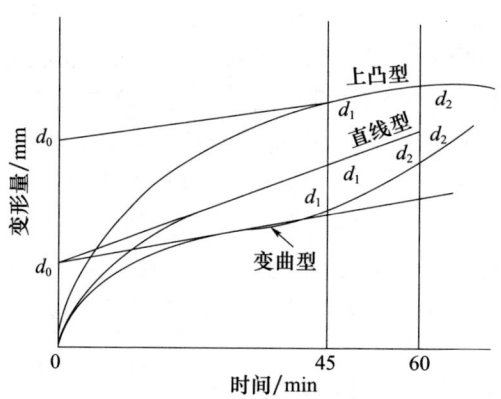

图1.5 车辙试验自动记录的变形曲线

4. 计算

从图 1.5 上读取 45min（t_1）及 60min（t_2）时的车辙变形 d_1 及 d_2，精确至 0.01mm。

当变形过大，在未到 60min，变形已达 25mm 时，则以达到 25mm（d_2）的时间为 t_2，将其前 15min 为 t_1，此时的变形量为 d_1。

沥青混合料试件的动稳定度按式（1.30）计算。

$$DS = \frac{(t_2 - t_1) \cdot N}{d_2 - d_1} \cdot C_1 \cdot C_2 \tag{1.30}$$

式中，DS 为沥青混合料的动稳定度（次/mm）；N 为试验轮往返碾压速度，通常为 42 次/min；d_2 为对应于时间 t_2 的变形量（mm）；d_1 为对应于时间 t_1 的变形量（mm）；C_1 为试验机类型系数，曲柄连杆驱动加载轮往返运行方式为 1.0；C_2 为试件系数，实验室制备宽 300mm 的试件系数为 1.0。

5. 报告

同一沥青混合料或同一路段路面，至少平行试验 3 个试件。当 3 个试件动稳定度变异系数不大于 20% 时，取其平均值作为试验结果；变异系数大于 20% 时，应分析原因，并追加试验。如计算动稳定度值大于 6000 次/mm 时，记作 ">6000 次/mm"。

试验报告应注明试验温度、试验轮接地压强、试件密度、空隙率及试件制作方法等。

1.3.3 沥青混合料中沥青含量试验（离心分离法）

1. 适用范围

本方法采用离心分离法测定黏稠石油沥青拌制的沥青混合料中的沥青含量（或油石比）。

本方法适用于热拌热铺沥青混合料路面施工时的沥青用量检测，以评定拌和产品质量。此法也适用于旧路调查时检测沥青混合料的沥青用量，用此法抽提的沥青溶液可用于回收沥青，以评定沥青的老化性能。

2. 仪具与材料技术要求

（1）离心抽提仪。其由试样容器及转速不小于 3000r/min 的离心分离器组成，分离器备有滤液出口。容器盖与容器之间用耐油的圆环形滤纸密封。滤液通过滤纸排出后，从出口流出，并流入回收瓶中。仪器必须安放稳固并有排风装置。

（2）天平。感量不大于 0.01g，1mg 的天平各 1 台。

（3）碳酸铵饱和溶液。供燃烧法测定滤纸中的矿粉含量用。

（4）其他。量筒（分度值 1mL），小铲、金属盘、大烧杯，回收瓶（容量 1700mL 以上），电烘箱（装有温度自动调节器），圆环形滤纸，压力过滤装置，三氯乙烯（工业用）等。

3. 方法与步骤

（1）准备工作。

按《公路工程沥青及沥青混合料试验规程》（JTG E20—2011）中 "T 0701—2011 沥青混合料取样法" 的规定，在拌合厂从运料车采取沥青混合料试样，放在金属盘中适当拌和，待温度稍下降至 100℃ 以下时，用大烧杯取混合料试样质量 1000~1500g（粗粒式沥青混合料用高限,细粒式用低限,中粒式用中限),精确至0.1g。

当试样在施工现场用钻机法或切割法取得时,应用电风扇吹风使其完全干燥,置于烘箱中适当加热后成松散状态取样,不得用锤击,以防集料破碎。

(2)试验步骤。

①向装有试样的烧杯中注入三氯乙烯溶剂,将其浸没,浸泡30min,用玻璃棒适当搅动混合料,使沥青充分溶解。也可直接在离心分离器中浸泡。

②将混合料及溶液倒入离心分离器,用少量溶剂将烧杯及玻璃棒上的黏附物全部洗入分离器中。

③称取洁净的圆环形滤纸质量,精确至0.01g。滤纸不宜多次反复使用,有破损者不能使用。有石粉黏附时,应用毛刷清除干净。

④将滤纸垫在分离器边缘上,加盖紧固,在分离器出口处放回收瓶,上口密封,防止流出液成雾状散失。

⑤开动离心机,转速逐渐增至3000r/min,沥青溶液通过排出口注入回收瓶中,待流出停止后停机。

⑥从上盖的孔中加入新溶剂,数量大体相同,稍停3~5min后,重复上述操作,如此数次,直至流出的抽提液呈清澈的淡黄色。

⑦卸下上盖,取下圆环形滤纸,在通风橱或室内空气中蒸发干燥,然后放入(105±5)℃的烘箱中干燥,称取质量,其增重部分(m_2)为矿粉的一部分。

⑧将容器中的集料仔细取出,在通风橱或室内空气中蒸发后放入(105±5)℃烘箱中烘干(一般需4h),然后放入大干燥器中冷却至室温,称取集料质量(m_1)。

⑨用压力过滤器过滤回收瓶中的沥青溶液,由滤纸的增重m_3得出泄漏入滤液中矿粉。无压力过滤器时,也可用燃烧法测定。

⑩用燃烧法测定抽提液中矿粉质量的步骤如下:首先,将回收瓶中的抽提液倒入量筒中,准确定量至mL(V_a);其次,充分搅匀抽提液,取出10mL(V_b)放入坩埚中,在热浴上适当加热,使溶液试样呈暗黑色后,置于高温炉(500~600℃)中烧成残渣,取出坩埚冷却;再次,向坩埚中按每1g残渣5mL的用量比例,注入碳酸铵饱和溶液,静置1h,放入(105±5)℃炉箱中干燥;最后,取出坩埚,放在干燥器中冷却,称取残渣质量(m_4),精确至1mg。

4. 计算

沥青混合料中矿料的总质量按式(1.31)计算。

$$m_a = m_1 + m_2 + m_3 \tag{1.31}$$

式中,m_a为沥青混合料中矿料部分的总质量(g);m_1为容器中留下的集料干燥质量(g);m_2为圆环形滤纸在试验前后的增重(g);m_3为泄漏入抽提液中的矿粉质量(g),用燃烧法时可按式(1.32)计算。

$$m_3 = m_4 \cdot \frac{V_a}{V_b} \tag{1.32}$$

式中,m_4为坩埚中燃烧干燥的残渣质量(g);V_a为抽提液的总量(mL);V_b为取出的燃烧干燥的抽提液数量(mL)。

沥青混合料中的沥青含量按式(1.33)计算,油石比按式(1.34)计算。

$$P_{\mathrm{b}} = \frac{m - m_{\mathrm{a}}}{m} \tag{1.33}$$

$$P_{\mathrm{a}} = \frac{m - m_{\mathrm{a}}}{m} \tag{1.34}$$

式中，P_{b} 为沥青混合料的沥青含量（%）；m 为沥青混合料的总质量（g）；P_{a} 为沥青混合料的油石比（%）；其他符号含义同上。

5. 报告

同一沥青混合料试样至少平行试验 2 次，取平均值作为试验结果。2 次试验结果的差值应小于 0.3%，当大于 0.3% 且小于 0.5% 时，应补充平行试验一次，以 3 次试验的平均值作为试验结果，3 次试验的最大值与最小值之差不得大于 0.5%。

1.3.4 沥青混合料冻融劈裂试验

1. 适用范围

本方法适用于在规定条件下对沥青混合料进行冻融循环，测定混合料试件在受到水损害前后劈裂破坏的强度比，以评价沥青混合料的水稳定性。非经注明，试验温度为 25℃，加载速率为 50mm/min。

本方法采用马歇尔击实法成型的圆柱体试件，击实次数为双面各 50 次，集料公称最大粒径不得大于 26.5mm。

2. 仪具与材料技术要求

(1) 试验机。能保持规定加载速率的材料试验机，也可采用马歇尔试验仪。试验机负荷应满足最大测定荷载不超过其量程的 80% 且不小于其量程的 20% 的要求，宜采用 40kN 或 60kN 传感器，读数精确至 0.01kN。

(2) 恒温冰箱。能保持温度为 −18℃。当缺乏专用的恒温冰箱时，可采用家用电冰箱的冷冻室代替，控温精确至 ±2℃。

(3) 恒温水槽。用于试件保温，温度范围能满足试验要求，控温精确至 ±0.5℃。

(4) 压条。上下各 1 根。试件直径 100mm 时，压条宽度为 12.7mm，内侧曲率半径为 50.8mm。压条两端均应磨圆。

(5) 劈裂试验夹具。下压条固定在夹具上，压条可上下自由活动。

(6) 其他。塑料袋、卡尺、天平、记录纸、胶皮手套等。

3. 方法与步骤

(1) 按《公路工程沥青及沥青混合料试验规程》（JTG E20—2011）中"T 0702—2011 沥青混合料试件制作方法（击实法）"制作圆柱体试件。用马歇尔试验仪双面击实各 50 次，试件数目不少于 8 个。

(2) 按《公路工程沥青及沥青混合料试验规程》（JTG E20—2011）规定的方法测定试件的直径及高度，精确至 0.1mm。试件尺寸应符合直径 (101.6±0.25) mm、高 (63.5±1.3) mm 的要求。在试件两侧通过圆心画上对称的十字标记。

(3) 按《公路工程沥青及沥青混合料试验规程》（JTG E20—2011）规定的方法测定试件的密度、空隙率等物理指标。

(4) 将试件随机分成两组，每组不少于4个。将第一组试件置于平台上，在室温下保存备用。

(5) 将第二组试件按《公路工程沥青及沥青混合料试验规程》(JTG E20—2011) 中"T 0717—1993 沥青混合料饱水率试验"的方法真空饱水，在真空度为 97.3～98.7kPa (730～740mmHg) 条件下保持 15min，然后打开阀门，恢复常压，试件在水中放置 0.5h。

(6) 取出试件并放入塑料袋中，加入约 10mL 的水，扎紧袋口，将试件放入恒温冰箱（或家用冰箱的冷冻室），冷冻温度为 (−18±2)℃，保持 (16±1) h。

(7) 将试件取出后，立即放入已保温为 (60±0.5)℃ 的恒温水槽中，撤去塑料袋，保温 24h。

(8) 将第一组与第二组全部试件浸入温度为 (25±0.5)℃ 的恒温水槽中不少于 2h，水温高时可适当加入冷水或冰块调节。保温时，试件之间的距离不少于 10mm。

(9) 取出试件，立即按《公路工程沥青及沥青混合料试验规程》(JTG E20—2011) 中"T 0716—2011 沥青混合料劈裂试验"的规定，用 50mm/min 的加载速率进行劈裂试验，得到试验的最大荷载。

4. 计算

劈裂抗拉强度按式 (1.35) 及式 (1.36) 计算。

$$R_{T1}=0.006287P_{T1}/h_1 \tag{1.35}$$

$$R_{T2}=0.006287P_{T2}/h_2 \tag{1.36}$$

式中，R_{T1} 为未进行冻融循环的第一组单个试件的劈裂抗拉强度 (MPa)；P_{T1} 为第一组单个试件的试验荷载值 (N)；h_1 为第一组每个试件的高度 (mm)；R_{T2} 为经受冻融循环的第二组单个试件的劈裂抗拉强度 (MPa)；P_{T2} 为第二组单个试件的试验荷载值 (N)；h_2 为第二组每个试件的高度 (mm)。

冻融劈裂抗拉强度比按式 (1.37) 计算。

$$TSR=\frac{\overline{R}_{T2}}{\overline{R}_{T1}}\times 100 \tag{1.37}$$

式中，TSR 为冻融劈裂试验强度比 (%)；$\overline{R}_{T2}$ 为冻融循环后第二组有效试件劈裂抗拉强度平均值 (MPa)；$\overline{R}_{T1}$ 为未冻融循环的第一组有效试件劈裂抗拉强度平均值 (MPa)。

5. 报告

每个试验温度下，一组试验的有效试件不得少于3个，取其平均值作为试验结果。当一组测定值中某个数据与平均值之差大于标准差的 k 倍时，应舍弃该测定值，并以其余测定值的平均值作为试验结果。当试件数目 n 为 3，4，5，6 时，k 值分别为 1.15，1.46，1.67，1.82。

试验结果均应注明试件尺寸、成型方法、试验温度、加载速率。

1.4 水泥混凝土拌和物试验检测

1.4.1 水泥混凝土拌和物稠度试验（维勃仪法）

1. 适用范围

本方法规定了用维勃仪测定水泥混凝土拌和物稠度的试验方法。适用于集料最大粒径不大于 31.5mm 的水泥混凝土及维勃时间在 5～30s 的干稠性水泥混凝土的稠度测定。

2. 仪具与材料技术要求

（1）稠度仪（维勃仪）。图 1.6 为稠度仪（维勃仪）示意图。其主要由以下三部分组成：①容量筒。为金属圆筒，内径为（240±5）mm、高为 200mm、壁厚为 3mm、底厚为 7.5mm。容器应不漏水并有足够刚度，上有把手，底部外伸部分可用螺母将其固定在振动台上。振动台工作频率为（50±3）Hz，空载振幅为（0.5±0.1）mm，上有固定容器的螺栓。②坍落筒。筒底部直径为（200±2）mm，顶部直径为（100±2）mm，高度为（300±2）mm，壁厚不小于 1.5mm，上、下开口并与锥体轴线垂直，内壁光滑，筒外安有把手。③圆盘。用透明塑料制成，上装有滑杆。滑杆可以穿过套筒垂直滑动。套筒装在一个可用螺栓固定位置的旋转悬臂上。悬臂上还装有一个漏斗。坍落筒在容器中放好后，转动旋臂，使漏斗底部套在坍落筒上口。旋臂装在支柱上，可用定位螺栓固定位置。滑杆和漏斗的轴线应与容器的轴线重合。圆盘直径为（230±2）mm、厚度为（10±2）mm，圆盘、滑杆及荷重块组成的滑动部分总质量为（2.75±0.05）kg。滑杆刻度可用来测量坍落度值。

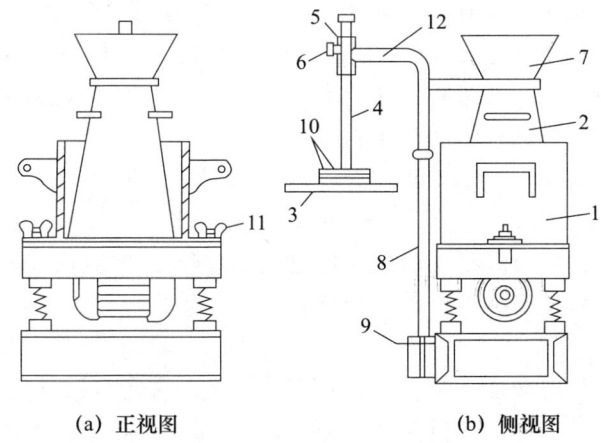

(a) 正视图　　(b) 侧视图

图 1.6　稠度仪（维勃仪）

1—容量筒；2—坍落筒；3—圆盘；4—滑杆；5—套筒；6—螺栓；
7—漏斗；8—支柱；9—定位螺栓；10—荷载；11—元宝螺栓；12—旋转架

（2）捣棒。直径为 16mm、长约 600mm，并具有半球形端头的钢质圆棒。

（3）秒表。分度值为 0.5s。

3. 试验步骤

（1）将容量筒用螺母固定在振动台上，放入润湿的坍落筒，把漏斗转到坍落筒上口，拧紧螺栓，使漏斗对准坍落筒口上方。

（2）按坍落度试验步骤，分三层经漏斗装拌和物，每装一层用捣棒从周边向中心螺旋形均匀插捣 25 次，插捣底层时捣棒应贯穿整个深度；插捣第二层时，捣棒应插透本层至下一层的表面；捣毕第三层混凝土后，拧松螺栓，把漏斗转回到原先的位置，并将筒模顶上的混凝土刮平，然后轻轻提起筒模。

（3）拧紧定位螺栓，使圆盘可定向地向下滑动，仔细转圆盘到混凝土上方，并轻轻与混凝土接触。检查圆盘是否可以顺利滑向容器。

（4）开动振动台并按动秒表，通过透明圆盘观察混凝土的振实情况，当圆盘整个底面刚被水泥浆布满时，立即按停秒表和关闭振动台，记下秒表所记时间，精确至 1s。

（5）仪器每测试一次后，必须将容器、筒模及透明圆盘洗净擦干，并在滑杆等处涂薄层黄油，以备下次使用。

4. 结果整理

水泥混凝土拌和物稠度的维勃时间用秒（s）表示；以两次试验结果的平均值作为混凝土拌和物稠度的维勃时间，结果精确到 1s。

1.4.2　水泥混凝土拌和物体积密度试验

1. 适用范围

本方法规定了水泥混凝土拌和物体积密度的试验方法。适用于测定水泥混凝土拌和物捣实后的体积密度。

2. 仪具与材料技术要求

（1）容量筒。应为刚性金属制成的圆筒，筒外壁两侧应有提手。对于集料最大粒径不大于 31.5mm 的混凝土拌和物，宜采用容积不小于 5L 的容量筒，其内径与内高均为（186±2）mm，壁厚应不小于 3mm。对于集料最大粒径大于 31.5mm 的拌和物，所采用容量筒的内径与内高均应大于集料最大粒径的 4 倍。容量筒上沿及内壁应光滑平整，顶面与底面应平行并应与圆柱体的轴垂直。

（2）电子天平。最大量程不小于 50kg，感量不大于 10g。

（3）捣棒。直径为 16mm，长约 600mm，并具有半球形端头的钢质圆棒。

（4）振动台。应符合《混凝土试验用振动台》（JG/T 245—2009）的规定。

（5）其他。金属直尺、抹刀、玻璃板等。

3. 容量筒标定

先将干净容量筒与玻璃板一起称重，精确至 10g；后将容量筒装满水，缓慢地将玻璃板从筒口一侧推到另一侧，容量筒内应充满水，且不存在气泡，擦干容量筒外壁，再次称重。两次称重结果之差除以该温度下水的密度，则为容量筒的容积 V，常温下水的密度可取 $1000kg/m^3$。

4. 试验步骤

（1）试验前，将已明确体积的容量筒用湿布擦拭干净，称出质量 m_1，精确至 10g。

（2）当坍落度不大于 90mm 时，混凝土拌和物宜用振动台振实。振动台振实时，应一次性将混凝土拌和物装填至高出容量筒筒口，装料时可用捣棒稍加插捣，振动过程中混凝土低于筒口，应随时添加混凝土，振动直至拌和物表面出现水泥浆为止。

（3）当坍落度大于 90mm 时，混凝土拌和物宜用捣棒插捣密实。插捣时，应根据容量筒的大小决定分层与插捣次数：用 5L 容量筒时，混凝土拌和物应分两层装入，每层的插捣次数应为 25 次；用大于 5L 的容量筒时，每层混凝土的高度应不大于 100mm，每层插捣次数按每 10000mm² 截面不小于 12 次计算；用捣棒从边缘到中心沿螺旋形均匀插捣；捣棒应垂直压下，不得冲击，捣底层时应至筒底，插捣第二层时，捣棒应插透本层至下一层的表面；每一层捣完后用橡皮锤沿容量筒外壁敲击 5～10 次，进行振实，直至混凝土拌和物表面插捣孔消失并不见大泡为止。

（4）自密实混凝土应一次性填满，且不应进行振动和插捣。

（5）刮去筒口多余的混凝土拌和物，填补表面有凹陷的地方，用抹刀抹平，并用玻璃板检验；将容量筒外壁擦净，称出混凝土拌和物试样与容量筒总质量 m_2，精确至 10g。

5. 计算与结果整理

水泥混凝土拌和物体积密度按式（1.38）计算。

$$\rho_h = \frac{m_2 - m_1}{V} \times 1000 \tag{1.38}$$

式中，ρ_h 为水泥混凝土拌和物体积密度（kg/m³）；m_2 为捣实或振实后混凝土和容量筒总质量（kg）；m_1 为容量筒质量（kg）；V 为容量筒容积（L）。

以两次试验测值的算术平均值作为试验结果，结果精确至 10kg/m³，试样不得重复使用。

1.4.3 水泥混凝土拌和物凝结时间试验

1. 适用范围

本方法规定了贯入阻力法测定水泥混凝土拌和物凝结时间的试验方法。适用于各通用水泥和常见外加剂以及不同水泥混凝土配合比、坍落度值不为零的水泥混凝土拌和物的凝结时间的测定。

2. 仪具与材料技术要求

（1）贯入阻力仪。最大测量值应不小于 1000N，刻度盘分度值为 10N。

（2）测针。长约 100mm，平头测针圆面积为 100mm²、50mm² 和 20mm² 三种，在距离贯入端 25mm 处刻有标记。

（3）试样筒。上口径为 160mm、下口径为 150mm、净高为 150mm 的刚性容器，并配有盖子。

（4）试验筛。筛孔直径应为 4.75mm，并应符合《试验筛 技术要求和检验 第 2 部分：金属穿孔板试验筛》（GB/T 6003.2—2012）的规定。

（5）振动台。应符合《混凝土试验用振动台》（JG/T 245—2009）的规定。

（6）捣棒。直径 16mm，长约 600mm，并具有半球形端头的钢质圆棒。

（7）其他。铁制拌和板、吸液管和玻璃片等。

3. 试样制备

（1）应用试验筛从混凝土拌和物中筛出砂浆，再经人工翻拌后，装入一个试样筒。每批混凝土拌和物取一个试样，共取 3 个试样，分装 3 个试样筒。

(2) 对于坍落度不大于90mm的混凝土，宜用振动台振实砂浆，振动应持续到表面出浆为止，且避免过振；对于坍落度大于90mm的混凝土，宜用捣棒人工捣实，沿螺旋方向由外向中心均匀插捣25次，然后用橡皮锤轻击试样筒侧壁，以排除在捣实过程中留下的空洞。进一步整平砂浆的表面，使其低于试样筒上沿约10mm，并立即加盖。

(3) 砂浆试样制备完毕，静置于温度为（20±2）℃的环境中待测，并在整个测试过程中使环境温度始终保持（20±2）℃。在整个测试过程中，除吸取泌水或进行贯入试验外，试样筒始终加盖。在其他较为恒定的温度、湿度环境中进行试验时，应在试验结果中加以说明。

(4) 砂浆试样制备完毕后1h，将试件一侧稍微垫高约20mm，使其倾斜并静置约2min，用吸管吸去泌水。以后每到测试前约2min，同步骤（3）用吸管吸去泌水（低温或缓凝的混凝土拌和物试样，静置与吸水间隔时间可适当延长）。若在贯入测试前还有泌水，也应吸干。

(5) 凝结时间测定从搅拌加水开始计时。根据混凝土拌和物的性能，确定测针试验时间，以后每隔0.5h测试一次，在临近初凝和终凝时，应缩短测试间隔时间。

4. 试验步骤

测试时，将砂浆试样筒置于贯入阻力仪上，测针端面刚刚接触砂浆表面，然后转动手轮，使测针在（10±2）s内垂直且均匀地插入试样内，深度为（25±2）mm，记录最大贯入阻力值，精确至10N；记下从开始加水拌和起所经过的时间（精确至1min）及环境温度（精确至0.5℃）。

测定时，每个试样筒每次测1～2个点，各测点的间距不小于15mm，测点与试样筒壁的距离不小于25mm。每个试样的贯入测试不少于6次，直至单位面积贯入阻力大于28MPa。

根据砂浆凝结状况，在测试过程中以测针承压面积从大到小的顺序更换测针。一般情况下，当砂浆表面测孔边出现微裂缝时，应更换较小截面积的测针。更换测针时，应按以下规定选用：单位面积贯入阻力分别在0.2～3.5MPa，3.5～20.0MPa，20.0～28.0MPa时，平头测针圆面积分别为100mm²，50mm²，20mm²。

5. 计算与结果整理

(1) 单位面积贯入阻力按式（1.39）计算。

$$f_{PR}=\frac{P}{A} \tag{1.39}$$

式中，f_{PR}为单位面积贯入阻力（MPa）；P为测针贯入深度为25mm时的贯入压力（N）；A为贯入测针截面面积（mm²）。计算结果精确至0.1MPa。

(2) 凝结时间宜按式（1.40），通过线性回归方法确定。根据式（1.40），当单位面积贯入阻力为3.5MPa时，对应的时间应为初凝时间；单位面积贯入阻力为28MPa时，对应的时间应为终凝时间。

$$\ln t=a+b\ln f_{PR} \tag{1.40}$$

式中，t为单位面积贯入阻力对应的测试时间（min）；a，b为线性回归系数；其他符号含义同上。

(3) 凝结时间也可用绘图拟合方法确定。应以单位面积贯入阻力为纵坐标，测试时间为横坐标,绘制单位面积贯入阻力与测试时间关系曲线。经 3.5MPa 及 28MPa 画两条平行于横坐标的直线,则直线与曲线相交点的横坐标即为初凝及终凝时间,如图 1.7 所示。

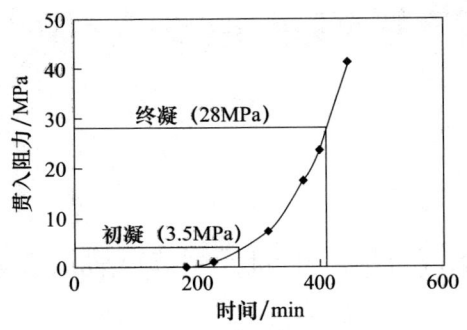

图 1.7 时间-贯入阻力曲线

(4)以 3 个试样的初凝时间和终凝时间的算术平均值作为此次试样初凝时间和终凝时间的试验结果,凝结时间用 h:min 表示,并精确至 5min。3 个测值中的最大值或最小值,若有一个与中间值之差超过中间值的 10%,则应以中间值作为试验结果;若最大值和最小值与中间值之差均超过中间值的 10%,则此试验无效,应重新进行试验。

2 路基路面试验检测技术

2.1 路基路面几何尺寸与路面厚度测试

2.1.1 路基路面几何尺寸测试

1. 适用范围

本方法适用于测试路基路面的宽度、纵断面高程、横坡、中线偏位、边坡坡度、水泥混凝土路面相邻板高差和纵横缝顺直度,以评价道路线形和几何尺寸。

2. 仪具与材料技术要求

(1) 钢卷尺、钢直尺(分度值不大于1mm),塞尺(分度值不大于0.5mm)。

(2) 水平尺。金属材料制成,基准面应平直,长度不小于600mm且不大于2000mm。

(3) 经纬仪(精度DJ_2)、水准仪(精度DS_3)或全站仪[测角精度2″,测距精度$(2mm+2\times10^{-6}s)$,其中s为测距]。

(4) 坡度测量仪。分度值为1°。

(5) 尼龙线。直径不大于0.5mm。

3. 方法与步骤

(1) 准备工作。

确认路基或路面上已恢复的桩号。

按《公路路基路面现场测试规程》(JTG 3450—2019)中"T 0902—2019 选点方法"规定的方法,在一个测试路段内选取测试的断面(接缝)位置并做上标记。宜将路基路面宽度、横坡、高程、中线偏位选取在同一断面位置,且宜在整米桩号上测试。

根据道路设计的要求,确定路基路面横断面各部分的边界位置并做好标记;确定设计高程的纵断面位置并做好标记;在与中线垂直的横断面上确定成型后路面的实际中线位置并做好标记。当采用全站仪测量边坡坡度时,根据道路设计的要求,确定路基边坡的坡顶、坡脚位置并做好标记。

(2) 路基路面各部分的宽度及总宽度测试步骤。

用钢卷尺沿中心线垂直方向上水平量取路基路面各部分的宽度B_1,以m计,精确至0.001m。测量时,钢卷尺保持水平,不得将尺紧贴路面量取,也不得使用皮尺。

(3) 纵断面高程测试步骤。

将水准仪架设在路面平顺处调平,将水准尺竖立在设计高程的纵断面位置上,以路线附近的水准点高程作为基准。测量高程并记录读数 H_1，以 m 计，精确至 0.001m。连续测试全部测点，并与水准点闭合，闭合差应达到三等水准测量要求。

（4）路基路面横坡测试步骤。

对于设有中央分隔带的路面，将水准仪（全站仪）架设在路基路面平顺处调平，将水准尺分别竖立在路面与中央分隔带分界的路缘带边缘 d_1 处（或路基顶面相应位置）及路面与路肩交界位置或外侧路缘石边缘（或路基顶面相应位置）d_2 处，d_1 与 d_2 两测点应在同一横断面上，测量 d_1 与 d_2 处的高程并记录读数，以 m 计，精确至 0.001m。

对于无中央分隔带的路面，将水准仪（全站仪）架设在路基路面平顺处调平，将水准尺分别竖立在道路中心 d_1（或路基顶面相应位置）及路面与路肩交界位置或外侧路缘石边缘（或路基顶面相应位置）d_2 处，d_1 与 d_2 两测点应在同一横断面上，测量 d_1 与 d_2 处的高程，记录高程读数，以 m 计，精确至 0.001m。

用钢卷尺测量两测点的水平距离，以 m 计，精确至 0.005m。

（5）中线偏位测试步骤。

对于有中线坐标的道路，根据待测点 P 的施工桩号，在道路上标记 P 点，从设计资料中查出该点的设计坐标，用经纬仪（全站仪）对该设计坐标进行放样，并在放样点 P' 做好标记，量取 PP' 的长度，即为中线偏位 Δ_{CL}，以 mm 计，精确至 1mm。

对于无中线坐标的道路，根据待测点 P 的施工桩号，在道路上标记 P 点，由设计资料计算出该点的坐标，用经纬仪（全站仪）对该坐标进行放样，并在放样点 P' 做好标记，量取 PP' 的长度，即为中线偏位 Δ_{CL}，以 mm 计，精确至 1mm。

（6）路基边坡坡度测试步骤。

采用全站仪法时，将全站仪架设在路基路面平顺处调平，在同一横断面上选择坡顶 a、坡脚 b 两测点，分别测量其相对高程并记录读数 H_a、H_b，同时测量并记录两点间的水平距离 L，测量结果以 m 计，精确至 0.001m。

采用坡度测量仪法时，将坡度测量仪的测试面垂直于路中线放在待测边坡上，旋转刻度盘，将水准泡调到水平位置，读取并记录刻度盘上的刻度值，即为路基边坡坡度，保留两位小数。

（7）相邻板高差测试步骤。

将水平尺垂直跨越接缝并水平放置于高出的一侧，用塞尺量测接缝处水平尺下基准面与位置较低板块的高差，以高差最大值为该接缝处的相邻板高差 H，以 mm 计，精确至 0.5mm。

（8）纵、横缝顺直度测试步骤。

在待测试路段的直线段上，将尼龙线对齐 20m 长的纵缝两端并拉直，用钢直尺量测纵缝与尼龙线的最大间距，以 mm 计，精确至 1mm，即为该处纵缝顺直度。

将尼龙线沿板宽对齐面板横缝两端并拉直，用钢直尺量测横缝与尼龙线的最大间距，以 mm 计，精确至 1mm，即为该板的横缝顺直度。

4. 数据处理

按式（2.1）计算各个断面的实测宽度 B_{1i} 与设计宽度 B_{0i} 之差。总宽度为路基路面各部分宽度之和。

$$\Delta B_i = B_{1i} - B_{0i} \tag{2.1}$$

式中，ΔB_i 为第 i 个断面的宽度偏差（m）；B_{1i} 为第 i 个断面的实测宽度（m）；B_{0i} 为第 i 个断面的设计宽度（m）。

按式（2.2）计算各个断面的实测高程 H_{1i} 与设计高程 H_{0i} 之差。

$$\Delta H_i = H_{1i} - H_{0i} \tag{2.2}$$

式中，ΔH_i 为第 i 个断面的纵断面高程偏差（m）；H_{1i} 为第 i 个断面的纵断面实测高程（m）；H_{0i} 为第 i 个断面的纵断面设计高程（m）。

按式（2.3）、式（2.4）计算实测横坡 i_{1i} 与设计横坡 i_{0i} 之差，结果精确至 0.01%。

$$i_{1i} = \frac{d_{1i} - d_{2i}}{B_{1i}} \times 100\% \tag{2.3}$$

$$\Delta i_i = i_{1i} - i_{0i} \tag{2.4}$$

式中，i_{1i} 为第 i 个断面的横坡（%）；d_{1i} 及 d_{2i} 为第 i 个断面测点 d_{1i} 及 d_{2i} 处的高程读数（m）；B_{1i} 为第 i 个断面测点 d_{1i} 与 d_{2i} 之间的水平距离（m）；Δi_i 为第 i 个断面的横坡偏差（%）；i_{0i} 为第 i 个断面的设计横坡（%）。

边坡坡度通常以 $1:m$（m 为坡度系数）的形式表示。路基边坡各部分位置示意如图 2.1 所示。全站仪法采用式（2.5）、式（2.6）计算路基边坡坡度。

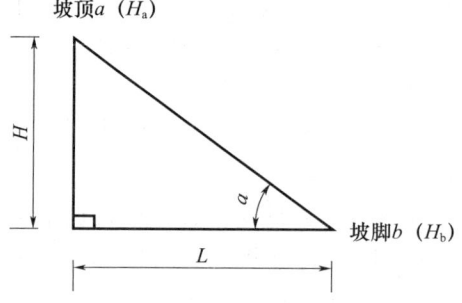

图 2.1 路基边坡各部分位置示意图

H 为坡顶、坡脚测点的高差，即垂直距离；L 为断面坡顶、坡脚测点的水平距离；α 为边坡倾角。

$$H_i = H_{ai} - H_{bi} \tag{2.5}$$

$$m_i = L_i - H_i \tag{2.6}$$

式中，H_i 为第 i 个断面坡顶、坡脚测点的高差，即垂直距离（m）；H_{ai}、H_{bi} 为第 i 个断面坡顶、坡脚测点的相对高程读数（m）；m_i 为第 i 个断面的坡度值，路面坡度以 $1:m_i$ 表示；L_i 为第 i 个断面坡顶、坡脚测点的水平距离（m）。

2.1.2 挖坑和钻芯测试路面厚度

1. 适用范围

本方法适用于测试路面结构层厚度。挖坑法适用于基层或砂石路面的厚度测试，钻芯法适用于沥青面层、水泥混凝土路面板和能够取出完整芯样的基层的厚度测试。

2. 仪具与材料技术要求

（1）路面取芯机。手推式或车载式，配有淋水冷却装置。钻头的标准直径为 $\phi100$mm；如芯样仅供测量厚度，不做其他试验，对沥青面层与水泥混凝土板也可用直径为

ϕ50mm 的钻头；当基层材料有可能损坏试件时，也可用直径为 ϕ150mm 的钻头，但钻孔深度均必须达到层厚。

(2) 量尺。钢直尺、游标卡尺，分度值不大于 1mm。

(3) 其他。挖坑用镐、铲、凿子、锤子、小铲、毛刷，直尺、搪瓷盘、棉纱等。

3. 方法与步骤

(1) 准备工作。

按《公路路基路面现场测试规程》（JTG 3450—2019）中"T 0902—2019 选点方法"规定的方法确定挖坑测试或钻芯取样的位置，如为既有道路，应避开坑洞等显著缺陷或接缝位置。并在选择的试验地点，选一块约 400mm×400mm 的平坦表面，用毛刷将其清扫干净。

(2) 挖坑法厚度测试步骤。

首先，根据材料坚硬程度，选择镐、铲、凿子等适当的工具，开挖这一层材料，直至层位底面，在便于开挖的前提下，应尽量缩小开挖面积，坑洞大体呈圆形，边开挖边将材料铲出，置于搪瓷盘中；其次，用毛刷清扫坑底，确认已开挖至下一层的顶面；最后，将直尺平放横跨于坑的两边，用钢直尺在坑的中部位置垂直伸至坑底，测量坑底至直尺下缘的距离，即为测试层的厚度 T_1，以 mm 计，精确至 1mm。

(3) 钻芯法厚度测试步骤。

首先，按《公路路基路面现场测试规程》（JTG 3450—2019）中"T 0903—2019 钻芯和切割取样方法"的规定用路面取芯机钻孔并取出芯样，钻孔深度应超过测试层的底面；其次，取出完整芯样，找出与下层的分界面；再次，用钢直尺或游标卡尺沿芯样圆周对称的十字方向量取表面至分界面的高度，共 4 处，计算其平均值，即为该层的厚度 T_1，以 mm 计，精确至 1mm；最后，清理干净坑中的残留物，用棉纱等吸干钻孔时留下的积水，待干燥后采用同类型材料填补压实。

4. 数据处理

实测厚度 T_{1i} 与设计厚度 T_{0i} 之差按式（2.7）计算。

$$\Delta T_i = T_{1i} - T_{0i} \tag{2.7}$$

式中，ΔT_i 为路面第 i 层厚度的偏差（mm）；T_{1i} 为路面第 i 层的实测厚度（mm）；T_{0i} 为路面第 i 层的设计厚度（mm）。

按《公路路基路面现场测试规程》（JTG 3450—2019）附录 B 的方法，计算一个测试路段厚度的平均值、标准差，并计算厚度代表值。

2.1.3 短脉冲雷达测试路面厚度方法

1. 适用范围

本方法适用于采用短脉冲雷达测试沥青路面面层厚度。不适用于潮湿路面或用富含铁矿渣集料等介电常数较高的材料铺筑的路面。

2. 仪具与材料技术要求

主要用到短脉冲雷达测试系统，其由承载车、发射天线、接收天线和控制单元等组成。主要技术要求如下：距离标定误差不大于 0.1%；最小分辨层厚不大于 40mm；系统测量精度要求：测量深度 H＜100mm 时，测量误差允许范围为 ±3mm，测量深度

$H \geqslant 100mm$ 时，测量误差允许范围为（$\pm 3\%H$）mm；天线：采用空气耦合方式，带宽能适应所选择的发射脉冲频率。

3. 方法与步骤

测试前，应收集设计图纸、施工配合比等资料，以合理确定标定路段；按要求标定距离；将天线安装牢固，用连接线连接主机，并按要求开机预热；将金属板放置在天线正下方，启动控制软件，完成测试系统标定；根据不同的测试目的，设置控制软件的采样间隔、时间窗、增益等参数。

测试方法与步骤如下。

（1）开启安全警示灯，将天线正下方对准起点，启动软件测试程序，缓慢加速承载车到正常测试速度。

（2）测试过程中，操作人员应标记测试路段内的桥梁、隧道等构造物的起终点。

（3）测试过程中，承载车每隔一定距离应完全停下，在采集软件上做标记，雷达图像应界面清晰、容易辨识且没有突变，同时在地面上找出雷达天线中心所对应的位置，做好标记；按《公路路基路面现场测试规程》（JTG 3450—2019）中的"T 0912—2019 挖坑和钻芯测试路面厚度方法"规定的方法在标记处钻取芯样并量测芯样高度；将现场钻取的芯样高度与雷达采集软件的结果进行对比，得出芯样的波速；将该标定路段的芯样波速平均值输入测试程序；每个波速标定路段钻芯取样位置应均匀分布，取样间距宜不超过5km，芯样数量应足以保证波速标定结果的代表性和准确性。

（4）当承载车到达测试终点后，停止采集程序。

（5）操作人员检查数据文件，文件应完整，内容应正常，否则应重新测试。

（6）关闭测试系统电源，结束测试。

4. 数据处理

由雷达波识别软件自动识别各层分界线，得到雷达波在各层中的双程走时 Δt。根据该双程走时以及电磁波在路面材料中的传播速度，按照式（2.8）计算面层厚度。

$$T = v \cdot \frac{\Delta t}{2} \quad (2.8)$$

式中，T 为面层厚度（mm）；v 为电磁波在路面材料中的传播速度（mm/ns）；Δt 为雷达波在路面面层中的双程走时（ns）。

按照《公路路基路面现场测试规程》（JTG 3450—2019）附录B的规定，计算一个测试路段的厚度平均值、标准差，并计算厚度代表值。

2.2 路基路面压实度检测

2.2.1 挖坑灌砂测试压实度

1. 适用范围

本方法适用于现场测试基层或底基层、砂石路面及路基结构的压实度，以评价结构层的压实质量。不适用于填石路堤等有大孔洞或大空隙的结构压实度测试。

2. 仪具与材料技术要求

(1) 灌砂设备。灌砂设备包括灌砂筒、标定罐和基板。灌砂筒为金属材质，上部为储砂筒，下部为圆锥体漏斗，筒底与漏斗顶端铁板之间设有开关。标定罐也为金属材质，上端有罐缘。基板为金属材质的方盘，盘中心有一圆孔。在测试前，应根据填料粒径及测试层厚度选择不同尺寸的灌砂筒，并符合《公路路基路面现场测试规程》(JTG 3450—2019) 中"表 T 0921-2 灌砂筒类型"的规定。需要注意的是，路基填料最大粒径超过 100mm 的，应采用其他方法测试压实度；当挖坑过程中存在超过规范规定粒径10%的填料，应另在附近选点重做。试验过程中若发现储砂筒内砂不足以填满试坑时，说明灌砂筒尺寸过小，应选择较大尺寸的灌砂筒重新进行试验，而不应在试验过程中添加量砂。

(2) 试样盘和铝盒。小筒挖出的试样可用铝盒存放，大筒挖出的试样可用 300mm×500mm×40mm 的搪瓷试样盘存放。

(3) 电子天平。用于含水率测试时，细粒土、中粒土、粗粒土的分度值宜分别为 0.01g、0.1g、1.0g。

(4) 量砂，粒径 0.3~0.6mm 清洁干燥的砂，20~40kg。使用前须洗净、烘干、筛分至符合要求并放置 24h 以上，使其与空气的湿度达到平衡。

(5) 其他。玻璃板（边长 500~600mm 的方形板），电子秤（分度值不大于 1g），含水率测试设备（如铝盒、烘箱、微波炉等），盛砂的容器（塑料桶等），温度计（分度值不大于 1℃），凿子、改锥、铁锤、长把勺、长把小簸箕、毛刷等。

3. 方法与步骤

(1) 准备工作。

①按照有关标准和规程对结构层填料进行击实试验，得到最大干密度 ρ_c。

②按规定选用灌砂设备。

③标定灌砂设备下部圆锥体内砂的质量。首先，在储砂筒筒口高度上向储砂筒内装砂，至距筒顶距离为 (15±5) mm。称取装入筒内砂的质量 m_1，精确至 1g，以后每次标定及试验都应维持装砂高度与质量不变；其次，将开关打开，让砂自由流出，并使流出砂的体积与标定罐的容积相当（或等于工地所挖试坑的体积），然后关上开关；再次，不晃动储砂筒，轻轻地将灌砂设备移至玻璃板上，将开关打开，让砂流出，直到筒内砂不再下流时，将开关关上，取走灌砂筒；从次，称量留在玻璃板上的砂或称量储砂筒内砂的质量，精确至 1g，玻璃板上的砂质量就是圆锥体内砂的质量 (m_2)；最后，重复上述测量 3 次，取其平均值。

④标定量砂的松方密度 ρ_s (g/cm³)。首先，用 15~25℃水确定标定罐的容积 V，精确至 1mL；其次，在储砂筒中装入质量为 m_1 的砂，并将灌砂筒放在标定罐上，将开关打开，让砂流出。在整个流砂过程中，不要碰灌砂筒，直到储砂筒内的砂不再下流时，将开关关闭。取下灌砂筒，称取筒内剩余砂的质量 m_3，精确至 1g；再次，按式(2.9) 计算填满标定罐所需砂的质量 m_a；从次，重复上述测量 3 次，取其平均值；最后，按式 (2.10) 计算量砂的松方密度。

$$m_a = m_1 - m_2 - m_3 \quad (2.9)$$

式中，m_a 为标定罐中砂的质量 (g)；m_1 为装入储砂筒内砂的质量 (g)；m_2 为灌砂筒下部圆锥体内砂的质量（g）；m_3 为灌砂入标定罐后，筒内剩余砂的质量（g）。

$$\rho_s = \frac{m_a}{V} \tag{2.10}$$

式中，ρ_s 为量砂的松方密度（g/cm³）；V 为标定罐的体积（cm³）。

（2）测试步骤。

①在试验地点，选一块平坦表面，将其清扫干净，面积不得小于基板面积。

②将基板放在平坦表面上。当表面的粗糙度较大时，将盛有量砂（m_1）的灌砂筒放在基板中孔上，做好基板位置标识。将灌砂筒的开关打开，让砂流入基板中孔内，直到储砂筒内的砂不再下流时关闭开关。取下灌砂筒，并称量储砂筒内砂的质量（m_5），精确至 1g。

③取走基板，收回留在试验地点未混入杂质的量砂，重新将表面清扫干净。

④将基板放回原处并固定，沿基板中孔凿洞（洞的直径与灌砂筒直径一致）。在凿洞过程中，不应使凿出的材料丢失，并随时将凿松的材料取出，装入塑料袋中或大铝盒内密封，防止水分蒸发。试洞的深度应等于测试层厚度，但不得有下层材料混入。称取洞内材料质量 m_w，精确至 1g。当需要测试厚度时，应先测量厚度后再称量材料总质量。

⑤从挖出的全部材料中取有代表性的试样，放在铝盒或洁净的搪瓷盘中，按照《公路土工试验规程》（JTG 3430—2020）的有关规定测试其含水率（ω）。单组取样数量如下：用小灌砂筒测试时，对于细粒土，不少于 100g；对于各种中粒土，不少于 500g。用中灌砂筒测试时，对于细粒土，不少于 200g；对于各种中粒土，不少于 1000g；对于粗粒土或水泥、石灰、粉煤灰等无机结合料稳定材料，宜将取出的材料全部烘干，且不少于 2000g，称其质量（m_d）。用大型灌砂筒测试时，宜将取出的材料全部烘干，称其质量（m_d）。

⑥储砂筒内放满砂到要求质量 m_1，将基板安放在试坑原位上。灌砂筒安放在基板中间，下口对准基板中孔，打开灌砂筒开关，让砂流入试坑内。在此期间，不应碰灌砂筒，直到储砂筒内的砂不再下流时，关闭开关。取走灌砂筒，并称量筒内剩余砂的质量 m_4，精确至 1g。

⑦如清扫干净的平坦表面粗糙度不大，也可省去步骤②和③的操作。在试坑挖好后，将灌砂筒直接对准试坑，中间不需要放基板。打开灌砂筒开关，让砂流入试坑内。在此期间，不应碰灌砂筒，直到储砂筒内的砂不再下流时，关闭开关。取走灌砂筒，并称量剩余砂的质量 m'_d，精确至 1g。

⑧取出储砂筒内的量砂，以备下次试验时再用。

⑨取走基板，将留在试坑内未混入杂质的量砂收回；将坑内剩余量砂清理干净后，回填与被测结构同材质的填料，并用铁锤分 3~4 层夯实。

⑩将回收的量砂烘干、过筛，并放置 24h 以上，使其与空气的湿度达到平衡后可以继续使用。若量砂中混有杂质，则应废弃。

4. 数据处理

（1）按式（2.11）或式（2.12）计算填满试坑所用砂的质量。灌砂时，试坑上放有基板时参考式（2.11），试坑上不放基板时参考式（2.12）。

$$m_b = m_1 - m_4 - (m_1 - m_5) \tag{2.11}$$

$$m_b = m_1 - m'_4 - m_2 \tag{2.12}$$

式中，m_b 为填满试坑砂的质量（g）；m_1 为灌砂前灌砂筒内砂的质量（g）；m_4、m'_4 为灌砂后，储砂筒内剩余砂的质量（g）；$(m_1 - m_5)$ 为灌砂筒下部圆锥体内及基板和粗糙表面间砂的合计质量（g）；m_2 为灌砂筒下部圆锥体内砂的质量（g）。

（2）试坑材料的湿密度按式（2.13）计算。

$$\rho_w = \frac{m_w}{m_b} \cdot \rho_s \tag{2.13}$$

式中，ρ_w 为试坑材料的湿密度（g/cm³）；m_w 为试坑中取出的全部材料的质量（g）；其他符号含义同上。

（3）试坑材料的干密度按式（2.14）计算。

$$\rho_d = \frac{\rho_w}{1 + 0.01\omega} \tag{2.14}$$

式中，ρ_d 为试坑材料的干密度（g/cm³）；ω 为试坑材料的含水率（%）。

（4）当为水泥、石灰、粉煤灰等无机结合料稳定土时，可按式（2.15）计算密度。

$$\rho_d = \frac{m_d}{m_b} \cdot \rho_s \tag{2.15}$$

式中，ρ_d 为当水泥、石灰、粉煤灰等无机结合料稳定土时的密度（g/cm³）；m_d 为试坑中取出的稳定土的烘干质量（g）。

（5）施工压实度 K 按式（2.16）计算。

$$K = \frac{\rho_d}{\rho_c} \times 100\% \tag{2.16}$$

式中，ρ_d 为试样的干密度（g/cm³）；ρ_c 为由击实等试验得到的最大干密度（g/cm³）。

2.2.2 核子密湿度仪测试压实度

1. 适用范围

本方法适用于用核子密湿度仪测试路基、路面材料的密度和含水率，并计算施工压实度，以评价结构层的压实质量。

本方法可采用散射和直接透射两种方式进行。其中，散射方式宜用于测试沥青混合料面层的压实密度或硬化混凝土等难以打孔材料的密度。直接透射方式宜用于测试厚度不大于 30cm 的土基、基层材料或非硬化水泥混凝土等可以打孔材料的密度及含水率。

2. 仪具与材料技术要求

（1）核子密湿度仪（以下简称核子仪）。应满足国家规定的关于健康保护和安全使用的要求，并每 12 个月进行一次校验。密度的测试范围为 $(1.12 \sim 2.73)$ g/cm³，测试允许误差不超过 ± 0.03 g/cm³。含水量测量范围为 $(0 \sim 0.64)$ g/cm³，测试允许误差为 ± 0.015 g/cm³。核子仪主要包括下列部件：①放射源。γ射线源（双层密封的同位素放射源，如铯-137、钴-60 或镭-226 等）或中子源（如镅-241/铍等）。②探测器。γ射线探测器［如盖革-米勒（Geiger-Muller）计数管，以下简称 G-M 计数管］或热中子探测器（如氦-3 管）。③读数显示设备。如液晶显示器、脉冲计数器、数率表或直接读数表等。

④标准计数块。密度和含氢量均匀不变的材料块,用于标验仪器运行状况和提供射线计数的参考标准。⑤用于打测试孔的钻杆,以便插入探测杆。⑥符合国家规定要求的安全防护设备。⑦刮平板、钻杆、接线等。

(2) 其他。细砂(粒径0.15～0.3mm)、毛刷等。

3. 方法与步骤

(1) 准备工作。

核子仪经维修或使用过程中不能满足规定的限值时,应重新校验后使用。校验后,仪器在所有标定块上每一测试深度上的标定响应应达到±16kg/m³。

每天使用前或者对测试结果有怀疑时,按下列步骤测试标准值:首先,将核子仪置于表面经压实且平整的地点,距其他放射源至少8m以上;其次,接通电源,按照要求预热;最后,将核子仪置于标准块上,按照要求评定标准计数。如标准计数超过规定限值,进行二次标准计数,若仍超出规定限值,需视作故障进行返修处理。

(2) 测试步骤。

①按照《公路路基路面现场测试规程》(JTG 3450—2019)中"T 0902—2019 选点方法"规定的方法确定测试位置,距路面边缘或其他物体的最小距离不得小于30cm。

②检查核子仪周围8m之内是否存在其他放射源(含另外的核子仪),如果有,应移开或重新选点。

③当用散射法测试沥青路面密度时,先用细砂填平测点表面孔隙,再将仪器置于测点上。

④当使用直接透射法测试时,用导板、钻杆等在测点表面打孔,孔深应大于测试深度,且插进探杆后仪器不倾斜。将探杆插入测试孔内,前后或左右移动仪器,使之稳固。

⑤开机并选定测试时间后进行测量,测试人员退出核子仪2m以外。到达测试时间后,测试人员读取并记录示值,迅速关机,将手柄置于安全位置,结束本次测试。不同型号的核子仪在具体操作步骤上略有不同,可按照设备的相应要求操作。

⑥测试结束后,核子仪应装入专用的仪器箱内,放置在符合核辐射安全规定的地方。

⑦根据相关性试验结果确定材料的湿密度和含水率,并计算干密度及压实度;对于沥青混合料面层,用所确定的材料湿密度直接计算压实度。用散射法时,一组测值不应少于13点,取平均值作为该段落的压实结果。

4. 数据处理

按式(2.17)、式(2.18)计算施工干密度及压实度。

$$\rho_d = \frac{\rho_w}{1+\omega} \tag{2.17}$$

$$K = \frac{\rho_d}{\rho_c} \times 100\% \tag{2.18}$$

式中,ρ_d为沥青混合料的实测密度,或路基、基层填料的干密度(g/cm³);ρ_w为试样的湿密度(g/cm³);ω为含水率,以小数表示;K为压实度(%);ρ_c为沥青混合料的标准密度,或路基、基层填料的最大干密度(g/cm³)。

按《公路路基路面现场测试规程》（JTG 3450—2019）附录 B 的方法，计算一个测试路段压实度的平均值、标准差、变异系数，并计算压实度代表值。

5. 相关性试验

在使用核子仪前，应在试验段上确定与标准方法的相关性。在沥青混合料大规模施工前，应确定核子仪法与钻芯取样法的相关性。在基层或路基大规模施工前，应确定核子仪法与挖坑灌砂法的相关性。

相关性试验步骤如下。

(1) 选定 200m 以上段落作为试验段。

(2) 按照前述"3. 方法与步骤"中"(2) 测试步骤"下的步骤②～⑤进行测试。

(3) 对于沥青路面，按照《公路路基路面现场测试规程》（JTG 3450—2019）中"T 0924—2008 钻芯测试路面压实度方法"的规定在测点位置测试压实度；对于基层或路基，在测点处避开测孔，按照《公路路基路面现场测试规程》（JTG 3450—2019）中"T 0921—2019 挖坑灌砂测试压实度方法"的规定测试压实度。

(4) 对相同的路面厚度、配合比设计、碾压遍数、松铺厚度、机械组合及压实度标准的路面结构层，使用前应在试验段至少测试 15 处，求取两种不同方法在每处的偏差值 $\Delta \rho_i$，计算平均值作为修正值 Δ，将修正值 Δ 输入核子仪中，计算并保存。

(5) 对相同的路面厚度、配合比设计、松铺厚度及机械组合，多种不同的压实度标准的路面结构层，使用前可选取多个试验段进行相关性试验，每个试验段至少测试 10 处，按照《公路路基路面现场测试规程》（JTG 3450—2019）附录 C 的规定，求取两种不同方法测试密度的相关性公式，用于测试结果的修正，其相关系数 R 应不小于 0.95。

2.2.3 环刀测试压实度

1. 适用范围

本方法适用于现场测试细粒土及龄期不超过 2d 的无机结合料稳定细粒土结构的密度，并计算施工压实度，以评价结构层的压实质量。

2. 仪具与材料技术要求

(1) 人工取土器。包括环刀、环盖、定向筒和击实锤系统（导杆、落锤、手柄）。环刀内径 6～8cm，高 2～5.4cm，壁厚 1.5～2mm。

(2) 电动取土器。由底座、立柱、升降机构、取芯机构、动力和传动机构组成。①底座由底座平台、定位销、行走轮组成。平台是整个仪器的支撑基础；定位销用于操作时定位；行走轮用于换点时仪器近距离移动，定位时 4 只轮子可扳起。②立柱由立柱与立柱套组成，装在底座平台上，作为升降机构、取芯机构、动力和传动机构的支架。③升降机构由升降手轮、锁紧手柄组成，用于调整取芯机构高度。松开锁紧手柄，转动升降手轮，取芯机构即可升降到所需位置后，拧紧手柄定位。④取芯机构由取芯头、升降轴组成。取芯头为金属圆筒，下口对称焊接有两个合金钢切削刀头，上口端面焊有平盖，其上焊螺母，靠螺旋接于升降轴上。取芯头有 3 种规格，即 50mm×50mm，70mm×70mm，100mm×100mm，取芯头可更换。配件应包括取芯套筒、扳手、铝盒等。⑤动力和传动机构主要由直流电机、调速器、齿轮箱组成。配件应包括瓶和充电器。

(3) 其他。天平（分度值不大于 0.01g）、镐、毛刷、直尺、木板、小铁锹、修土刀、钢丝锯、凡士林及测试含水率设备等。

3. 方法与步骤

（1）对结构层填料进行击实试验，得到最大干密度及最佳含水率。

（2）在现场选取位置相邻的两处作为平行试验的测点。

（3）用人工取土器测试黏性土及无机结合料稳定细粒土密度的步骤如下：①擦净环刀，称取环刀质量 M_2，精确至 0.1g。②在试验地点将面积约 30cm×30cm 的地面清扫干净，并铲去压实层表面浮动及不平整的部分。③将定向筒齿钉固定于铲平的地面上。顺次将环刀、环盖放入定向筒内，与地面垂直。④将导杆保持垂直状态，用取土器落锤将环刀打入压实层中。在施工过程控制或质量评定时，环刀中部处于压实层厚的 1/2 深度处；用于其他需要的测试时，可按其要求深度取样。⑤去掉击实锤和定向筒，用镐将环刀及试样挖出。⑥轻轻取下环盖，用修土刀自边至中削去环刀两端余土，用直尺测试直至修平为止。⑦擦净环刀外壁，用天平称取出环刀及试样合计质量 M_1，精确至 0.01g。⑧自环刀中取出试样，取具有代表性的试样（不少于 100g），测试其含水率（ω）。含水率测试应参照《公路土工试验规程》（JTG 3430—2020）的有关规定。

（4）用人工取土器测试砂性土或砂层密度的步骤如下：①如为湿润的砂土，试验时不宜使用击实锤和定向筒，在铲平的地面上，挖出一个直径较环刀外径略大的砂土柱，将环刀刃口向下，平置于砂土柱上，用两手平稳地将环刀垂直压下，环刀中部处于压实层厚的 1/2 深度。②削掉环刀口上的多余砂土，并用直尺刮平。③在环刀上口盖一块平滑的木板，一手按住木板，另一手用小铁锹将试样从环刀底部切断，然后将装满试样的环刀反转过来，削去环刀刃口上部的多余砂土，并用直尺刮平。④擦净环刀外壁，称环刀与试样合计质量（M_1），精确至 0.01g。⑤自环刀中取具有代表性的试样（不少于 100g），测试其含水率。含水率测试应参照《公路土工试验规程》（JTG 3430—2020）的有关规定。⑥干燥的砂土不能挖成砂土柱时，可直接将环刀压入或打入土中至第（3）条中步骤④要求的深度。

（5）用电动取土器测试无机结合料细粒土和硬塑土密度的步骤如下：①装上所需规格的取芯头。在施工现场取芯前，选择一块平整的路段，将四只行走轮扳起，四根定位销钉采用人工加压的方法，压入路基土层中。松开锁紧手柄，旋动升降手轮，使取芯头刚好与土层接触，锁紧手柄。②将电瓶与调速器接通，调速器的输出端接入取芯机电源插口。指示灯亮，显示电路已通；启动开关，电机带动取芯机构转动。根据土层含水率调节转速，操作升降手柄至第（3）条规定的深度，上提取芯机构，停机，移开电动取土器。将取芯套筒套在切削好的土芯立柱上，摇动即可取出样品。③取出样品，立即按取芯套筒长度，用修土刀或钢丝锯修平两端，制成所需规格土芯，如拟实施其他试验项目，装入密封盒中，送实验室备用。④称量土芯带套筒质量 M_1，从土芯中心部分取试样并测试含水率。

4. 数据处理

试样的湿密度及干密度按式（2.19）、式（2.20）计算。

$$\rho = \frac{4 \times (M_1 - M_2)}{\pi \cdot d^2 \cdot h} \tag{2.19}$$

$$\rho_d = \frac{\rho}{1 + 0.01\omega} \tag{2.20}$$

式中，ρ 为试样的湿密度（g/cm³）；M_1 为环刀或取芯套筒与试样合计质量（g）；M_2 为环刀或取芯套筒质量（g）；d 为环刀或取芯套筒直径（cm）；h 为环刀或取芯套筒高度（cm）；ρ_d 为试样的干密度（g/cm³）；ω 为试样的含水率（%）。

施工压实度 K 按式（2.21）计算。

$$K = \frac{\rho_d}{\rho_c} \times 100 \tag{2.21}$$

式中，ρ_c 为由击实试验得到材料的最大干密度（g/cm³）；其他符号含义同上。

计算两次平行试验结果的差值，若不大于 0.03g/cm³，取其算术平均值作为测试结果；若大于 0.03g/cm³，则重新测试。

2.2.4 钻芯测试路面压实度

1. 适用范围

该方法适用于测试从压实的沥青路面上钻取沥青混合料芯样的密度，并计算施工压实度，以评价结构层的压实质量。

2. 仪具与材料技术要求

路面取芯钻机，天平（分度值不大于 0.1g），水槽（温度控制在 ±0.5℃ 以内），吊篮，石蜡，卡尺，毛刷，取样袋（容器），电风扇。

3. 方法与步骤

（1）钻取芯样。按《公路路基路面现场测试规程》（JTG 3450—2019）中"T 0903—2019 钻芯和切割取样方法"规定的方法钻取路面芯样，芯样直径宜不小于 ϕ100mm。当一次钻孔取得的芯样包含有不同层位的沥青混合料时，应根据结构组合情况用切割机将芯样沿各层结合面锯开，分层进行测试。应在路面完全冷却后进行钻孔取样，对普通沥青路面，通常在第二天取样；对改性沥青及沥青玛蹄脂碎石混合料（Stone Mastic Asphalt 或 Stone Matrix Asphalt，SMA）路面，宜在第三天以后取样。

（2）测试试件密度。首先，将钻取的试件在水中用毛刷轻轻刷净黏附的粉尘。如试件边角有浮松颗粒，应仔细清除；其次，将试件晾干或用电风扇吹干，不少于 24h，直至恒重；最后，按《公路工程沥青及沥青混合料试验规程》（JTG E20—2011）的沥青混合料试件密度试验方法测试试件密度 ρ_s。通常情况下采用表干法测试试件的毛体积相对密度；对吸水率大于 2% 的试件，宜采用蜡封法测试试件的毛体积相对密度；对吸水率小于 0.5%，特别致密的沥青混合料，在施工质量检验时，允许采用水中重法测试表观相对密度。

（3）根据《公路沥青路面施工技术规范》（JTG F40—2004）的规定，确定标准密度。

4. 数据处理

当计算压实度的标准密度采用实验室实测的马歇尔击实试验密度或试验路段钻孔取样密度时，沥青面层的压实度 K 按式（2.22）计算。

$$K = \frac{\rho_s}{\rho_0} \times 100 \tag{2.22}$$

式中，ρ_s 为沥青混合料芯样试件的实测密度（g/cm³）；ρ_0 为沥青混合料的标准密度（g/cm³）。

计算压实度的标准密度采用最大理论密度时,沥青面层的压实度 K 按式(2.23)计算。

$$K=\frac{\rho_s}{\rho_t}\times 100 \tag{2.23}$$

式中,ρ_t 为沥青混合料的最大理论密度(g/cm³);其他符号含义同上。

按《公路路基路面现场测试规程》(JTG 3450—2019)附录 B 的方法,计算一个测试路段的压实度的平均值、标准差、变异系数,并计算压实度代表值。

2.3 路基路面承载能力检测

2.3.1 贝克曼梁测试路基路面回弹模量

1. 适用范围

本方法适用于土基、厚度不小于 1m 的粒料整层表面,用贝克曼梁测试各测点的回弹弯沉值,通过计算求得该材料的回弹模量值,也适用于在既有公路表面测试路基路面的综合回弹模量。

2. 仪具与材料技术要求

按《公路路基路面现场测试规程》(JTG 3450—2019)中"T 0951—2008 贝克曼梁测试路基路面回弹弯沉方法"的规定选用加载车、贝克曼梁、百分表及表架、路表温度计,以及卷尺等。

3. 方法与步骤

先选择洁净的路基路面表面作为测点,在测点处做好标记并编号,再按本书"2.3.3 贝克曼梁测试路基路面回弹弯沉"的规定测试各测点处的路面回弹弯沉值 L_i。

4. 数据处理

(1)按《公路路基路面现场测试规程》(JTG 3450—2019)附录 B 的方法,计算全部测试值的算术平均值($\overline{L}$)、标准差(S),并按式(2.24)计算自然误差(r_0)。

$$r_0=0.675S \tag{2.24}$$

式中,r_0 为回弹弯沉测试值的自然误差(0.01mm);S 为回弹弯沉测试值的标准差(0.01mm)。

(2)计算各测点的测试值与算术平均值的偏差值 $d_i=L_i-\overline{L}$,并计算较大的偏差与自然误差之比 d_i/r_0。当某个测点的观测值的 d_i/r_0 值大于表 2.1 中的 d/r 极限值时,应舍弃该测点,然后按《公路路基路面现场测试规程》(JTG 3450—2019)附录 B 的方法,计算所余各测点的 $\overline{L}$ 及 S。

表 2.1 相应于测点总数 N 的 d/r 极限值

N	d/r
5	2.5
10	2.9
15	3.2
20	3.3
50	3.8

(3) 按式（2.25）计算代表弯沉值。

$$L_1 = \overline{L} + S \quad (2.25)$$

式中，L_1 为计算代表弯沉（0.01mm）；$\overline{L}$ 为舍弃不合要求的点测后所余测各点弯沉的算术平均值（0.01mm）；S 为舍弃不合要求的测点后所余测点弯沉的标准差（0.01mm）。

(4) 按式（2.26）计算土基、整层材料路基路面材料的回弹模量（E_1）或既有道路的综合回弹模量。

$$E_1 = \frac{200p\delta}{L_1}(1-\mu^2)a \quad (2.26)$$

式中，E_1 为计算的土基、整层材料路基路面材料的回弹模量或既有道路的综合回弹模量（MPa）；p 为测试车轮的平均垂直荷载（MPa）；δ 为测试用加载车双圆荷载单轮传压面当量圆的半径（mm）；μ 为测试层材料的泊松比，根据相关路面设计规范的规定取用；a 为弯沉系数，为0.712；其他符号含义同上。

2.3.2 动力锥贯入仪测试路基路面CBR

1. 适用范围

本方法适用于动力锥贯入仪（Dynamic Cone Penetrometer，DCP）现场快速测试无结合料材料路基、路面加州承载比（California Bearing Ratio，CBR）值，用于评估其强度。

2. 仪具与材料技术要求

主要用到DCP。结构与形状如图2.2所示。其中，标准落锤质量为10kg，落锤材料应采用45号碳素钢或优于45号碳素钢的钢材，表面淬火后硬度HRC为45~50，探杆和接头材料应采用耐疲劳强度的钢材；锥头锥尖角度为60°，最大直径20mm，允许磨损尺寸为2mm。锥头尖端最大允许磨损尺寸为4mm，否则必须更换。此外，还需要用到扳手、铁铲等。

3. 方法与步骤

(1) 准备工作。

放入落锤，将DCP的导向杆与探杆在联轴器处紧固连接，保证不会松动。将其竖直立于硬地（如混凝土）上，然后记录零读数。根据需要选择有代表性的测点，测点应位于平整的路基、路面基层、面层上。如果要探测的层位上面有难以穿透的坚硬结构层，应钻孔或刨挖至其顶面。

(2) 测试步骤。

首先，将DCP放至测点位置。一人手扶仪器手柄，使探杆保持竖直；一人提起落锤至导向杆顶端，然后松开，使之呈自由落体下落。如果试验中探杆稍有倾斜，不可扶正；如果倾斜较大，造成落锤不

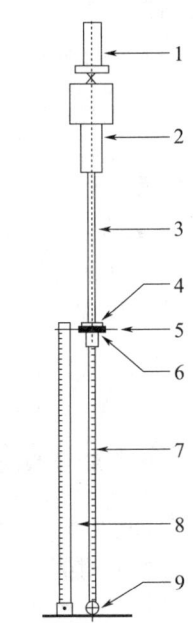

图2.2 动力锥贯入仪（DCP）的
结构与形状示意图

1—手柄；2—落锤；3—导向杆；
4—联轴器（锤座）；5—扶手；6—夹紧环；
7—探杆；8—1m刻度尺；9—锥头

是自由落体，则该点试验应废弃。其次，读取贯入深度。每贯入约10mm读一次数，记录锤击数和贯入量（mm）。对于粒料基层，可每5次或10次锤击读数一次；对于较软弱的结构层，可每1～2次锤击读数一次。再次，连续锤击、测量，直到得到需要的结构层深度。当材料层坚硬，贯入量低到连续锤击10次而无变化时，可以停止试验或钻孔透过后继续试验。最后，将落锤移走，从探坑中取出DCP。

4. 数据处理

DCP的测试结果可以锤击次数为横坐标、贯入深度为纵坐标的贯入曲线表示。

先按式（2.27）计算平均每次的贯入量，即贯入度D_d，再按下述"5. 相关性试验"得出的相关性公式（2.28）计算CBR值。

$$D_d = \frac{D}{n} \tag{2.27}$$

式中，D_d为贯入度（mm）；D为贯入量（mm）；n为锤击次数。

$$\lg(CBR) = a + b \cdot \lg(D_d) \tag{2.28}$$

式中，CBR为结构层材料的现场CBR值；a，b为换算系数；其他符号含义同上。

也可先按公式（2.29）计算动贯入阻力Q_d，再按下述"5. 相关性试验"得出的相关性公式（2.30）计算CBR值。

$$Q_d = \frac{M}{M+m} \cdot \frac{MgH}{AD_d} \tag{2.29}$$

式中，Q_d为动贯入阻力（kPa）；M为落锤质量（kg）；m为贯入器即被打入部分（包括锥头、探杆、锤座和导向杆等）的质量（kg）；g为重力加速度，$g=9.8$m/s^2；H为落距（m）；A为探头截面积（cm^2）；其他符号含义同上。

$$\lg(CBR) = a + b \cdot \lg(Q_d) \tag{2.30}$$

式中，符号含义同上。

5. 相关性试验

利用当地材料进行相关性试验，参照《公路路基路面现场测试规程》（JTG 3450—2019）附录C的规定建立现场CBR值与用DCP测试的贯入度D_d或动贯入阻力Q_d之间的相关性关系式（2.28）或式（2.30）。测点数宜不少于15个，相关系数R应不小于0.95。

2.3.3 贝克曼梁测试路基路面回弹弯沉

1. 适用范围

本方法适用于测试路基及沥青路面的回弹弯沉，以便评价其承载能力。不适用于路基冻结后的回弹弯沉检测。

2. 仪具与材料技术要求

（1）贝克曼梁。由合金铝制成，上有水准泡，其前臂与后臂长度比为2∶1。贝克曼梁按长度分为5.4m（3.6m+1.8m）梁和3.6m（2.4m+1.2m）梁两种。长度为5.4m的贝克曼梁适用于各种类型的路面结构回弹弯沉的测试；长度为3.6m的贝克曼梁适用于柔性基层沥青路面回弹弯沉的测试。

（2）加载车。单后轴、单侧双轮组的载重车，双轮轮隙应能满足自由插入贝克曼梁测头的要求，轴载、轮胎气压等技术参数应符合表 2.2 的要求。

表 2.2 加载车的参数要求

加载车	参数
后轴标准轴载 P/kN	100 ± 1
单侧双轮荷载/kN	50 ± 0.5
轮胎气压/MPa	0.7 ± 0.05
单轮传压面当量圆面积/mm^2	$(3.56\pm0.20)\times10^4$

（3）其他。百分表及表架、路表温度计（分辨力不大于 1℃）、钢直尺等。

3. 方法与步骤

（1）准备工作。

检查并保持测试用加载车的车况及制动性能良好，轮胎气压应符合表 2.2 的要求。给加载车配重，并用地中衡称量后轴总质量及单侧双轮荷载等，均应符合表 2.2 的要求，加载车行驶及测试过程中，轴重不应变化。

若启用新加载车或加载车轮胎发生较大磨损时，应测试轮胎传压面面积。轮胎传压面面积测试方法如下：确保加载车轮胎气压满足表 2.2 的要求，在平整光滑的硬质路面上用千斤顶将汽车后轴顶起，在轮胎下方铺一张新的复写纸和一张方格纸，轻轻落下千斤顶，即在方格纸上印上轮胎印痕。用求积仪或数方格的方法测算单个轮胎印迹范围内的面积，均应符合表 2.2 中单轮传压面当量圆面积的要求。

在沥青路面上测试时，通过气象台了解前 5d 的平均气温（日最高气温与最低气温的平均值）。记录沥青路面结构层材料类型、设计厚度等情况。

（2）测试步骤。

①将加载车停放在测试路段的测试位置，后轮一般应置于道路行车轮迹带上。将贝克曼梁插入加载车后轮轮隙处，与加载车行车方向一致，梁臂不得接触轮胎。贝克曼梁测头置于轮隙中心前方 30~50mm 处测点上。用路表温度计测量并记录测点附近的路表温度。可采用两台贝克曼梁对双侧轮迹同时进行回弹弯沉测试。

②将百分表安装在表架上，并将百分表的测头安放在贝克曼梁的测定杆顶面。轻轻叩击贝克曼梁，确保百分表正常归位。

③指挥加载车缓缓前进，速度为 5km/h 左右，百分表示值随路面变形持续增加。当示值最大时，迅速读取初读数 L_1。加载车仍继续前进，示值开始反向变化，待加载车驶出弯沉影响范围（约 3m 以上），百分表示值稳定后，读取终读数 L_2。

④指挥加载车沿轮迹带前行，驶向下一测试位置，重复步骤①~③，完成测试路段的回弹弯沉测试。

当采用 5.4m 贝克曼梁测试弯沉时，一般可不进行支点变形修正。当有可能引起贝克曼梁支座处变形，在测试时应检验支点有无变形。如果有变形，此时应用另一台测试用的贝克曼梁安装在测定用贝克曼梁的后方，其测点架于测定用贝克曼梁的支点旁。当加载车开出时，同时测定两台贝克曼梁的弯沉读数，如用于检验的贝克曼梁百分表有读数，即应该记录并进行支点变形修正。当在同一结构层上测定时，可在不同位置测定 5 次，求取平均值，以后每次测定时以此作为修正值。

4. 数据处理

（1）路面测点的回弹弯沉值按式（2.31）计算。

$$l_t = (L_1 - L_2) \times 2 \tag{2.31}$$

式中，l_t为在沥青面层平均温度t时的回弹弯沉值（0.01mm）；L_1为车轮中心临近贝克曼梁测头时百分表的最大读数（0.01mm）；L_2为加载车驶出弯沉影响半径后待百分表稳定后的终读数（0.01mm）。

（2）当需进行弯沉仪支点变形修正时，按式（2.32）计算路面测点回弹弯沉值。此式适用于测定检验用贝克曼梁支座处有变形，但百分表架处路面已无变形的情况。

$$l_t = (L_1 - L_2) \times 2 + (L_3 - L_4) \times 6 \tag{2.32}$$

式中，L_3为加载车中心临近贝克曼梁测头时检验用贝克曼梁的最大读数（0.01mm）；L_4为加载车驶出弯沉影响半径后检验用贝克曼梁的终读数（0.01mm）；其他符号含义同上。

（3）当沥青面层厚度大于50mm时，回弹弯沉值应根据沥青面层平均温度进行温度修正，按下列步骤进行。

首先，按式（2.33）计算测定时的沥青面层平均温度。

$$t = (t_{25} + t_m + t_e)/3 \tag{2.33}$$

式中，t为测定时沥青面层平均温度（℃）；t_{25}为根据t_0，由图2.3决定的路表下25mm处的温度（℃）；t_m为根据t_0，由图2.3决定的沥青面层中间深度的温度（℃）；t_e为根据t_0，由图2.3决定的沥青面层底面处的温度（℃）；t_0为测定时路表温度与测定前5d日平均气温的平均值之和（℃），日平均气温为日最高气温与最低气温的平均值。

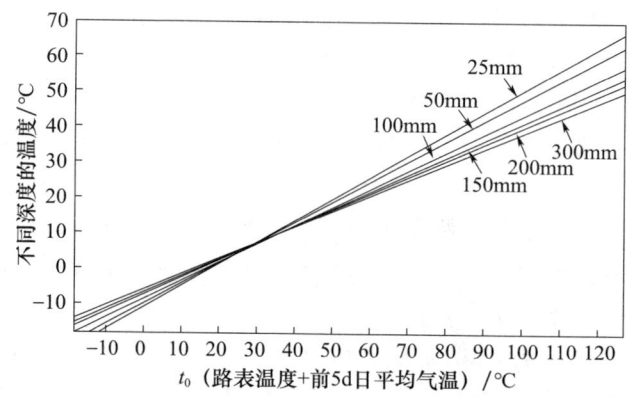

图2.3 沥青面层平均温度的确定

注：线上的数字表示从路表向下的不同深度（mm）。

其次，当沥青面层平均温度在（20±2）℃时，温度修正系数$K=1$。当沥青面层平均温度为其他温度时，应根据沥青面层厚度，分别由图2.4及图2.5求取不同基层的沥青路面弯沉值的温度修正系数K。

最后，按式（2.34）计算修正后的沥青路面回弹弯沉值。

$$l_{20} = l_t \cdot K \tag{2.34}$$

式中，l_{20}为修正后的沥青路面回弹弯沉值（0.01mm）；K为温度修正系数；其他符号含义同上。

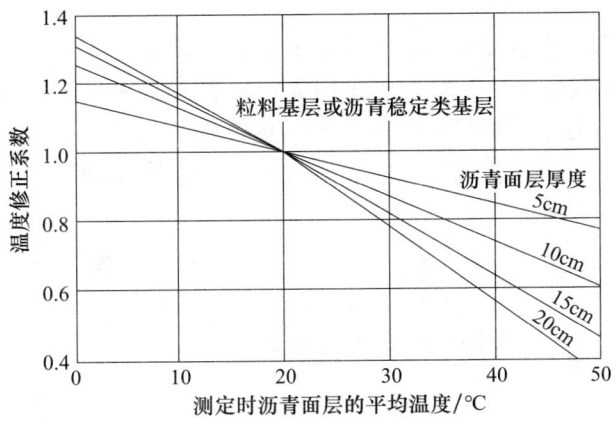

图 2.4 路面弯沉温度修正系数曲线（适用于粒料基层及沥青稳定基层）

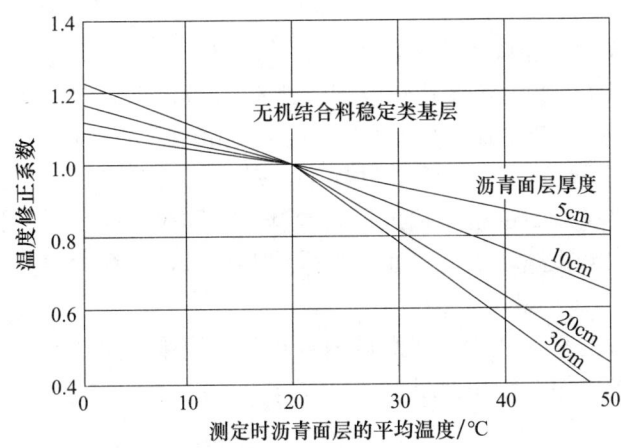

图 2.5 路面弯沉温度修正系数曲线（适用于无机结合料稳定的半刚性基层）

（4）按照《公路路基路面现场测试规程》(JTG 3450—2019) 附录 B 的方法，计算一个测试路段的回弹弯沉平均值、标准差及代表值。

2.3.4 自动弯沉仪测试路面弯沉

1. 适用范围

本方法适用于洛克鲁瓦型（Lacroix 型）自动弯沉仪测试沥青路面的总弯沉，以评价其承载能力。不适用于有严重坑槽、车辙等病害，不具备正常通车条件路面的弯沉测试。

2. 仪具与材料技术要求

洛克鲁瓦型自动弯沉仪由承载车，测量机架及控制系统，温度、位移和距离传感器，数据采集与处理系统等基本部分组成。其中，承载车为单后轴、单侧双轮组的载重车，其轴载、轮胎气压等参数应符合表 2.2 的要求；位移传感器分辨率≤0.01mm，量程≥3mm；距离传感器的示值误差≤1%。

3. 方法与步骤

（1）准备工作。

检查并保持承载车的车况及制动性能良好，轮胎气压应该符合表 2.2 的要求；如果承载车因改装等原因改变了后轴载，应按照规定检查设备承载车轮载，确保满足表 2.2 的要求；检查测量机架的易损部件情况，及时更换损坏部件；打开设备电源进行检查，控制面板功能键、指示灯、显示器等应正常；开动承载车试测 2~3 个步距，确保测量系统正常运行。

每次测试之前，应进行位移传感器的标定，记录标定数据并存档。当在沥青路面上测试时，通过气象台了解前 5d 的平均气温（日最高气温与最低气温的平均值）。记录沥青路面结构层材料类型、设计厚度、横坡等情况。

（2）测试步骤。

①通电预热测试系统。

②开启工程警灯和导向标等警告标志，在测试路段前 20m 处将测量机架放落在路面上。

③按照测试路段的现场技术要求设置所需的测试状态参数。

④缓慢加速承载车到测试速度，一般应控制在 3.5km/h 以内。当实际采用的现场测试速度超出此范围时，应进行设备的相关性试验对测试结果进行修正。承载车沿正常行车轨迹驶入测试路段，开始测试。在测试过程中，根据承载车实际到达的位置，将测试路段起终点、桥涵等特征位置的桩号输入记录数据中。同时，应测量并记录路表温度。

⑤当承载车驶出测试路段后，停止数据采集和记录，并缓慢停止承载车，提起测量机架。

⑥检查数据文件的完整性，确保测试内容正常，否则需要重新测试。

⑦关闭测试系统电源，结束测试。

4. 数据处理

（1）自动弯沉仪采集路面弯沉盆峰值为路面总弯沉。左臂测值、右臂测值按单独弯沉处理。

（2）按照本书"2.3.3 贝克曼梁测试路基路面回弹弯沉"的规定，对弯沉值进行温度修正。

（3）弯沉值的横坡修正。当路面横坡不超过 4% 时，不进行横坡修正；当路面横坡超过 4% 时，横坡修正按照下面规定进行：高位修正系数为 $\frac{1}{1-i}$，低位修正系数为 $\frac{1}{1+i}$，i 为路面横坡（%）。

（4）当测试速度大于 3.5km/h 时，应根据"5. 自动弯沉仪与贝克曼梁弯沉测值的相关性试验"进行相关性试验，并对弯沉值予以换算。

（5）按照《公路路基路面现场测试规程》（JTG 3450—2019）附录 B 的方法，计算一个测试路段的弯沉平均值、标准差及代表值。

5. 自动弯沉仪与贝克曼梁弯沉测值的相关性试验

（1）试验条件。

按弯沉值不同水平范围选择不少于 4 段路面结构相似的测试路段，长度一般为 300~

500m，标记好起终点位置；测试路段的路面应清洁干燥，附近不应有重型交通和震动；试验宜选择晴天无风的天气条件，测试温度宜在10～35℃，且应选择温度变化不大的时段进行。

(2) 试验步骤。

自动弯沉仪按照上述"3.方法与步骤"中"(2)测试步骤"以正常车速对测试路段进行弯沉测试，每隔三个测试步距或约20m标记测点位置。

自动弯沉仪测试完毕后，等待30min。然后在每一个标记位置用贝克曼梁按照本书"2.3.3 贝克曼梁测试路基路面回弹弯沉"的方法测试各点回弹弯沉值。

(3) 数据处理。

按照贝克曼梁弯沉测点对应的桩号，从自动弯沉仪记录数据中提取各测点的弯沉值，并与贝克曼梁测值一一对应，按照《公路路基路面现场测试规程》(JTG 3450—2019)附录C的规定得到贝克曼梁测值和自动弯沉仪测值之间的相关性关系式，相关系数R应不小于0.95。

2.3.5 激光式高速路面弯沉测定仪测试路面弯沉

1. 适用范围

本方法适用于应用多普勒测速原理的激光式高速路面弯沉测定仪测试路面弯沉，以评价路基路面承载能力。

2. 仪具与材料技术要求

激光式高速路面弯沉测定仪由承载车、检测控制系统、多普勒激光传感器、距离测量系统、温度控制系统等基本部分组成，其基本技术参数的要求如下：测试速度的范围为30～90km/h；激光传感器分辨率为0.01mm/s；测试激光器数量不少于4个；距离标定误差≤0.1%；承载车应不少于两轴，中后轴双侧四轮的载重车，其技术参数后轴标准轴载、单侧双轮荷载、轮胎气压应符合表2.2的要求。

3. 方法与步骤

(1) 准备工作。

检查承载车后轴标准轴载、单侧双轮荷载、轮胎气压等参数，应符合要求；检查承载车和传感器的性能；开启并检查设备的全部系统，计算机、软件采集与计算、警示灯均应正常；开动激光式高速路面弯沉测定仪进行试测，确保系统正常运行。

当在沥青路面上测试时，通过气象台了解前5d的平均气温（日最高气温与最低气温的平均值）。记录沥青路面结构层类型、设计厚度等情况。

(2) 测试步骤。

①通电预热，保证设备舱内达到要求的温度，并开启警示灯及导向灯等警告标志。
②放下距离测试轮，按照测试路段的现场技术要求设置所需的测试状态。
③加速承载车到正常车速，沿正常行车轨迹驶入测试路段，保持正常行驶。
④在承载车到达测试路段起点前开始测量，确保至少有200m的有效路段，并在承载车到达测试路段起点时进行标记。在测试路段中，如遇桥面、路面条件差或偏离当前测试路段等特殊位置，应做相应的标记来记录桩号等信息。
⑤当承载车到达测试路段终点时，应做终点标记，在车辆驶离终点至少200m后停

止数据采集，并将系统各部分恢复至准备状态。

⑥检查测试数据，文件应完整，数据结果应正常，否则需要重新测试。

⑦关闭测试系统电源，结束测试。

4. 数据处理

首先，通过专用的数据处理软件和计算模型对采集到的数据进行处理；其次，按本书"2.3.3 贝克曼梁测试路基路面回弹弯沉"和"2.3.4 自动弯沉仪测试路面弯沉"的方法进行温度、坡度修正，根据实际需要，得到要求段长的路面弯沉值；最后，按照《公路路基路面现场测试规程》（JTG 3450—2019）附录 B 的方法，计算一个测试路段的弯沉平均值、标准差及代表值。

5. 激光式高速路面弯沉测定仪与落锤式弯沉仪测值的相关性试验

（1）试验条件。

按弯沉值不同水平范围选择不少于 4 段路面结构相似的测试路段，长度不少于 500m，标记好起终点位置；测试路段应平直、无严重破损、无积水、无污染、无交叉口；测试路段的路面应清洁干燥，附近不应有重型交通和震动；试验宜选择晴天无风的天气条件，测试温度宜在 10～35℃ 范围内，且应选择温度变化不大的时段进行。

（2）试验步骤。

落锤式弯沉仪按照本书"2.3.6 落锤式弯沉仪测试路表弯沉"的方法以正常车速对测试路段进行弯沉测试，每隔约 10m 标记测点位置。落锤式弯沉仪测试完毕后，等待 10min。然后用激光式高速路面弯沉测定仪测试各点弯沉值。

（3）数据处理。

按照落锤式弯沉仪测点对应的桩号，从激光式高速路面弯沉测定仪记录数据中提取各测点的弯沉值，并与落锤式弯沉仪测值一一对应，按照《公路路基路面现场测试规程》（JTG 3450—2019）附录 C 的规定得到落锤式弯沉仪测值和激光式高速路面弯沉测定仪测值之间的相关性关系式，相关系数 R 应不小于 0.90。

2.3.6 落锤式弯沉仪测试弯沉

1. 适用范围

本方法适用于采用落锤式弯沉仪测试路表在冲击荷载作用下产生的瞬时变形，即动态弯沉，以便评价路基路面承载能力。

2. 仪具与材料技术要求

落锤式弯沉仪（Falling Weight Deflectometer，FWD）由荷载发生装置、弯沉检测装置、控制系统与牵引车等组成，具体要求如下。

（1）荷载发生装置。根据使用目的与道路等级选择重锤的质量及落高，荷载由传感器测试。如无特殊需要，重锤的质量为（200±10）kg，可产生（50±2.5）kN 的冲击荷载。承载板呈十字对称分开成四部分，且底部固定有橡胶片，直径一般为 300mm，也可为 450mm。

（2）弯沉检测装置。由一个或多个位移传感器组成，位移分辨力不大于 0.001mm。承载板中心应设有一个位移传感器，其他位移传感器与中心处传感器呈线性布置，一般分布在距离承载板中心 2500mm 的范围内。用于反算路面结构层模量时，位移传感器总数应不少于7个,且应包括0mm、300mm、600mm、900mm处四个位置。

(3) 控制系统。在冲击荷载作用期间,测量并记录冲击荷载及各个位移传感器所在位置的动态变形。

(4) 牵引车。牵引FWD并安装控制装置的车辆。

3. 方法与步骤

(1) 准备工作。

调整重锤的质量及落高,使重锤的质量及产生的冲击荷载符合上述"2. 仪具与材料技术要求"中的要求;检查FWD的车况及使用性能,确保功能正常;将FWD牵引至测试地点,牵引FWD行驶的速度宜不超过50km/h;开启FWD,对传感器进行标定。

(2) 测试步骤。

①将FWD牵引至测试路段起始位置,输入测试位置信息,设定好状态参数。

②将承载板中心位置对准测点,测点一般应布置在车道轮迹带处。落下承载板,放下弯沉检测装置的各传感器。

③启动荷载发生装置,落锤瞬即自由落下,冲击力作用于承载板上,又立即自动提升至原来位置固定。同时,记录荷载数据,各个位移传感器测量并记录路表变形数据,变形峰值即为弯沉值。每个测点重复测试应不少于3次。

④提起传感器及承载板,牵引车向前移动至下一个测点,重复步骤②～③完成测试路段的测试。

4. 数据处理

首先,舍去承载板中心位移传感器的首次测值,计算其后几次测值的平均值作为该点的弯沉值;其次,按照《公路沥青路面设计规范》(JTG D50—2017)的规定,对弯沉值进行温度修正;最后,按照《公路路基路面现场测试规程》(JTG 3450—2019)附录B的方法,计算一个测试路段的弯沉平均值、标准差及代表值。

2.4 路面平整度检测

2.4.1 连续式平整度仪测试平整度

1. 适用范围

本方法适用于连续式平整度仪测试路面纵向相对高程的标准差(σ),用以表征路面的平整度。不适用于在已有较多坑槽、破损严重的路面上测试。

2. 仪具与材料技术要求

(1) 连续式平整度仪。除特殊情况外,连续式平整度仪的标准长度为3m,中间为一个3m长的机架,机架可缩短或折叠,前后各4个行走轮,前后两组轮的轴间距离为3m;地面高差测量传感器安装在机架中间,可以是能起落的测定轮或激光测距仪;其他辅助机构有蓄电池电源,距离传感器,与数据采集、处理、存储、输出部分配套的采集控制箱及计算机打印机等;机架装有一牵引钩及手拉柄,可用人力或汽车牵引。连续式平整度仪测试间距为100mm,每一计算区间的长度为100m并输出一次结果。可记录测试长度（m）、曲线振幅大于某一定值（如 3mm、5mm、8mm、10mm 等）的次数、曲线振幅的单向（凸起或凹下）累计值及以 3m 机架为基准的中点路面偏差曲线图，并可计算打印。

(2) 牵引车。小面包车或其他小型牵引汽车。

(3) 皮尺或测绳。

3. 方法与步骤

(1) 准备工作。

当因施工过程中质量控制需要时，根据需要决定测试地点；当进行路面工程质量检查验收或路况评定时，通常以行车道一侧车轮轮迹带作为连续测试的标准位置；对已形成车辙的路面，取一侧车辙中间位置为测点位置。此外，清扫路面测试位置处的碎石、杂物等。检查仪器测试箱各部分，应完好、灵敏，测定轮胎压正常，并将各连接线接妥，安装记录设备。

(2) 测试步骤。

首先，将连续式平整度仪置于测试路段路面起点上，保证测定轮位置在轮迹带范围内；其次，在牵引汽车的后部，连接好连续式平整度仪与牵引汽车，按照要求依次完成各项操作；再次，启动牵引汽车，沿道路纵向行驶，横向位置保持稳定；最后，确认连续式平整度仪工作正常。牵引连续式平整度仪的速度应保持匀速且沿车道方向行驶，速度宜为 5km/h，最大不得超过 12km/h。在测试路段较短时，也可用人力拖拉连续式平整度仪测试路面的平整度，但拖拉时应保持匀速前进。

4. 数据处理

以 100m 长度为一个计算区间，按式（2.35）计算该区间内采集的位移值（d_i）的标准差 σ_i，即该区间的平整度，以 mm 计，保留 1 位小数。

$$\sigma_i = \sqrt{\frac{\sum d_i^2 - (\sum d_i)^2 / N}{N-1}} \tag{2.35}$$

式中，σ_i 为各计算区间的平整度计算值（mm）；d_i 为以 100m 为一个计算区间，每隔一定距离（自动采集间距为 10cm，人工采集间距为 1.5m）采集的路面凹凸偏差位移值（mm）；N 为计算区间内用于计算标准差的测试数据个数。

按《公路路基路面现场测试规程》(JTG 3450—2019) 附录 B 的方法，计算一个测试路段平整度的平均值、标准差、变异系数。

2.4.2 车载式颠簸累积仪测试平整度

1. 适用范围

本方法适用于车载式颠簸累积仪连续采集路面颠簸产生的累积位移值，以表征路面平整度。不适用于有严重坑槽、车辙等病害路面的平整度测试。

2. 仪具与材料技术要求

测试系统由承载车、距离测量装置、颠簸累积值测试装置和主控制系统组成，基本技术参数要求如下：测试速度为 30～80km/h；测试幅值为 －0.2～0.2m；垂直位移分辨率为 1mm；距离标定误差小于 0.5%。

3. 方法与步骤

（1）准备工作。

承载车出现以下情况之一时，均应进行仪器测值与国际平整度指数（International Roughness Index，IRI）的相关性试验：在正常状态下行驶超过2000km；相关性试验的时间间隔超过1年；减震器、轮胎等发生更换、维修。

检查测试车轮胎气压，应达到车辆轮胎规定的标准气压，车胎应清洁，不得黏附杂物，承载车载重及分布应与仪器相关性标定试验时一致。检查测试系统各部分符合测试要求，不应有明显的可视性破损。

现场安装距离测量系统，确保紧固装置安装牢固，螺丝无松动。打开系统电源，启动控制程序，检查系统各部分的工作状态。

（2）测试步骤。

①测试开始之前，应让测试车以测试速度行驶5～10km，按照规定的预热时间对测试系统预热。

②测试车停在测试起点前300～500m处，启动平整度测试系统程序，按照测试路段的现场技术要求设置所需的测试状态。

③驾驶员在进入测试路段前，应保持标定时的车速，沿正常行车轨迹驶入测试路段。

④进入测试路段后，测试人员启动系统的采集和记录程序，在测试过程中必须及时准确地将测试路段的起终点和其他需要特殊标记点的位置输入测试数据记录中。

⑤当测试车辆驶出测试路段后，测试人员停止数据采集和记录，并恢复仪器各部分至初始状态。

⑥测试人员检查数据文件应完整，内容应正常，否则需要重新测试。

⑦关闭测试系统电源，结束测试。

4. 数据处理

根据颠簸累积仪测试的颠簸累积值（Vehicle Bumping Index，VBI），按照下述"5. 颠簸累积仪测值与IRI的相关性试验"规定进行相关性试验，得到换算公式，并以100m为计算区间换算成IRI，以m/km计，保留两位小数。

5. 颠簸累积仪测值与IRI的相关性试验

（1）基本要求。

由于颠簸累积仪测值受测试速度等因素影响，因此测试系统的每一种实际采用的测试速度均应单独进行试验，建立相关性关系式。试验过程及分析结果应详细记录并存档。

（2）试验条件。

①按照IRI值每段间距大于1.0的范围选择不少于4段不同平整度水平的路段，且有足够加速或减速长度的路段。根据实际测试道路IRI的分布情况，可以增加某些范围内的标定路段。

②每路段长度不小于300m。

③每一段内的平整度应均匀，包括路段前50m的引道。

④选择坡度变化较小的直线路段，路段交通量小，便于疏导。

⑤标定宜选择在车道的正常行驶轨迹上进行,明确标出标定路段的轨迹、起终点。

(3) 试验步骤。

①距离标定。选择坡度变化较小的平坦直线路段,长度不小于500m,标出起终点和行驶轨迹。标定开始之前,应让测试车以测试速度行驶5~10km,按照规定的预热时间对测试系统进行预热。将测试车的前轮对准起点线,启动距离校准程序,然后令车辆沿着路段轨迹直线行驶,避免突然加速或减速,接近终点时减速停车,确保测试车的前轮对准终点线,结束距离校准程序。重复此过程,确保距离传感器脉冲当量的准确性,应在允许误差范围之内。

②参照"3. 方法与步骤"中"(2)测试步骤",令颠簸累积仪按选定的测试速度测试每个标定路段的反应值,重复测试至少5次,取其平均值作为该路段的反应值。

③IRI值的确定。以精密水准仪作为标准仪具,分别测量标定路段两个轮迹的纵断面高程,要求采样间隔为250mm,高程测试精度为0.5mm。然后用IRI标准计算程序对每个轮迹的纵断面测试值进行模型计算,得到该轮迹的IRI值,两个轮迹IRI值的平均值即为该路段的IRI值。其他符合世界银行一类平整度测试标准的纵断面测试仪具也可以作为确定标定路段标准IRI值的仪具。

(4) 数据处理。

按照《公路路基路面现场测试规程》(JTG 3450—2019)附录C的规定,将各路段的IRI值和相应的颠簸累积仪测值进行回归分析,建立相关性关系式,相关系数R应不小于0.99。

2.4.3 车载式激光平整度仪测试平整度

1. 适用范围

本方法适用于车载式激光平整度仪测量路面IRI,以表征路面平整度。同时适用于在无严重坑槽、车辙等病害及无积水、无冰雪、无泥浆的正常通车条件下路面上进行平整度测试。

2. 仪具与材料技术要求

车载式激光平整度仪(以下简称激光平整度仪)由承载车、距离传感器、纵断面高程传感器和主控制系统组成,基本技术参数的要求如下:测试速度为30~100km/h;采样间隔≤500mm;传感器测试精度为1.0mm;距离标定误差≤0.05%。

3. 方法与步骤

(1) 准备工作。

检查激光平整度仪的各传感器;检查承载车轮胎气压,应达到车辆轮胎规定的标准气压,车胎应清洁,不得沾附杂物;检查激光平整度仪各部分,应符合测试要求,不应有破损。

现场安装距离测量装置,应确保机械紧固装置安装牢固,螺丝无松动。打开系统电源,启动控制程序,检查各部分的工作状态。

(2) 测试步骤。

①同本书"2.4.2 车载式颠簸累积仪测试平整度"中的"3. 方法与步骤"。

②承载车停在测试起点前50~100m处,启动平整度测试系统程序,按照测试路段

的现场技术要求设置所需的测试状态。

③驾驶员应按照要求范围内的测试速度驾驶承载车，宜在 50~80km/h，避免急加速和急减速，急弯路段应放慢车速，沿正常行车轨迹驶入测试路段。

步骤④~⑦均同本书"2.4.2 车载式颠簸累积仪测试平整度"中的"3. 方法与步骤"。

4. 数据处理

激光平整度仪采集的数据是路面相对高程值，应以 100m 为计算区间长度，用 IRI 的标准计算程序计算 IRI 值，以 m/km 计，保留 2 位小数。

5. 激光平整度仪测值与 IRI 的相关性试验

(1) 试验条件。

试验条件同本书"2.4.2 车载式颠簸累积仪测试平整度"中的"5. 颠簸累积仪测值与 IRI 的相关性试验"。此外，一台承载车安装的多套平整度测试设备需要分别试验。

(2) 试验步骤。

①距离标定。此步骤基本同本书"2.4.2 车载式颠簸累积仪测试平整度"中的"5. 颠簸累积仪测值与 IRI 的相关性试验"，不过"测试车"应为"承载车"。

②按照"3. 方法与步骤"中的"(2) 测试步骤"，对试验路段进行 5 次重复平整度测试，取其 IRI 计算值的平均值作为该路段的测试值。

③IRI 值的确定。以精密水准仪作为标准仪具，测量标定路段上测线的纵断面高程，要求采样间隔为 250mm，高程测量精度为 0.5mm。然后用 IRI 标准计算程序对纵断面测量值进行模型计算，得到标定线路的 IRI 值。其他符合世界银行一类平整度测试标准的纵断面测试仪具也可以作为确定标定路段 IRI 值的仪具。

(3) 试验数据处理。

按照《公路路基路面现场测试规程》(JTG 3450—2019) 附录 C 的规定将各试验路段的 IRI 值和相应的平整度仪测值进行回归分析，建立相关性关系式，相关系数 R 不得小于 0.99。

2.4.4 手推式断面仪测试平整度

1. 适用范围

本方法适用于手推式断面仪测量路面 IRI，以表征路面平整度。同时适用于无积水、无积雪、无泥浆的正常通车条件下的路面的平整度测试。

2. 仪具与材料技术要求

手推式断面仪由传感器、数据采集与处理系统、测定梁、距离测定轮、测脚、车架系统等基本部分组成，技术要求如下：最大测试速度为 0.80km/h；采样间隔≤25.4mm；距离标定误差≤0.1%；高度测量精度为±0.1mm；断面精度为±0.381mm；最大测量纵向坡度为 9.5°。此外，还需要用到皮尺或钢卷尺、粉笔、扫帚等。

3. 方法与步骤

(1) 准备工作。

清扫待测路面，检查机械部件有无松动或损坏，检查测脚有无损坏、粘附物等；将各种数据线连接后，打开电源，按要求进行预热；检查电池蓄电情况，确保测试期间电量充足；使用前，应按要求完成系统标定，且宜选择温度变化幅度较小的时段进行测试。

(2) 测试步骤。

首先,在待测路面上沿行车迹线附近标记起始点的位置。其次,将设备停放在测量路段起点,启动程序设置所需的测试状态,开始采集数据。再次,测试人员将手推式断面仪按规定速度沿直线向前匀速推行,并保证两测脚落脚点都在测线上,不要在手柄上施加垂直力;中途如需临时停止,需将测定梁提起到达最高点后锁定测定轮。到达测试终点时,在测定梁处于提起状态时,锁住测定轮。最后,保存数据,关闭电源。

4. 数据处理

根据路面纵断面相对高程数据,以100m为计算区间长度,用IRI的标准计算程序计算IRI值,以m/km计,保留两位小数。

2.5 路面抗滑性能和渗水系数检测

2.5.1 电动铺砂仪测试路面构造深度

1. 适用范围

本方法适用于测试沥青路面及无刻槽水泥混凝土路面表面构造深度,用以评定路面表面抗滑性能。

2. 仪具与材料技术要求

(1) 电动铺砂仪。利用可充电的直流电源将量砂通过砂漏铺设成宽度为5cm,厚度均匀一致的器具。

(2) 量砂。足够数量的干燥洁净的匀质砂,粒径为0.15~0.30mm。

(3) 玻璃板。面积大于铺砂器,板厚不小于5mm。

(4) 其他。容积50mL的标准量筒、直尺、灌砂漏斗、扫帚、毛刷等。

3. 方法与步骤

(1) 准备工作。

取洁净的细砂,晾干过筛,取粒径为0.15~0.30mm的砂置于适当的容器中备用。试验时,量砂只能一次性使用,不得重复使用。

按《公路路基路面现场测试规程》(JTG 3450—2019)中"T 0902—2019 选点方法"规定的方法选取路段测点横断面位置,同时测点应选在车道的轨迹带位置,且距路面边缘不得小于1m。

(2) 电动铺砂器标定。

①将铺砂器平放在玻璃板上,将砂漏移至铺砂器起始端部。

②将灌砂漏斗口和量筒口大致齐平。通过漏斗向量筒中缓缓注入准备好的量砂至高出量筒成尖顶状,用直尺沿筒口一次刮平,其容积为50mL。

③将漏斗口与铺砂器砂漏上口大致齐平。将量砂通过漏斗均匀倒入砂漏,倒入过程中漏斗前后移动,使量砂的表面大致齐平,但不得用任何其他工具刮动砂。

④启动开关,使砂漏向另一端缓缓运动,量砂沿砂漏底部铺成如图2.6所示的宽50mm的带状,待量砂全部漏完后停止。

⑤按图 2.6，依据式（2.36）由 L_1 及 L_2 的平均值决定量砂的摊铺长度 L_0，精确至 1mm。

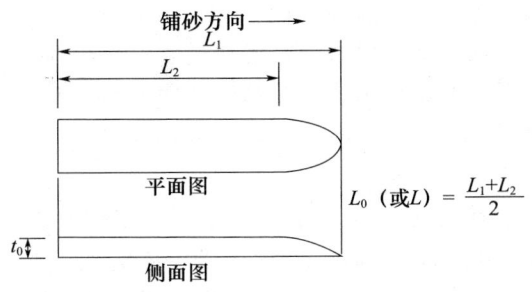

图 2.6 决定 L_0 及 L 的方法

注：L_0 为玻璃板上 50mL 量砂摊铺的长度（mm）；L 为路面上 50mL 量砂摊铺的长度（mm）；L_1，L_2 为按图 2.6 的方法量取的摊铺长度（mm）；t_0 为量砂在玻璃板上摊铺的标定厚度（mm）。

$$L_0 = (L_1 + L_2)/2 \tag{2.36}$$

式中，符号含义同图 2.6。

⑥重复标定 3 次，取平均值决定 L_0，精确至 1mm。标定应在每次测试前进行，用同一种量砂，由同一测试人员进行。

（3）测试步骤。

首先，将测试地点用毛刷刷净，面积大于铺砂仪；其次，将铺砂仪沿道路纵向平稳地放在路面上，将砂漏移至端部；最后，按前述"（2）电动铺砂器标定"中②~⑤相同的步骤，在测试地点摊铺 50mL 量砂，按图 2.6 的方法量取摊铺长度 L_1 及 L_2，由式（2.37）计算 L，精确至 1mm。

$$L = (L_1 + L_2)/2 \tag{2.37}$$

式中，符号含义同图 2.6。

按以上方法，同一处平行测试不少于 3 次，3 个测点均位于轨迹带上，测点间距 3~5m。该处的测试位置以中间测点的位置表示。

4. 数据处理

铺砂仪在玻璃板上摊铺的量砂厚度 t_0 按式（2.38）计算。

$$t_0 = \frac{V}{BL_0} \times 1000 = \frac{100}{L_0} \tag{2.38}$$

式中，V 为量砂体积，50mL；B 为铺砂仪铺砂宽度，50mm；其他符号含义同图 2.6。

构造深度 TD 按式（2.39）计算。

$$TD = \frac{L_0 - L}{L} \cdot t_0 = \frac{L_0 - L}{LL_0} \times 1000 \tag{2.39}$$

式中，TD 为构造深度（mm）；其他符号含义同图 2.6。

每一处均取 3 次路面构造深度的测试结果的平均值作为试验结果，精确至 0.1mm。当平均值小于 0.2mm 时，试验结果以小于 0.2mm 表示。

按照《公路路基路面现场测试规程》（JTG 3450—2019）附录 B 的方法，计算每一个测试路段构造深度的平均值、标准差、变异系数。

2.5.2 车载式激光构造深度仪测试路面构造深度

1. 适用范围

本方法适用于各类车载式激光构造深度仪在新、改建路面工程质量验收和无严重破损病害及没有积水、积雪、泥浆等正常行车条件下连续采集路面构造深度。不适用于带有沟槽构造的水泥路面。

2. 仪具与材料技术要求

测试系统由承载车、距离传感器、激光传感器和主控制单元组成,配备的专用软件应自动控制数据采集、传输、记录和数据处理。其主要技术要求如下:最大测试速度≥50km/h;采样间隔≤5mm;传感器垂直测距示值误差≤0.1mm;距离标定误差<0.1%。

3. 方法与步骤

(1) 准备工作。

设备安装到承载车上后,按下述"5. 激光构造深度仪测值与手工铺砂法构造深度值的相关性试验"的规定进行相关性试验;对测试系统各传感器进行自标定;现场安装距离测量装置时,应确保机械紧固装置安装牢固;打开测试系统电源,启动控制程序,检查各部分的工作状态,并预热测试系统。

(2) 测试步骤。

①承载车停在测试起点前50~100m处,启动测试系统程序,按照测试路段的现场技术要求设置所需的测试状态。

②驾驶员应按照规定范围内的测试速度驾驶承载车,避免急加速和急减速,急弯路段应放慢车速,沿正常行车轨迹驶入测试路段。

③进入测试路段后,测试人员启动控制单元的采集和记录程序,在测试过程中必须及时准确地将测试路段的起终点和其他需要特殊标记的位置输入测试数据记录中。

④当承载车驶出测试路段后,测试人员停止数据采集和记录,并恢复仪器各部分至初始状态。

⑤检查测试数据文件应完整,内容应正常,否则需要重新测试。

⑥关闭测试系统电源,结束测试。

4. 数据处理

按《公路路基路面现场测试规程》(JTG 3450—2019)附录B的规定计算每一个测试路段构造深度的平均值、标准差、变异系数。

5. 激光构造深度仪测值与手工铺砂法构造深度值的相关性试验

(1) 选择构造深度分别在0~0.3mm,0.3~0.55mm,0.55~0.8mm,0.8~1.2mm范围的4段长度分别为100m的试验路段。试验前将路面清扫干净,并在起终点做上标记。

(2) 在每个试验路段上沿一侧行车轮迹用铺砂法测试至少10点的构造深度值,并计算平均值。

(3) 驾驶承载车以30~50km/h的速度驶过试验路段,并且保证激光构造深度仪的激光传感器探头沿铺砂法所测构造深度的行车轨迹运行,计算试验路段的构造深度平均值。

(4) 建立两种方法的相关性关系式，要求相关系数 R 不小于 0.97。

2.5.3 数字式摆式仪测试路面摩擦系数

1. 适用范围

本方法适用于数字式摆式仪测试无刻槽水泥路面和沥青路面的摆式摩擦系数值（British Pendulum Number，BPN，以下简称摆值）。

2. 仪具与材料技术要求

(1) 数字式摆式仪。形状及结构如图 2.7 所示。数字式摆式仪主机可输入测点编号，自动测量、存储和显示摆值及温度修正后的结果。

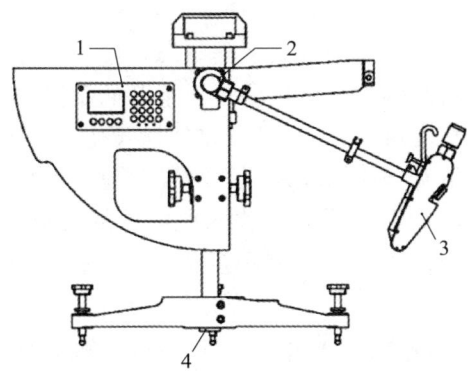

图 2.7 数字式摆式仪结构示意图

1—主机；2—角度传感器；3—摆；4—温度传感器

(2) 橡胶片。尺寸为 6.35mm×25.4mm×76.2mm，橡胶质量应符合表 2.3 的要求。当橡胶片使用后，端部在长度方向上磨耗超过 1.6mm 或边缘在宽度方向上磨耗超过 3.2mm，或有油类污染时，即应更换新橡胶片。新橡胶片应先在干燥路面上测试 10 次后再用于测试，橡胶片的有效使用期为自出厂日期起 12 个月。

表 2.3 橡胶物理性质技术要求

性质指标	温度/℃				
	0	10	20	30	40
回弹值/%	43～49	58～65	66～73	71～77	74～79
硬度/HD	55±5				

(3) 其他。长 126mm 的滑动长度量尺、毛刷、喷水壶、路面温度计（分度不大于 1℃）、扫帚、记录表格等。

3. 方法与步骤

测试前，检查数字式摆式仪的调零灵敏情况，并定期进行滑块压力的标定。按《公路路基路面现场测试规程》（JTG 3450—2019）中"T 0902—2019 选点方法"规定的方法选择测试位置，每个测试位置布设 3 个测点，测点间距离为 3～5m，以中心测点的位置表示该测试位置。测试位置应选在车道横断面上轮迹处,且距路面边缘应不小于 1m。

具体测试步骤如下。

(1) 清洁路面。用扫帚或其他工具将测点处路面上的浮尘或附着物打扫干净。

(2) 仪器调平。将仪器置于路面测点上,并使摆的摆动方向与行车方向一致。并转动底座上的调平螺栓,使水准泡居中。

(3) 零位标定。首先,放松紧固旋钮,转动升降旋钮,使摆升高并能自由摆动,再旋紧紧固旋钮;其次,将摆固定在右侧悬臂上,使摆处于水平释放位置;最后,打开数字化摆式仪主机电源,设置测试状态为"标定",按下释放开关,使摆向左摆动,当摆达到最高位置后并下落时,用手将摆杆接住,此时数字化摆式仪将自动记录空摆时的初始角度,保存此初始角度,完成零位标定。

(4) 校核滑动长度。①让摆处于自然下垂状态,松开固定旋钮,转动升降旋钮使摆下降,并提起举升柄使摆向左侧移动,然后放下举升柄使橡胶片长边下缘轻轻触地,在边侧紧靠橡胶片摆放滑动长度量尺,使量尺左端对准橡胶片触地下缘;再提起举升柄使摆向右侧移动,然后放下举升柄使橡胶片下缘轻轻触地,检查橡胶片下缘是否与滑动长度量尺的右端齐平。若齐平,则说明橡胶片两次触地的距离(滑动长度)符合 126mm 的要求。左右两次橡胶片长边边缘应以刚刚接触路面为准,不可借摆的力量向前滑动,以免标定的滑动长度与实际不符。②橡胶片两次触地与量尺两端若不齐平,通过升高或降低摆或仪器底座的高度进行调整。微调时,也可用旋转仪器底座上的调平螺丝调整仪器底座的高度的方法,这种方法比较方便,但需注意保持水准泡居中。③重复步骤①~②,直至滑动长度符合 126mm 的要求。

(5) 将摆固定在右侧悬臂上,使摆处于水平释放位置,设置测试状态为"就绪"。

(6) 用喷水壶浇洒测点处路面,使之处于湿润状态。

(7) 按下右侧悬臂上的释放开关,使摆在路面滑过,当摆杆回落时,用手接住读数,但不做记录。然后使摆杆重新置于水平释放位置。

(8) 按照步骤 (5)~(7) 的规定,重复操作 5 次,读记每次测试的摆值。5 个摆值中最大值与最小值的差值不得大于 3。如差数值大于 3,应检查产生的原因,并再次重复上述各项操作,至符合规定为止。

(9) 在测点处用温度计测记潮湿路表温度,精确至 1℃。

(10) 重复步骤 (1)~(9),完成一个测试位置 3 个测点的摆值测试。

4. 数据处理

计算每个测点 5 个摆值的平均值作为该测点的摆值 BPN_T,取整数。

每个测点的摆值应按照下列规定进行温度修正。

当路面温度为 T(℃)时,测得的摆值 BPN_T 应按式 (2.40) 换算成标准温度 20℃ 的摆值 BPN_{20}。

$$BPN_{20} = BPN_T + \Delta BPN \tag{2.40}$$

式中,ΔBPN 为温度修正值,按表 2.4 采用。

表 2.4 温度修正值

温度/℃	温度修正值 ΔBPN
0	−6
5	−4
10	−3
15	−1
20	0
25	2
30	3
35	5
40	7

计算每个测试位置 3 个测点摆值的平均值作为该测试位置的摆值,取整数。

按照《公路路基路面现场测试规程》(JTG 3450—2019)附录 B 的方法,计算一个测试路段摆值的平均值、标准差、变异系数。

2.5.4 沥青路面渗水系数测试

1. 适用范围

本方法适用于在现场测试沥青路面的渗水系数。

2. 仪具与材料技术要求

(1) 路面渗水仪。上部盛水量筒由透明有机玻璃制成,容积 600mL,上有刻度,在 100mL 及 500mL 处有粗标线,下方通过 ϕ10mm 的细管与底座相接,中间有一开关。量筒通过支架联结,底座下方开口内径 ϕ150mm,外径 ϕ220mm,仪器附不锈钢圈压重两个,每个质量约 5kg,内径 ϕ160mm。

(2) 套环。金属圆环,宽度 5mm,内径 145mm,主要防止密封材料被挤压进入测试面而导致渗水面积不一致。

(3) 其他。秒表、水筒及大漏斗、密封材料(防水腻子、油灰或橡皮泥)、水、粉笔、塑料圈、刮刀、扫帚等。

3. 方法与步骤

(1) 准备工作。

按照《公路路基路面现场测试规程》(JTG 3450—2019)附录 A 规定的方法,在每个测试位置随机选择 3 个测点,并用粉笔画上测试标记。试验前,首先用扫帚清扫表面,并用刷子将路面表面的杂物刷去。新建沥青路面的渗水试验宜在沥青路面碾压成型后 12h 内完成。

(2) 测试步骤。

①将塑料圈置于路面表面的测点上,用粉笔分别沿塑料圈的内侧和外侧画上圈,在外环和内环之间的部分就是需要用密封材料进行密封的区域。

②用密封材料对环状密封区域进行密封处理,注意不要使密封材料进入内圈,如果密封材料不小心进入内圈,必须用刮刀将其刮走。然后再将搓成拇指粗细的条状密封材

料摞在环状密封区域的中央,并且摞成一圈。

③将套环放在路面表面的测点上,注意使套环的中心尽量和圆环中心重合,然后略微使劲将套环压在条状密封材料表面;采用同样的方法将渗水仪放在套环上并对中,施加压力将渗水仪压在套环上,再将配重加上,以防压力水从底座与路面间流出。

④将开关及排气孔关闭,向量筒中注水并超过 100mL 刻度,然后打开开关和排气孔,使量筒中的水下流,排出渗水仪底部内的空气;当量筒中水面下降速度变慢时,用双手轻压渗水仪,使渗水仪底部的气泡全部排出;当水自排气孔顺畅排出时,关闭开关和排气孔,并再次向量筒中注水至 100mL 刻度。

⑤将开关打开,待水面下降至 100mL 刻度时,立即开动秒表开始计时,计时 3min 后立即记录水量,结束试验;当计时不到 3min,水面已下降至 500mL 时,立即记录水面下降至 500mL 时的时间,结束试验;当开关打开后 3min 内水面无法下降至 500mL 刻度时,开动秒表计时以测试 3min 内渗水量,结束试验。

⑥测试过程中,如水从底座与密封材料间渗出,则底座与路面间密封不好,此试验结果无效。关闭开关,采用密封材料补充密封,重新按步骤④～⑤测试。如果仍然有水渗出,应在同一纵向位置沿宽度方向就近选择位置,重新按照步骤①～⑤测试。

⑦测试过程中,如水从外环圈以外路面中渗出,可以人工将密封材料在外环圈之外 5cm 宽度范围内再次进行密封处理,重新按步骤④～⑤测试,只要密封范围内无水渗出,就可认为试验结果有效。

⑧重复步骤①～⑦,测试 3 个测点的渗水系数。

4. 数据处理

按式(2.41)计算渗水系数,精确至 0.1mL/min。

$$C_w = \frac{V_2 - V_1}{t_2 - t_1} \times 60 \quad (2.41)$$

式中,C_w 为渗水系数(mL/min);V_2 为第二次计时时的水量(mL);V_1 为第一次计时时的水量(mL);t_2 为第二次计时的时间(s);t_1 为第一次计时的时间(s)。

以 3 个测点渗水系数的平均值作为该测试位置的结果,精确至 1mL/min。

3 桥梁试验检测技术

3.1 桥梁基础检测

3.1.1 灌注桩成孔质量检测

1. 一般规定

灌注桩的成孔质量检测应包括孔深、孔径、桩孔倾斜度及沉淀厚度。常用接触式测量和超声波测量两种方法来检测孔深、孔径、桩孔倾斜度，用比较孔深的方法检测灌注桩沉淀厚度。此外，还可以用专用测量绳检测灌注桩孔深，专用测斜仪检测桩孔倾斜度。

2. 仪器设备

接触式孔径仪应符合以下规定：被测孔径小于 1.2m 时，孔径测量允许误差±15mm；被测孔径不小于 1.2m 时，孔径测量允许误差±25mm，孔深测量精度不低于 0.3%。

超声波法桩孔检测仪应符合以下规定：孔径测精度应不低于 0.2%，孔深测量精度应不低于 0.3%。

专业测量绳宜采用金属材质，最大量程宜不小于测量孔深的 1.2 倍，最小刻度应不大于 10mm，端部垂球宜为平底圆锥体，质量应不小于 1kg。

专用测斜仪应符合以下规定：顶角测量范围 0~10°；顶角测量误差在±10′之内；分辨率优于 36″；孔深测量精度不低于 0.3%。

3. 检测技术

测量前，应记录孔位编号，成孔中心位置，孔口高程，设计孔深、孔径，并计算孔深起算面高程。

（1）孔深测量。

孔深测量应在成孔清孔完毕，孔中泥浆内气泡基本消散后进行。

采用专用测量绳测量时，测量绳距孔壁 100~200mm，垂球应缓慢沉入孔内。接触孔底时，轻轻拉起垂球并放下，判断孔底位置。此外，孔深测量每孔沿孔壁间隔布置应不少于 3 个测点，取其最小值为测量孔深。

采用接触式孔径仪、超声波法桩孔检测仪测量时，测试技术同下述"（2）孔径测量"。

（2）孔径测量。

采用接触式孔径仪测量时，按以下步骤进行。

①将接触式孔径仪安置于孔口上方。检测过程中仪器位置应保持固定，探头对准成

孔中心，偏差值宜不大于 10mm。

②检查自动记录仪与探头的同步关系，确定桩孔深度起算面与记录起始位置关系。

③孔径检测自孔底向孔口连续进行。测点间距宜不大于 500mm，在孔径检测可疑测点周围，应加密测点进行复测，进一步确定桩径变化位置及范围。

④检测过程中探头匀速提升，速度应不大于 10m/min。在孔径变化较大处，应降低探头提升速度。

⑤检测结束时，测量探头与成孔中心位置偏差，大于起始偏差 5mm 时，应重新进行检测。

采用超声波法桩孔检测仪时，应在清孔完成且孔中泥浆气泡基本消散后进行，并保证孔内泥浆性能满足施工规范要求的指标。具体按以下步骤进行。

①将超声波法桩孔检测仪安置于孔口上方。其他同上述"采用接触式孔径仪测量时"的步骤①。

②检测正式开始前，设定仪器参数，并检查自动记录仪与探头的同步关系。

③孔径检测连续进行。其他同采用接触式孔径仪测量时的步骤③。

④检测中探头应匀速下沉，速度应不大于 12m/min。

⑤检测结束时，提升探头至孔口。其他同采用接触式孔径仪测量时的步骤⑤。

⑥超声波法孔径测量应正交两方向检测，且宜标明检测剖面与桥梁实际走向 x-x'，y-y' 的方位关系。

(3) 桩孔倾斜度测量。

采用接触式测斜仪检测桩孔倾斜度时，采用顶角测量方法，连续多点测量顶角及方位角，测试步骤同采用接触式孔径仪测量孔径。

采用超声波法检测桩孔倾斜度时，测试步骤同采用超声波法桩孔检测仪测量孔径。

测试桩孔倾斜度过程中，可在触底后根据吊索的张紧程度，稍稍提起一点探头，以避免探头触底偏斜造成的不必要的倾斜度测量误差。

(4) 孔底沉淀厚度测量。

孔底沉淀厚度测量应在桩身混凝土灌注之前进行，通过测量实际成孔深度与钻进深度差值确定。孔底沉淀厚度测量应不小于 2 次，取这几次测量的平均值为最终检测结果。

4. 数据处理

(1) 孔径计算。

采用接触式孔径仪测量时，测量数据应记录设计孔径基准线、基准零线，应同步记录深度标记。并且任一深度截面的孔径 d 应按式（3.1）计算。

$$d = \bar{d} + \frac{k \cdot \Delta V}{I} \tag{3.1}$$

式中，d 为孔径（m）；$\bar{d}$ 为桩孔起始孔径（m）；k 为仪器常数（m/Ω）；ΔV 为信号电位差（V）；I 为恒定电流源电流（A）。

采用超声波桩孔检测仪测量时，测量数据应标记检测时间、设计孔径、检测方向及孔底深度；记录任一深度截面的孔径。并且任一深度截面的孔径 d 应按式（3.2）计算。

$$d = d' + \frac{c(t_1 + t_2)}{2} \tag{3.2}$$

式中，d'为两方向相反换能器的发射（接收）面之间的距离（m）；c为超声波在泥浆介质中传播的速度（m/s）；t_1、t_2为对称探头的实测声时（s）。

使用自动测量两互相垂直方向距离的超声波法桩孔检测仪时，任一深度截面的孔径d应按式（3.3）计算。

$$d=\frac{\sqrt{(l_1+l_2)^2+(l_3-l_4)^2}}{2}+\frac{\sqrt{(l_1-l_2)^2+(l_3+l_4)^2}}{2} \qquad (3.3)$$

式中，l_1、l_2、l_3、l_4为探头中心距孔壁的距离，其中直线1、2与直线3、4互相垂直，如图3.1所示。

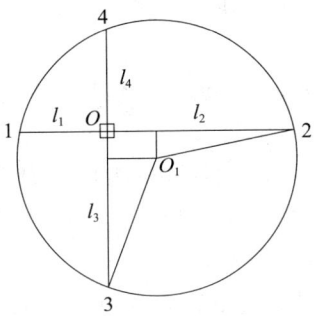

图3.1 孔径计算示意图

（2）桩孔倾斜度计算。

采用接触式孔径仪测量时，桩孔倾斜度按式（3.4）计算，其中，Δe按式（3.5）计算。

$$K=\frac{\Delta e}{L}\times 100\% \qquad (3.4)$$

$$\Delta e=\frac{d}{2}-\frac{\phi}{2}+\sum_{i=1}^{n}h_i\cdot\sin\left(\frac{\theta_i+\theta_{i-1}}{2}\right) \qquad (3.5)$$

式中，K为桩孔倾斜度（%）；Δe为桩孔偏心距（m）；L为实测桩孔深度（m）；ϕ为测斜探头或扶正器外径（m）；h_i为第i段测点距（m）；n为测点数；θ_i为第i测点实测顶角（°）；θ_{i-1}为前一个测点，即第$i-1$个测点实测顶角（°）；其他符号含义同上。

采用超声波法测量时，桩孔倾斜度应按式（4.4）计算，其中，Δe按式（3.6）计算。

$$\Delta e=e_1-e_0 \qquad (3.6)$$

式中，e_1为桩孔底面偏心距（m）；e_0为桩孔孔口偏心距（m）。

（3）孔底沉淀厚度计算。

孔底沉淀厚度应按式（3.7）计算。

$$\Delta L=L'-L \qquad (3.7)$$

式中，ΔL为孔底沉淀厚度（m）；L'为实际钻进深度（m）；L为实测桩孔深度（m）。

3.1.2 桩身完整性检测

混凝土钻孔灌注桩是桥梁结构物常用的基桩形式之一，这主要是由于桩能将上部结构的荷载传递到深层稳定的土层，从而减少基础沉降，是一种极为有效、安全可靠的基础形式。但是，灌注桩的成桩过程是在桩位处的地面下或水下完成的，施工工序多，质量控制难度大，稍有不慎，极易产生断桩等严重缺陷。因此，灌注桩的质量检测显得格外重要。

常用的钻孔灌注桩质量的检测方法有3种：低应变反射波法、超声波法、钻孔取芯法。

1. 低应变反射波法

低应变反射波法是国内外使用非常广泛的一种基桩无损检测方法，它借助一维弹性波动理论对实测桩顶速度或加速度响应信号的时域、频域特征来分析判定被检桩的桩身完整性，其中包括桩身存在的缺陷部位及其影响程度、桩端与持力层的结合状况。适用于检测混凝土桩的桩身完整性，包括缺陷位置及程度。

（1）仪器设备。

检测仪器设备应包括激振设备、传感器、信号采集系统、处理器和专用附件等。下面对其中几个组成部分的要求进行阐述。

激振设备应包括能激发窄脉冲和宽脉冲的力棒、力锤和锤垫。

传感器宜选用压电式加速度传感器，也可选用磁电式速度传感器，其频响曲线的有效范围应覆盖整个测试信号的频率范围。

信号采集系统应符合以下规定：数据采集和处理器模/数（Analog/Digital，A/D）转换器的位数宜不低于16bit；采样间隔宜为$5\sim50\mu s$；单通道采样点宜不少于1024点；动态范围宜大于60dB，可调、线性度良好，其频响范围应满足10Hz～5kHz。

（2）检测技术。

检测前，根据现场情况合理选择合适的激振设备和传感器，并确认整个测试系统处于正常的工作状态。传感器安装位置应平整，混凝土灌注桩桩头凿至新鲜混凝土面，各测试点和激振点宜用砂轮机。还要测量、记录桩头截面尺寸。预制桩的检测在相邻桩施工完成后进行。

①测试参数设置。

a. 时域信号记录的时间段长度应在$2L/c$（L为桩长，c为波速）时刻后延续不小于5ms，频域信号分析的频率范围上限不小于2000Hz。

b. 设定桩长应为被检桩顶至桩底的实际施工长度。

c. 根据桩长合理选择采样间隔，采样点数宜不少于1024点。

②测量传感器及激振设备的操作。

a. 传感器应安装在桩头平整面上，对灌注桩应安装在新鲜混凝土面上，并与桩顶面垂直。确保传感器黏结稳固、耦合良好。

b. 激振设备应进行现场对比试验选定，短桩或分辨浅部缺陷桩时，宜采用窄脉冲低能量激振，长桩或深部缺陷宜采用宽脉冲大能量激振。选用不同质量和材质的力锤（棒），也可采用软硬适宜的锤垫。

c. 采用力锤（棒）激振时，其作用力方向应与桩顶面保持垂直。

③信号采集。

a. 对于混凝土灌注桩，激振点宜选择在桩中心，传感器宜安装在距桩中心2/3半径处，且距离桩的主筋不小于50mm；当桩径小于1000mm时，宜不少于2个测点；当桩径大于等于1000mm时，应设置3～4个测点；测点宜以桩心为中心对称布置。

b. 对于混凝土预制桩，当边长或桩径小于600mm时，宜不少于2个测点；当边长或桩径大于等于600mm时，宜不少于3个测点。

c. 对于预应力混凝土管桩，激振点、检测点和桩中心连线形成的夹角宜为90°，且不少于2个测点。

d. 各测点记录的有效信号数应不少于3次，且检测波形应具有良好的一致性。

e. 当检测环境存在干扰时，宜采用信号叠加增强技术进行重复激振，提高信噪比。当时域信号一致性较差时，应分析原因，排除人为和检测仪器等干扰因素，并重新检测或增加检测点数量。

（3）桩身完整性评判。

桩身完整性类别评判应结合时域或频域曲线的完整性，并结合场地的岩土工程特征、成桩工艺、施工记录和设计桩型等因素，按《公路工程基桩检测技术规程》（JTG/T 3512—2020）第8.4.4条规定进行评判。

2. 超声波法

超声波法包括跨孔声波透射法和单孔声波折射法。其中，跨孔声波透射法适用于检测直径不小于800mm的混凝土灌注桩的完整性，评判桩身缺陷的位置、范围和程度；单孔声波折射法适用于辅助评判缺陷的位置、范围和程度。

超声波法主要是在桩身预埋一定数量的声测管，通过水的耦合，超声波从一根声测管中发射，在另一根声测管中接收，或单孔中发射并接收，可以测出被测混凝土介质的声学参数。由于超声波在混凝土中遇到缺陷时会产生绕射、反射和折射，因而到达接收换能器时，声时、波幅及主频发生改变。超声波法利用这些声波特征参数来判别桩身的完整性，评定桩身缺陷的位置、范围和程度。

（1）仪器设备。

检测仪器系统由径向换能器、声波发射、接收放大系统、信号采集系统、数据处理、显示及存储等部分组成。检测仪应具有波形实时显示和声参量自动判读功能。当采用单孔声波折射法检测时，应具有一发双收功能。下面对其中几个组成部分的要求进行阐述。

径向换能器应符合以下规定：径向水平面应无指向性；谐振频率选用宜大于25kHz；能在1MPa水压下正常工作；收、发换能器的导线均应有长度标注，其标注允许偏差应不大于10mm；接收换能器宜带有前置放大器，频带宽度宜为5～60kHz。

声波发射可采用高压脉冲激振，其波形为阶跃脉冲或矩形脉冲，脉冲电压宜为250～1000V，且分挡可调。

接收放大与信号采集系统应符合以下规定：接收放大器的频带宽度为5～200kHz，增益分辨率不低于0.1dB，噪声有效值不大于10μV；仪器动态范围不小于100dB，测量允许误差小于1dB。声时测量范围大于2000μs，声时分辨率优于1μs，声时测量误差优于2%。采集器模-数转换不低于8bit，采样频率不小于10MHz，最大采样长度不小于8kB。

（2）检测技术。

①检测前的准备。

a. 标定超声波检测仪发射至接收的系统延迟时间 t_0。

b. 声测管内灌满清水，且保证换能器能在声测管中升降畅通。

c. 准确测量声测管的管径和壁厚，测量精度为±0.1mm；测量桩头处声测管外壁之间距离，测量精度为±1mm。

d. 取芯孔作为超声波法的检测通道时，其垂直度误差应不大于0.5%，检测前进行孔内清洗。

e. 声测管的编号宜以路线前进方向的顶点为起始点，按顺时针旋转方向编号和分组，每两根管编为一组。

f. 在检测开始前或检测过程中，应避免如强的电流、磁场或与检测信号频率相当的其他振动干扰。

②声测管的埋设。

a. 当桩径小于1000mm时，应埋设两根管；当桩径大于等于1000mm且小于等于1600mm时，应埋设三根管；当桩径大于1600mm且小于2500mm时，应埋设四根管；当桩径大于等于2500mm时，应增加声测管的数量。

b. 声测管应采用金属管，壁厚应不小于2mm，其内径应比换能器外径大，差值不小于15mm，金属管宜采用螺纹连接或套管焊接等工艺，且不渗漏。

c. 声测管应牢固焊接或绑扎在钢筋笼的内侧，均匀布置，且互相平行、定位准确，并埋设至桩底，管口宜高出混凝土顶高程100mm。

d. 声测管管底应封闭，管口应加盖。管底、管口及各连接部位应密封。

③检测方法要求。

a. 测点间距应不大于250mm。发射与接收换能器以相同高程同步升降，其累计相对高差不大于20mm，并随时校正。

b. 在对同一根桩的检测过程中，声波发射电压和仪器参数设置等应保持不变。

c. 检测过程中，读取并存储各测点的声参量，同时存储各测点包含首波的波形或波列。

d. 对于声时值和波幅值出现明显异常的部位，应采用加密平测、双向斜测或扇形扫测进行局部细测，确定桩身混凝土缺陷的位置、大小和严重程度。上述局部细测的测点间距应不大于100mm；局部斜测时，两个换能器发射、接收部分的中心连线与水平面的夹角不小于30°，也可利用计算机断层成像（Computed Tomography，CT）技术进行扫测和数据分析。

（3）桩身完整性评判。

被测桩的桩身完整性类别可根据各剖面可疑缺陷区的分布、可疑缺陷区域测点声参量偏离正常值的程度和接收波形变化情况，结合桩型、地质情况、成桩工艺等因素，按《公路工程基桩检测技术规程》（JTG/T 3512—2020）第10.4.11条规定进行评判。

3. 钻孔取芯法

钻孔取芯法是检测混凝土灌注桩成桩质量的一种有效手段，不受场地条件的制约。适用于检测混凝土灌注桩的桩长、桩身混凝土强度、桩底沉淀厚度、桩身缺陷及其位置、桩端岩土性状，特别适用于大直径混凝土灌注桩的成桩质量检测。

（1）仪器设备。

钻孔取芯应采用液压操纵的钻机。钻机设备参数应符合以下规定：额定最高转速不低于790r/min；转速调节范围不少于4挡；额定配用压力不低于1.5MPa；水泵的排水量应选用 50~160L/min，泵压应为 1.0~2.0MPa。

钻机应配备单动双管钻具及相应的孔口管、扩孔器、卡簧、扶正稳定器和可捞取松软渣样的钻具。钻杆应顺直，直径宜为 50mm。

钻头应根据混凝土设计强度等级选用合适粒度、浓度、胎体硬度的金刚石钻头，且外径宜不小于 100mm。如被检桩混凝土骨料最大粒径小于 30mm，可选用外径为 91mm 的钻头；不检测混凝土抗压强度时，可选用外径为 76mm 的钻头。钻头胎体不得有肉眼可见的裂纹、缺边、少角、倾斜及喇叭口变形。

锯切芯样试件用的锯切机应具有冷却系统和牢固夹紧芯样的装置，配套使用的圆锯片应有足够的刚度。此外，芯样端面加工宜采用补平装置或磨平机，芯样应平整，端面应与轴线垂直。

（2）检测技术。

①钻机设备安装应平稳牢固，底座水平。钻机立轴中心、天轮中心（天车前沿切点）与孔口中心应在同一铅垂线上。钻机在钻芯过程中不得发生倾斜、移位，钻孔垂直度偏差不大于 0.5%。桩顶面混凝土与钻机底座的距离较大时，应安装孔口管，孔口管垂直且牢固。

②钻进过程中，钻孔内循环水流不得中断，应根据回水含砂量及颜色调整水泵水量和钻进速度。

③每回次进尺宜控制在 1.5m 内，钻至缺陷处或下钻速度快的位置，应及时测量钻杆深度，确定缺陷位置；钻至桩底时，应采取适宜的钻芯方法和工艺钻取沉淀、测定沉淀厚度，并对桩端持力层岩土性状进行鉴别；提钻卸取芯样时，确保芯样完整。

④钻孔取芯的芯样应按进尺深度，由上而下按回次顺序放进芯样箱中，在芯样侧面上清晰标明回次数、块号、本回次总块数，并按《公路工程基桩检测技术规程》（JTG/T 3512—2020）附录 D 的格式及时记录钻进情况和钻孔异常情况，对芯样质量做初步描述。钻芯过程中，应对芯样、桩底沉淀及持力层做详细的编录。

⑤钻孔取芯结束后，在截取芯样试件之前，应对芯样进行唯一性标识，并拍照。

⑥当单桩质量评判满足设计要求时，应采用 0.5~1.0MPa 压力，从钻芯孔孔底往上用水泥浆回灌封闭，否则应封存钻芯孔口，留待处理。

（3）桩身完整性评判。

桩身完整性类别应根据钻芯孔数、现场混凝土芯样特征、芯样试件抗压强度试验结果，按《公路工程基桩检测技术规程》（JTG/T 3512—2020）第 11.5.3 条规定进行评判。

3.2 桥梁上部结构检测

3.2.1 混凝土与钢筋混凝土结构检测

1. 检测项目与频率

（1）拌制和浇筑混凝土过程中的检验内容。①混凝土及组成材料的外观，拌制每一工作班至少 2 次，必要时随时抽样试验；②混凝土的和易性（坍落度）每工作班至少 2

次；③砂石材料的含水率，每日开工前1次，气候或含水率变化较大时随时检测调整；④钢筋、模板、支架等的稳固性和安装位置；⑤混凝土的运输、浇筑方法和质量；⑥外加剂的使用效果。⑦制取混凝土试件。

（2）浇筑混凝土后的检验内容。①养护情况；②混凝土强度、拆模时间；③混凝土外露面及装饰质量；④变形和沉降。

（3）混凝土强度检测频率。①不同强度及不同配合比的混凝土应分别制取试件，试件在浇筑地点或拌和地点随机制取；②浇筑一般体积的结构物（如基础、墩台）时，每一单元结构物应制取2组；③连续浇筑大体积结构物混凝土时，每80～200m³或每一工作班应制取2组；④每片梁长16m以下应制取1组，16～30m制取2组，31～50m制取3组，50m以上者不少于5组；⑤就地浇筑混凝土小桥涵，每一座或每一工作班制取不少于2组；原材料和配合比相同，并由同一个拌和站拌制时，可几座合并制取2组。

如施工需要，可制取与结构物同条件养护的试件作为考核结构混凝土在拆模、出池、吊装、预加应力、承受荷载等阶段强度的依据。

2.结构外形尺寸与位置的检测项目及评定

根据《公路工程质量检验评定标准 第一册 土建工程》（JTG F80/1—2017），混凝土、钢筋混凝土部分结构构件的外形尺寸、位置的检测项目与评定见表3.1～表3.4。

表3.1 就地浇筑梁、板实测项目

项次	检查项目		规定值或允许偏差	检查方法和频率
1△	混凝土强度/MPa		在合格标准内	按《公路工程质量检验评定标准 第一册 土建工程》（JTG F80/1—2017）附录D检查
2	轴线偏位/mm		≤10	全站仪：跨测5处
3	梁、板顶面高程/mm		±10	水准仪：每跨测5处，跨中、桥墩（台）处应布置测点
4△	断面尺寸/mm	高度	5，−10	尺量：每跨测3个断面
		顶宽	±30	
		箱梁底宽	±20	
		顶、底、腹板或梁肋厚	10，0	
5	长度/mm		5，−10	尺量：每梁测顶面中线处
6	与相邻梁段间错台/mm		≤5	尺量：测底面、侧面
7	横坡/%		±0.15	水准仪：每跨测3处
8	平整度/mm		≤8	2m直尺：沿梁长方向每侧面每10m梁长测1处×2尺（1尺≈0.33m，下同）

注：△表示关键项目。

表 3.2 梁、板或梁段预制实测项目

项次	检查项目			规定值或允许偏差	检查方法和频率
1△	混凝土强度/MPa			在合格标准内	按《公路工程质量检验评定标准 第一册 土建工程》(JTG F80/1—2017) 附录 D 检查
2	梁长度/mm	总长度		5,-10	尺量：每梁顶面中线、底面两侧
		梁段长度		0,-2	
3△	断面尺寸/mm	宽度	箱梁 顶宽	±20 (±5)①	尺量：每梁测 3 个断面，板和梁段测 2 个断面
			箱梁 底宽	±10 (+5,0)①	
			其他梁、板 干接缝（梁翼缘、板）	±10 (±3)②	
			其他梁、板 湿接缝（梁翼缘、板）	±20	
		高度	箱梁	0,-5	
			其他梁、板	±5	
		顶板、底板、腹板或梁肋厚		50	
4	平整度/mm			≤5	2m 直尺：沿梁长方向每侧面每 10m 梁长测 1 处×2 尺
5	横系梁及预埋件位置/mm			≤5	尺量：每件
6	横坡/%			±0.15	水准仪：每梁测 3 个断面，板和梁段测 2 个断面
7	斜拉索锚面③	锚点坐标/mm		±5	全站仪、钢尺：检查每锚垫板，测水平及相互垂直的锚孔中心线与锚垫板边线交点坐标推算
		铁面角度/°		0.5	角度仪：检查每锚垫板与水平面、立面的夹角，各测 3 处

注：① 项次 3 箱梁宽度括号中的数字适用于节段拼装梁段的预制。
② 项次 3 对应干接缝的其他梁、板宽度，括号中的数字适用于组合梁桥面板的预制。
③ 项次 7 仅适用于斜拉桥预制梁段。
△表示关键项目。

表 3.3 梁、板安装实测项目

项次	检查项目			规定值或允许偏差	检查方法和频率
1	支承中心偏位/mm	梁		≤5	尺量：每跨测 6 个支撑处，不足 6 个时全刷
		板		≤10	
2	梁、板顶面高程/mm			±10	水准仪：每跨测 5 处，跨中、桥墩（台）处应布置测点
3	相邻梁、板顶面高差/mm	$L \leq 40m$		≤10	尺量：刷每相邻梁、板高差最大处
		$L > 40u$		≤15	

注：L 为跨径。

表 3.4 钢筋安装实测项目

项次	检查项目		规定值或允许偏差	检查方法和频率
1	轴线偏位/mm		≤5	全站仪:每跨测 3 处
2	相邻节段间接缝错台/mm	顶面	≤5	尺量:每条接缝测顶底面和每侧面错台最大处
		底面、侧面	≤3	
3	节段拼装立缝宽度/mm		≤3	尺量:每条接缝测 3 处
4	梁长/mm		20,-40	尺量:每跨测顶面两侧边线和中线处
5	支承中心偏位/mm		≤5	尺量:每支承中心

3. 焊接钢筋的质量检测

(1) 钢筋闪光对焊接头。

闪光对焊接头的质量检验,应分批进行外观检查和力学性能检验,按下列规定作为一个检验批:①在同一台班内,由同一个焊工完成的 300 个同牌号、同直径钢筋焊接接头作为一批。当同一台班内焊接的接头数量较少时,可在一周之内累计计算。累计仍不足 300 个接头时,应按一批计算。②力学性能检验时,应从每批接头中随机切取 6 个接头,其中 3 个做拉伸试验,3 个做弯曲试验。③异径接头可只做拉伸试验。

进行外观检查时,要求接头处不得有横向裂缝;与电极接触处的钢筋表面不得有明显烧伤;接头处的弯折角度不得大于 3°;接头处的钢筋轴线偏移不得大于钢筋直径的 1/10,且不得大于 2mm。当有一个接头不符合要求时,应检查全部接头,剔出不合格品。不合格接头切除重焊后,可再次提交验收。

(2) 钢筋电弧焊接头。

①电弧焊接头的质量检验。

电弧焊接头的质量检验,应分批进行外观检查和力学性能检验,按下列规定作为一个检验批:a. 批量规定。以 300 个同牌号钢筋、同型式接头作为 1 批,不足 300 个时仍作为一批。每批随机切取 3 个接头,做拉伸试验。b. 在装配式结构中,可按生产条件制作模拟试件,每批 3 个,做拉伸试验。c. 钢筋与钢板电弧搭接焊接头可只进行外观检查。需注意的是,在同一批中若有几种不同直径的钢筋焊接接头,应在最大直径钢筋接头和最小直径钢筋接头中分别切取 3 个试件进行拉伸试验。

②电弧焊接头外观检查要求。

进行电弧焊接头外观检查时,要求焊缝表面平整,不得有凹陷或焊瘤;焊接接头区域不得有肉眼可见的裂纹;咬边深度、气孔、夹渣等缺陷允许值及接头尺寸的允许偏差应符合规定;坡口焊、熔槽帮条焊和窄间隙焊接头的焊缝余高应为 2~4mm。

③拉伸试验结果评定。

符合下列条件之一,评定为合格:a. 3 个试件均断于钢筋母材,延性断裂,抗拉强度大于等于钢筋母材抗拉强度标准值。b. 2 个试件断于钢筋母材,延性断裂,抗拉强度大于等于钢筋母材抗拉强度标准值;1 个试件断于焊缝,或热影响区,脆性断裂,或延性断裂,抗拉强度大于等于钢筋母材抗拉强度标准值。

符合下列条件之一,评定为复验:a. 2 个试件断于钢筋母材,延性断裂,抗拉强度大于等于钢筋母材抗拉强度标准值；1个试件断于焊缝，或热影响区，呈脆性断裂，或延性断裂，抗拉强度小于钢筋母材抗拉强度标准值。b. 1个试件断于钢筋母材，延性断裂，抗拉强度大于等于钢筋母材抗拉强度标准值；2个试件断于焊缝，或热影响区，呈脆性断裂，抗拉强度大于等于钢筋母材抗拉强度标准值。c. 3个试件全部断于焊缝，或热影响区，呈脆性断裂，抗拉强度均大于等于钢筋母材抗拉强度标准值。

复验时，应再切取6个试件。复验结果，当仍有1个试件的抗拉强度小于钢筋母材的抗拉强度标准值；或有3个试件断于焊缝或热影响区，呈脆性断裂，均应判定该批接头为不合格品。凡不符合上述复验条件的检验批接头，均评为不合格品。

拉伸试验中，有试件断于钢筋母材，却呈脆性断裂；或者断于热影响区，呈延性断裂，其抗拉强度却小于钢筋母材抗拉强度标准值。以上两种情况均属于异常现象，应视该项试验无效，并检查钢筋的材质性能。

4. 结构混凝土强度检测

按对混凝土结构的影响程度，检测技术分为破损检测、半破损检测和无损检测。常用的方法有取芯法、回弹法、回弹结合取芯法、超声回弹综合法等。原则上对结构不采取破损检测，但在其他方法不能准确评定结构（构件）或承重构件主要受力部位的混凝土强度时，应采用取芯法或取芯法结合其他方法综合评定。在结构上钻、截取试件时，应尽量选择承重构件的次要部位或次要承重构件，并采取有效措施，确保结构安全。钻、截取试件后，应及时进行修复或加固处理。下面只介绍回弹法。

回弹法是用弹簧驱动重锤，通过弹击杆弹击混凝土表面，并测出重锤被反弹回来的距离，以回弹值（反弹距离与弹簧初始长度之比）作为与强度相关的指标，来推定混凝土强度的一种方法。

（1）主要检测器具。

采用回弹法时，最重要的器具是回弹仪。可采用指针直读式的混凝土回弹仪，或采用数字显示仪或自动记录式的回弹仪。此外，还需要用到钢砧，手提式砂轮，酚酞酒精溶液（浓度为1%），锤、卷尺、钢尺、凿子、毛刷等。

（2）回弹仪的率定方法。

在工程检测前后，应在钢砧上对回弹仪做率定试验，并应符合下述要求：①率定试验宜在干燥、室温为(20±5)℃的条件下进行。②率定时，钢砧应稳固地平放在刚度大的物体上。③测定回弹值时，取连续向下弹击3次稳定回弹值的平均值。④弹击杆应分4次旋转，每次旋转宜为90°，弹击杆每旋转一次的率定平均值应符合80±2。⑤率定回弹仪的钢砧应每2年校准一次。

（3）检测方法。

①收集基本技术资料。

包括以下内容：a. 工程名称及设计、施工、监理和建设单位名称。b. 结构或构件名称、外形尺寸、数量及混凝土强度等级。c. 水泥品种、强度等级、安定性、厂名，砂石种类、粒径、外加剂或掺和料品种、掺量，混凝土配合比等。d. 施工时材料计量情况，模板、浇筑、养护情况及成型日期等。e. 必要的设计图纸和施工记录。f. 检测原因。

②确定抽样数量及适用范围。

结构或构件混凝土强度检测可采用单个检测和批量检测两种方式。

单个检测适用于单个结构或构件的检测。

批量检测适用于在相同的生产工艺条件下，混凝土强度等级相同、原材料、配合比、成型工艺、养护条件基本一致且龄期相近的同类结构或构件的检测。按批检测的构件，抽检数量不得少于同批构件总数的30%，且构件数量不得少于10件。抽检构件时，应随机抽取并使所选构件具有代表性。当检验批构件数量大于30个时，可适当调整抽样构件数量，并不得少于国家现行有关标准规定的最少抽样数量。

③选择测区。

a. 对一般构件，测区数宜不少于10个，当受检构件数量大于30个且不需要提供单个构件推定强度，或构件某一方向尺寸不大于4.5m，且另一方向尺寸不大于0.3m时，可适当减少测区数量，但应不少于5个。

b. 相邻两测区的间距应不大于2m，测区离构件端部或施工缝边缘的距离宜不大于0.5m，且宜不小于0.2m。

c. 测区宜选在使回弹仪处于水平方向检测的混凝土浇筑侧面。当不能满足这一要求时，也可选择在使回弹仪处于非水平方向检测的混凝土构件的浇筑表面或底面。

d. 测区宜选在构件的两个对称可测面上，当不能布置在对称可测面上时，也可布置在一个可测面上，且应均匀分布。在构件的重要部位及薄弱部位应布置测区，并避开预埋件。

e. 测区的面积宜不大于$0.04m^2$。

f. 检测面应为原状混凝土表面，并应清洁、平整，不应有疏松层、浮浆、油垢、涂层及蜂窝、麻面。

g. 对弹击时产生颤动的薄壁、小型构件应进行固定，使之有足够的约束力，否则会使检测结果偏小。

h. 结构或构件的测区应标有清晰的编号，必要时，在记录纸上描述测区布置示意图和外观质量。

④测量回弹值。

仪器工作时，随着对回弹仪施压，弹击杆徐徐向机壳内推进，弹击拉簧被拉伸，使联结弹击拉簧的弹击锤获得恒定的冲击能量。当挂钩与调零螺钉互相挤压时，使弹击锤脱钩，弹击的冲击面与弹击杆的后端平面相碰撞。此时，弹击锤释放出来的能量借助弹击杆传递给混凝土构件，混凝土弹性反应的能量再通过弹击杆传递给弹击锤，使弹击锤获得回弹的能量向后弹回，计算弹击锤回弹的距离之比，即得回弹值，由仪器外壳上的刻度尺示出。使用时，用弹击杆顶住混凝土的表面，轻压仪器，松开按钮，弹击杆徐徐伸出，使仪器对混凝土表面缓慢均匀施压，待弹击锤脱钩冲击弹击杆后即回弹，带动指针向后移动并停留在某一位置上，即为回弹值。继续顶住混凝土表面并在读取和记录回弹值后，逐渐对仪器减压，使弹击杆自仪器内伸出，改变测点重复上述操作，即可测得被测构件或结构的若干回弹值。操作中，仪器的轴线应始终垂直于混凝土构件的检测面，缓慢试压，准确读数，快速复位。

测点宜在测区范围内均匀分布，相邻两测点的净距宜不小于20mm；测点距外露钢筋、预埋件的距离宜不小于 30mm。测点不应在气孔或外露石子上，同一测点只应弹击一次。每一测区应记取 16 个回弹值，每一测点的回弹值读数应精确至 1。

⑤测量碳化深度值。

回弹值测量完毕后，应在有代表性的位置上测量碳化深度值，测点数应不少于构件测区数的 30%，其平均值为该构件每测区的碳化深度值。当碳化深度极差值大于 2.0mm 时，应在每一测区测量碳化深度值。

测量时，采用适当的工具在测区表面形成直径约 15mm 的孔洞，其深度应大于混凝土的预估碳化深度。除净孔洞中的粉末和碎屑，不得用水擦洗。同时，采用浓度为 1%～2% 的酚酞酒精溶液滴在孔洞内壁的边缘处，当已碳化与未碳化界线清楚时，再用深度测量工具测量已碳化与未碳化混凝土交界面到混凝土表面的垂直距离，测量 3 次，读数精确至 0.25mm，取其平均值作为检测结果，精确至 0.5mm。

每一测区的平均碳化深度值按式（3.8）计算。

$$\overline{L} = \frac{\sum_{i=1}^{n} L_i}{n} \tag{3.8}$$

式中，$\overline{L}$ 为测区的平均碳化深度值，计算至 0.5mm；L_i 为第 i 次测量的碳化深度值（mm）；n 为测区的碳化深度值测点数。

如平均碳化深度值小于等于 0.4mm，按无碳化深度处理（平均碳化深度为 0）；如大于等于 6mm，取 6mm；对于新浇混凝土龄期不超过 3 个月者，可视为无碳化。

(4) 测区回弹值计算和相关参数修正。

①测区回弹值的计算。

当回弹仪水平方向测试混凝土浇筑侧面时，应从每一测区的 16 个回弹值中剔除 3 个最大值和 3 个最小值，余下的 10 个回弹值的平均值作为该测区的平均回弹值，取一位小数。其按式（3.9）计算。

$$\overline{N}_S = \frac{\sum_{i=1}^{10} N_i}{10} \tag{3.9}$$

式中，$\overline{N}_S$ 为测区平均回弹值，精确至 0.1；N_i 为第 i 个测点的回弹值。

②测试角度修正。

当回弹仪非水平方向测试混凝土浇筑侧面时，应对测得数据按式（3.10）进行修正。

$$\overline{N} = \overline{N}_S + \Delta N \tag{3.10}$$

式中，$\overline{N}$ 为经非水平测定修正的测区平均回弹值；$\overline{N}_S$ 为回弹仪实测的测区平均回弹值，精确至 0.1；ΔN 为不同测试角度的回弹值修正值；其他符号含义同上。

③测试面修正。

当回弹仪水平方向检测混凝土浇筑表面或底面时，应对测得数据参照式（3.9）求出测区平均回弹值后，按式（3.11）进行修正。

$$\overline{N} = \overline{N}_S + \Delta N' \tag{3.11}$$

式中，$\overline{N}$ 为回弹仪测混凝土浇筑表面或底面时测区的平均回弹值；$\Delta N'$ 为不同浇筑面的回弹修正值；其他符号含义同式（3.10）。

检测时，当回弹仪为非水平方向且测试面为非混凝土浇筑侧面时，应对回弹值先进行角度修正，再对修正后的值进行浇筑面修正。

(5) 混凝土强度推算。

当需要将回弹值换算为混凝土强度时，宜采用下列方法。

当有试验条件时，宜通过试验建立实际的测强曲线，但测强曲线仅适用于材料质量、成型、养护和龄期等条件基本相同的混凝土。混凝土标准试块为150mm×150mm×150mm，采用1.50、1.75、2.00、2.25、2.50五个灰水比，以得到不少于30对数据。试件与被测对象有相同的养护条件，到达龄期后，将试块用压力机加压至30~50kN并稳住，用回弹仪在两侧面分别测定8个测点，按式（3.9）计算平均回弹值，然后进行抗压强度试验，建立二者关系的推定式，推定式可为直线式或其他适当的形式，但相关系数不得小于0.90。然后根据测区平均回弹值，利用测强曲线推定混凝土抗压强度。

当无足够的试验数据或对相关关系的推定式不够满意时，可按式（3.12）推算混凝土抗压强度。

$$R_n = 0.025 \overline{N}^2 \tag{3.12}$$

式中，R_n为构件混凝土强度推定值，精确至0.1MPa；$\overline{N}$为测区混凝土平均回弹值。

3.2.2 预应力混凝土结构构件检测

下面只介绍预应力混凝土结构构件中锚具、夹具和连接器的检测。

1. 试验准备

预应力筋用锚具、夹具、连接器组装件试验前必须进行单根预应力钢绞线（母材）的力学性能试验。母材试样应不少于6根，力学性能试验结果符合《预应力混凝土用钢绞线》(GB/T 5224—2023) 标准后方可使用。

2. 试验用设备

静载试验、疲劳荷载试验用设备，一般由加载千斤顶、荷载传感器、承力台座（架）、液压油泵源及控制系统组成。测力系统必须经过法定的计量检测机构标定，并在有效期内使用。

3. 试验方法

(1) 静载锚固性能试验。

夹具、连接器与锚具试验方法基本相同，以下介绍的试验方法均以锚具为例。

①试样准备。试样数量：组装件3个（6个锚环及相配套的夹片、钢绞线）。

②组装。组装前，必须把锚固零件擦拭干净，然后组装钢绞线、锚具与试验台。使每根钢绞线受力均匀，初应力为预应力钢材抗拉强度标准值f_{ptk}的5%~10%。总伸长率测量装置的标距宜不小于1m。

③加载。以预应力钢绞线抗拉强度标准值的20%、40%、60%、80%，分4级等速加载，加载速率为100MPa/min。加载到钢绞线抗拉强度标准值的80%后，持荷1h。持荷1h后，缓慢加载至试样破坏。

④试验过程中测量项目。a. 预应力筋受拉段长度；b. 固定端或张拉端有代表性的若干根钢绞线（一般取3~4根，下同）相对位移初始值Δa_0；c. 荷载为$0.1f_{ptk}$时总伸

长率的标距 L_1；d. 按施加荷载的前 4 级（20%、40%、60%、80%），逐级测量钢绞线相对位移 Δa；e. 在预应力筋达到 $0.8f_{ptk}$ 时，持荷 30min，缓慢加载至破坏后，测量标距为增量 ΔL_1。

⑤试验过程中观察项目。观察锚具的变形。在静载锚固性能满足要求后，夹片允许出现微裂和纵向断裂，不允许横向、斜向断裂及碎断；预应力筋达到极限破断时，锚板及其锥形锚孔不允许出现过大塑性变形，锚板中心残余变形不应出现明显挠度。

⑥记录项目。记录试样的破坏部位与形式。组装件的破坏部位与形式应符合：夹片式锚具、夹具或连接器的夹片加载到最高一级荷载时不允许出现裂纹或断裂；在满足效率系数和总伸长率要求后允许出现微裂和纵向断裂，不允许出现横向、斜向断裂及碎断。

⑦静载试验结果计算。静载试验应连续进行 3 个组装件的试验，试验结束后需按相关规范规定计算锚具效率系数和实测极限拉力时组装件受力长度的总应变。

⑧试验结果。每个组装件的试验结果均应满足力学性能要求，不得进行平均。

（2）疲劳荷载性能试验。

①试样准备。试样数量：组装件 3 个（6 个锚环及相配套的夹片、钢绞线）。

②组装。组装钢绞线、锚具与试验台，使每根钢绞线受力均匀，初应力为钢绞线抗拉强度标准值的 5%～10%。

③应力幅度、试验应力上限值。应力幅度应不小于 80MPa，试验应力上限值为预应力钢材抗拉强度标准值 f_{ptk} 的 65%。

④疲劳试验机的脉冲频率、循环次数。疲劳试验机的脉冲频率应不超过 500 次/min，循环次数为 200 万次。

⑤加载。根据所使用的试验机，以约 100MPa/min 的速度加载至试验应力上限值，再调节应力幅度达到规定值后，开始记录循环次数。

⑥试验结果。描述试样经受 200 万次循环荷载后，锚具零件是否发生疲劳破坏。描述预应力筋在锚具夹持区域发生疲劳破坏的截面面积大小。

（3）硬度检测。

①检测设备。硬度检测按产品零件设计图样规定的硬度值种类（洛氏硬度或布氏硬度），选用相应的硬度测量仪（洛氏硬度计或布氏硬度计）进行检测。

②温度条件。硬度检测一般在 10～35℃室温下进行，对于温度要求严格的试验，温度为 (23±5)℃且使用洛氏硬度计时，应在较小的温度变化范围内进行。

③试样放置。将试样稳固地放置于硬度计试台上，并使压头轴线与试样表面垂直。试验过程中应避免硬度计受到影响试验结果的冲击和振动。

④洛氏硬度检测。a. 使压头与试样表面平稳接触，施加初试验力 F_0，F_0 保持时间不超过 3s；b. 将测量装置调整至基准位置，从初试验力 F_0 施加至总试验力 F 的时间应在 1～8s；c. 总试验力保持时间为 (4±2) s；d. 卸除主试验力 F_1，保持初试验力 F_0，经短时间稳定后，读出硬度值；e. 相邻两压痕中心间距离至少应为压痕平均直径的 4 倍，并且应不小于 2mm；任一压痕中心距试样边缘距离至少应为压痕平均直径的 2.5 倍，并且应不小于 1mm；f. 每个试样检测 3 点。

⑤布氏硬度检测。a. 使压头与试样表面平稳接触，施加试验力直至达到规定试验

力值；b. 从施加力开始到全部试验力施加完毕的加载时间为 2～8s；c. 试验力保持时间为 10～15s；d. 任一压痕中心距试样边缘距离至少应为压痕平均直径的 2.5 倍，相邻两压痕中心间距离至少应为压痕平均直径的 3 倍；e. 在两相互垂直方向测量压痕直径，用两个读数的平均值计算布氏硬度，或按《金属材料 布氏硬度试验 第 4 部分：硬度值表》（GB/T 231.4—2009）中的硬度值表查得布氏硬度；f. 每个试样检测 3 点。

（4）外观、尺寸检测。

产品外观用目测法检测；裂缝可用有刻度或无刻度放大镜检测。锚板和连接器应按《无损检测 磁粉检测 第 1 部分：总则》（GB/T 15822.1—2005）的规定进行表面磁粉探伤检验。

锚具外形尺寸测量器具为钢直尺、游标卡尺、螺旋千分尺或塞环规。检测项目及检测方法见表 3.5。

表 3.5 锚具外形尺寸检测项目及检测方法

检测项目	检测方法	检测结果
锚环（锚板）直径 D/mm	①距锥孔大端平面约 15mm 处取直径平面 A，在 A 直径平面两个互相垂直的方向上测量，取平均值； ②距锥孔小端平面约 15mm 处取直径平面 B，在 B 直径平面两个互相垂直的方向上测量，取平均值	A，B 两个直径平面的平均值应分别满足技术图纸要求，不进行平均
锚环（锚板）高度 H/mm	①每件锚环（锚板）在相互垂直的两个方向取 4 个测量点，取平均值； ②锚固锥孔大端面为平面时，可沿锚环外圆测量	4 个测量点的平均值应满足技术图纸要求
夹片高度 h/mm	每件夹片在经小端且平行于轴线，取 2 个测量点，取平均值	平均值应满足技术图纸要求

4. 试验检测结果的判定

（1）静载锚固性能。若 3 个组装件中有 2 个组装件不符合要求，则判断该批产品为不合格品；如有一个组装件不符合要求，应取双倍数量的样品重新试验；如仍有不符合要求者，判断该批产品为不合格品。

（2）疲劳荷载性能。如疲劳荷载性能不合格，直接判定型式检验不合格。内缩量、锚口摩阻损失、张拉锚固工艺不做合格性判断，检测方法见《公路桥梁预应力钢绞线用锚具、夹具和连接器》（JT/T 329—2010）。

（3）硬度。当硬度值符合设计要求的范围时判为合格，如有一个零件不合格，则应另取双倍数量的零件重做试验，如仍有一个零件不合格，则应逐个检验，符合要求者判定零件该性能合格。

（4）外观、尺寸。外观检验如表面无裂缝，尺寸符合设计要求，判为合格；如有一套表面有裂缝或超过允许偏差，则应逐套检查，合格者方可使用。

3.3 桥梁支座和伸缩装置检测

3.3.1 桥梁支座检测

1. 检验分类

桥梁橡胶支座检验可分为进厂原材料检验、出厂检验和型式检验。

进厂原材料检验是指板式橡胶支座加工用原材料及外加工件进厂时应进行的验收检验。

出厂检验为每批产品交货前应进行的检验。出厂检验应由工厂质检部门进行，确认合格后方可出厂，出厂时应附有产品质量合格证明文件，并附有支座的规格、胶种、单层橡胶和钢板厚度、钢板的平面尺寸、钢板层数、橡胶总厚度，以便使用单位验收和抽检。

有下列情况之一时，应进行型式检验：①新产品或老产品转厂生产的试制定型鉴定；②正常生产后，胶料配方、工艺、材料有较大改变，可能影响产品性能时；③产品停产一年以上，恢复生产时；④重要桥梁工程或用量较大的桥梁工程用户提出要求时；⑤国家质量监督机构要求或颁发产品生产许可证时。

下面以板式橡胶支座为例进行阐述。

2. 检验项目及要求

支座出厂检验应满足表 3.6 的要求。

表 3.6 支座出厂检验项目

项目	检验内容	检验周期
外形尺寸	平面尺寸、厚度偏差	抽检 25%
外观质量	外观缺陷	每块支座
内在品质	内部缺陷	每 200 块取一块
力学性能	抗压、抗剪弹性模量、极限抗压强度、抗剪黏结性与抗剪老化交叉检验	每批产品一种

3. 支座力学性能检测方法及其结果

（1）抗压弹性模量试验。

压缩试验设备如图 3.2 所示。

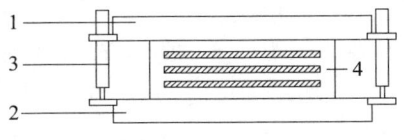

图 3.2 压缩试验设备图

1—上承载板；2—下承载板；3—位移传感器；4—支座试样

抗压弹性模量应按下列步骤进行试验。

①将试样置于试验机的承载板上，上下承载板与支座接触面不得有油渍；对准中心，精度应小于 1% 的试件短边尺寸或直径。缓缓载入至压应力为 1.0MPa 且稳定后，

核对承载板四角对称安置的四只位移传感器,确认无误后,开始预压。

②预压。将压应力以 0.03~0.04MPa/s 的速率连续地增至平均压应力 $\sigma=10$MPa,持荷 2min,然后以连续均匀的速度将压应力卸至 1.0MPa,持荷 5min,记录初始值,绘制应力-应变图,预压 3 次。

③正式载入。每一加载循环自 1.0MPa 开始,将压应力以 0.03~0.04MPa/s 的速率均匀加载至 4MPa,持荷 2min,采集支座变形值,然后以同样速率每 2MPa 为一级载入,每级持荷 2min 后至 $\sigma=10$MPa 为止。采集支座变形数据,直至平均压应力 σ 为止,绘制的应力-应变图应呈线性关系。然后以连续均匀的速度卸载至压应力为 1.0MPa。10min 后进行下一级加载循环。加载过程应连续进行 3 次。

④以承载板四角所测得的变化值的平均值作为各级荷载下试样的累积竖向压缩变形,按试样橡胶层的总厚度求出在各级试验荷载作用下试样的累积压缩应变值。

试样实测抗压弹性模量按式(3.13)计算。

$$E_1=\frac{\sigma_{10}-\sigma_4}{\varepsilon_{10}-\varepsilon_4} \tag{3.13}$$

式中,E_1 为试样实测的抗压弹性模量计算值,精确至 1MPa;σ_4、ε_4 为 4MPa 级试验荷载下的压应力和累积压缩应变值;σ_{10}、ε_{10} 为 10MPa 级试验荷载下的压应力和累积压缩应变值。

每一块试样的抗压弹性模量 E_1 为 3 次加载过程中所得的 3 个实测结果的算术平均值。但单项结果和算术平均值之间的偏差不应大于算术平均值的 3%,否则应对该试样重新复核试验一次,如果仍超过 3%,应由试验机生产厂专业人员对试验机进行检修和检定,合格后再重新进行试验。

(2)抗剪弹性模量试验。

抗剪弹性模量应按下列步骤进行试验。

①在试验机的承载板上,应使支座顺其短边方向受剪,将试样及中间钢拉板按双剪组合配置好,使试样和中间钢拉板的对称轴和试验机承载板中心轴处在同一垂直面上,精度应小于 1% 的试件短边尺寸。为防止出现打滑现象,应在上下承载板和中间钢拉板上粘贴高摩擦板,以确保试验的准确性。

②将压应力以 0.03~0.04MPa/s 的速率连续地增至平均压应力 $\sigma=10$MPa,绘制应力-时间图,并在整个抗剪试验过程中保持不变。

③调整试验机的剪机试验机构,使水平油缸、负荷传感器的轴线和中间钢拉板的对称轴重合。

④预加水平力。以 0.02~0.03MPa/s 的速率连续施加水平剪应力至剪应力 $\tau=1.0$MPa,持荷 5min,然后以连续均匀的速度卸载至剪应力为 0.1MPa,持荷 5min,记录初始值,绘制应力-应变图。预载 3 次。

⑤正式载入。每一载入循环自 $\tau=0.1$MPa 开始,每级剪应力增加 0.1MPa,持荷 1min,采集支座变形资料,至 $\tau=1.0$MPa 为止,绘制的应力-应变图应呈线性关系。然后以连续均匀的速度卸载至剪应力为 0.1MPa。10min 后进行下一循环试验。加载过程应连续进行 3 次。

⑥将各级水平荷载作用下位移传感器所测得的试样累积水平剪切变形值,按试样橡

胶层的总厚度求出在各级试验荷载作用下试样的累积剪切应变值。

试样的实测抗剪弹性模量应按式（3.14）计算。

$$G_1 = \frac{\tau_{1.0} - \tau_{0.3}}{\gamma_{1.0} - \gamma_{0.3}} \tag{3.14}$$

式中，G_1 为试样实测的抗剪弹性模量计算值，精确至 1%（MPa）；$\tau_{1.0}$、$\gamma_{1.0}$ 为 1.0MPa 级试验荷载下的剪应力和累积剪切应变值（MPa）；$\tau_{0.3}$、$\gamma_{0.3}$ 为 0.3MPa 级试验荷载下的剪应力和累积剪切应变值（MPa）。

每对检验支座所组成试样的综合抗剪弹性模量 G_1，为该对试件 3 次载入所得到的 3 个结果的算术平均值。但各单项结果与算术平均值之间的偏差应不大于算术平均值的 3%，否则应对该试样重新复核试验一次，如果仍超过 3%，应由试验机生产厂专业人员对试验机进行检修和检定，合格后再重新进行试验。

（3）抗剪黏结性能试验。

整体支座抗剪黏结性能试验方法与抗剪弹性模量试验方法相同，将压应力以 0.03～0.04MPa/s 的速率连续地增至平均压应力 $\sigma=10$MPa，绘制应力-时间图，并在整个试验过程中保持不变。然后以 0.002～0.003MPa/s 的速率连续施加水平力，当剪应力达到 2MPa，持荷 5min 后，水平力以连续均匀的速度连续卸载，在加卸载过程中绘制应力-应变图。试验中随时观察试件受力状态及变化情况，水平力卸载后试样是否完好无损。

（4）抗剪老化试验。

将试样置于老化箱内，在 (70±2)℃温度下经 72h 后取出，将试样在标准温度 (23±5)℃下停放 48h，再在标准实验室温度下进行剪切试验，试验与标准抗剪弹性模量试验方法步骤相同。老化后抗剪弹性模量 G_2 的计算方法与标准抗剪弹性模量计算方法相同。

（5）摩擦系数试验。

摩擦系数试验应按下列步骤进行。

①将四氟滑板与不锈钢板试样按规定摆放，对准试验机承载板中心位置，精度应小于 1% 的试件短边尺寸。试验时应将四氟滑板试样的储油槽内注满 5201-2 硅脂油。

②将压应力以 0.03～0.04MPa/s 的速率连续地增至平均压应力 $\sigma=10$MPa，绘制应力-时间图，并在整个摩擦系数试验过程中保持不变。其预压时间为 1h。

③以 0.002～0.003MPa/s 的速率连续地施加水平力，直至不锈钢板与四氟滑板试样接触面间发生滑动为止，记录此时的水平剪应力作为初始值。试验过程应连续进行 3 次。

摩擦系数应按式（3.15）计算。

$$\mu_f = \frac{\tau}{\sigma} \tag{3.15}$$

式中，μ_f 为四氟滑板与不锈钢板表面的摩擦系数，精确至 0.01；τ 为接触面发生滑动时的平均剪应力（MPa）；σ 为支座的平均压应力（MPa）。

每对试样的摩擦系数为 3 次试验结果的算术平均值。

（6）极限抗压强度试验。

极限抗压强度试验应按下列步骤进行：将试样放置在试验机的承载板上，上下承载板与支座接触面不得有油污，对准中心位置，精度应小于 1% 的试件短边尺寸；以

0.1MPa/s 的速率连续地加载至试样极限抗压强度 R,不小于 70MPa 为止,绘制应力-时间图,并随时观察试样受力状态及变化情况,试样是否完好无损。

（7）试验结果。

①试样的抗压弹性模量 E_1 与标准的抗压弹性模量 E 值的偏差在±20%范围之内时,应认为满足要求。

②试样的抗剪弹性模量 G_1 与标准的抗剪弹性模量 G 值的偏差在±15%范围之内时,应认为满足要求。

③在两倍剪应力作用下,橡胶层未被剪坏,中间层钢板未断裂错位,卸载后,支座变形恢复正常,应认为试样抗剪黏结性能满足要求。

④试样老化后的抗剪弹性模量 G_2 与规定 G 值的偏差在±15%范围之内时,认为满足要求。

⑤四氟滑板试样与不锈钢板试样的摩擦系数满足表 3.7 时,应认为满足要求。

表 3.7 支座力学性能要求

项目		指标
极限抗压强度 R_u/MPa		≥70
实测抗压弹性模量 E_1/MPa		$E±20\%E$
实测抗剪弹性模量 G_1/MPa		$G±15\%G$
实测老化后抗剪弹性模量 G_2/MPa		$G_1±15\%G$
抗剪黏结性能（$\tau=2$MPa 时）		无橡胶开裂和脱胶现象
实测转角正切值 $\tan\theta$	混凝土桥	≥1/300
	钢桥	≥1/500
实测滑板与不锈钢板表面摩擦系数 μ_f（加硅脂时）		≤0.03

注：E 和 G 的含义同上。

⑥在压应力不小于 70MPa 时,橡胶层未被挤坏,中间层钢板未断裂,四氟滑板与橡胶未发生剥离,应认为试样的极限抗压强度满足要求。

4. 判定规则

（1）进厂原材料检验应全部项目合格后方可使用,不合格材料不允许用于支座生产。

（2）进行支座出厂检验时,若有一项不合格,则应从该批产品中随机再取双倍数量的支座,对不合格项目进行复检,若仍有一项不合格,则判定该批产品不合格。

（3）进行支座力学性能试验时,随机抽取三块（或三对支座）,若有两块（或两对）不能满足要求,则认为该批产品不合格。若有一块（或一对）支座不能满足要求,则应从该批产品中随机再抽取两倍数量的支座,对不合格项目进行复检,若仍有一项不合格,则判定该批产品不合格。

（4）进行型式检验时,应全部项目满足要求为合格。若使用单位元抽检支座成品力学性能,有两项各有一块（一对）支座不合格;颁发产品许可证时,抽检支座有三项各有一块（一对）支座不合格,则可按照上述第（3）条规定进行复检,若仍有一项不合格,则判定该批产品不合格。

3.3.2 桥梁伸缩装置检测

1. 试验方法

伸缩装置的检测项目包括整体性能试验、原材料试验、钢材试验、橡胶试验、其他材料试验、尺寸偏差试验、外观质量试验、表面涂装质量检验等内容。这里简要介绍其中几种项目的试验方法。

(1) 整体性能试验。

①试样。

整体试件宜采用整体装配后的伸缩装置进行试验。若受试验设备限制，不能对整体试件进行试验时，按照下列要求取样：单缝模数式伸缩装置的试件长度不小于4m；多缝模数式伸缩装置的试件长度不小于4m，并且有不少于4个位移箱；梳齿板式伸缩装置的试件长度不小于4m或一个单元；无缝式伸缩装置的试件长度不小于4m。

②具体要求。

a. 整体试验应在制造厂或专门试验机构中进行。

b. 对整体试件的伸缩装置进行力学性能试验时，伸缩装置试件的锚固系统应采用定位螺栓或其他有效方法，试验装置应能模拟伸缩装置在桥梁结构的实际受力状态，并进行规定试验项目试验。伸缩装置的试验标准温度为（23±5）℃，且不应有腐蚀性气体及影响检测的震动源。

c. 模数式伸缩装置应进行拉伸、压缩试验及纵向、竖向、横向错位试验，测定水平摩阻力和变位均匀性。应按实际受力荷载测定中梁、支承横梁及其连接部件应力、应变值，并应对试样进行振动冲击试验，对橡胶密封带进行防水试验。

d. 梳齿板式伸缩装置应进行拉伸、压缩试验，测定水平摩阻力及橡胶密封带进行防水试验。

e. 无缝式伸缩装置应进行拉伸、压缩试验及橡胶密封带防水试验。

(2) 原材料试验。

伸缩装置中使用的钢材、橡胶、不锈钢板、聚四氟乙烯板、硅脂等应按《公路桥梁伸缩装置通用技术条件》（JT/T 327—2016）中规定的相关方法进行试验。

(3) 尺寸偏差试验。

伸缩装置的尺寸偏差，应采用标定的钢直尺、游标卡尺、平整度仪、水平仪等量测，每2m取其断面量测后，取其平均值。

(4) 外观质量试验。

产品外观质量，应采用目测方法和相应精度的量具逐件进行检测。

(5) 表面涂装质量检验。

表面涂装质量检验按照《公路桥梁钢结构防腐涂装技术条件》（JT/T 722—2023）规定的方法进行检测。

2. 检验规则

(1) 检验分类。

伸缩装置检验应包括型式检验和出厂检验。

有下列情况之一时，应进行型式试验：①新产品投产或老产品转厂生产的试制定型鉴定；②正常生产后，生产设备、生产流程、材料有改变，影响产品性能时；③停产一年以上，恢复生产时；④用户提出要求或桥梁变形变位情况特殊时；⑤国家质量监督机构要求时。

每批产品交货前应进行出厂检验。

（2）检验项目及要求。

型式检验和出厂检验项目应符合表3.8的要求。

表3.8 型式检验和出厂检验项目要求

装置类型	检验项目	型式检验	出厂检验	检验频次
模数式伸缩装置	外观	√	√	100%
	材料	√	△	100%
	尺寸偏差	√	√	100%
	焊接质量	√	√	100%
	表面处理	√	√	100%
	装配	√	√	100%
	总体性能	√	△	每批不少于2件
梳齿板式伸缩装置	外观	√	√	100%
	材料	√	△	100%
	尺寸偏差	√	√	100%
	表面处理	√	√	100%
	装配	√	√	100%
	总体性能	√	△	每批不少于2件
无缝式伸缩装置	外观	√	√	100%
	材料	√	△	100%
	尺寸偏差	√	√	100%
	表面处理	√	√	100%
	总体性能	√	△	每批不少于2件

注："√"表示进行该项检验，"△"表示选做。各检测项目的技术要求和试验方法按照《公路桥梁伸缩装置通用技术条件》（JT/T 327—2016）的规定执行。

（3）结果判定。

型式检验应由第三方进行。型式检验项目全部合格，则该批产品合格。当检验项目中有不合格项时，应取双倍数量试样对不合格项进行复检，复检后若仍有不合格的，则该批产品判定为不合格。

出厂检验时，当检验项目中有不合格项，应取双倍数量试样对不合格项目进行复检，复检后若仍有不合格的，则该批产品判定为不合格。

3.4 桥梁荷载试验

3.4.1 静载试验

1. 试验方案和测点布置

(1) 试验工况及测试截面选择。

为满足鉴定桥梁承载能力要求，静载试验应按照桥梁结构的最不利受力原则和代表性原则确定试验工况及测试截面。选择测试截面时，应按照桥梁结构的内力包络图，并考虑应力分布，按照最不利受力原则选定截面，然后拟定相应的试验工况。简单结构宜选1~3个测试截面，复杂结构应适当增加测试截面。布置各荷载工况时，可参照截面内力（或变形）影响线、桥梁结构体系的具体情况进行，一般设2~3个主要荷载工况及若干个附加荷载工况。

常规桥梁静载试验工况及测试截面可按《公路桥梁荷载试验规程》（JTG/T J21—01—2015）第5.2.2条规定确定。其中，主要工况应为必做工况，附加工况可视具体情况由试验检测者确定是否进行。测试最大正弯矩产生的应变时，宜同时测试该截面的位移。

(2) 试验荷载的确定。

①控制荷载的确定。

为了保证荷载试验的效果，必须先确定试验的控制荷载，静载试验应根据试验目的的确定试验控制荷载。交（竣）工验收荷载试验，应以设计荷载作为控制荷载；否则，应以目标荷载作为控制荷载。目标荷载是指事先设定的期望桥梁能够承受的荷载。

荷载试验应尽量采用与控制荷载相同的荷载。当客观条件受限，采用的试验荷载与控制荷载有差别时，为保证试验效果，在选择试验荷载的大小和加载位置时采用静载试验效率 η_q 进行控制。

②静载试验效率计算。

对于交（竣）工验收荷载试验，η_q 宜为 0.85~1.05；否则，η_q 宜为 0.95~1.05。静载试验效率 η_q 按式（3.16）计算。

$$\eta_q = \frac{S_s}{S(1+\mu)} \tag{3.16}$$

式中，S_s 为静载试验荷载作用下，某一加载试验项目对应的加载控制截面内力或位移的最大计算效应值；S 为控制荷载产生的同一加载控制截面内力或位移的最不利效应计算值；μ 为按规范采用的冲击系数值。

荷载试验宜选择温度稳定的季节和天气进行。当温度变化对桥梁结构内力影响较大时，应选择温度内力较不利的季节进行荷载试验，否则应考虑用适当增大 η_q 来弥补温度对结构控制截面产生的不利内力。

当控制荷载为挂车或履带车而采用汽车荷载加载时，考虑到汽车荷载的横向应力增大系数较小，为了使截面的最大应力与控制荷载作用下截面最大应力相等，可适当增大 η_q。

③加载设备的选择。

静载试验加载设备可根据加载要求及具体条件选用，一般有车辆加载和重物直接加载两种加载方式。

采用车辆加载时，一般选用可装载重物的汽车或平板车，也可就近利用施工机械车辆。选择装载重物时，要考虑车厢能否容纳得下，装载是否方便。装载的重物应置放稳定，以避免车辆行驶时因摇晃而改变重物的位置。采用车辆加载优点很多，如便于调运和加载布置、加卸载迅速等。采用汽车加载既能做静载试验，又能做动载试验，是较常采用的一种方法。

采用重物直接加载时，一般可按控制荷载的着地轮迹先搭设承载架，再在承载架上堆放重物或设置水箱进行加载。如加载仅为满足控制面内力要求，也可采取直接在桥面堆放重物或设置水箱的方法加载。承载架的设置和加载物的堆放应安全、合理，能按要求分布和加载重量，且不使加载设备与桥梁结构共同承载而形成"卸载"现象。

重物直接加载准备工作量大，加卸载所需周期一般较长，交通中断时间亦较长，且试验时，温度变化对测点的影响较大，因此宜安排在夜间进行试验。

④加载重物的称量。

可根据不同的加载方法和具体条件选用以下方法对所加载重物进行称量。

a. 称重法。当采用重物直接在桥上加载时，可将重物化整为零称重后，按逐级加载要求分堆置放，以便加载取用。当采用车辆加载时，可将车辆逐轴开上称重台进行称重。如没有现成可供利用的称重台，可自制专用称重台进行称重。

b. 体积法。如采用水箱加载，可通过测量水体积来换算水的重力。

c. 综合计算法。先根据车辆出厂规格确定空车轴重（注意考虑车辆零配件的更换和添减，以及汽油、水、乘员重力的变化），再根据装载重物的重力及其重心将其分配至各轴。装载物最好采用外形规则的物体整齐码放或采用松散均匀料在车厢内摊铺平整，以便准确确定其重心位置。

无论采用何种确定加载物重力的方法，均应做到准确可靠，其称量误差最大不得超过5%，最好能采用两种称重方法互相校核。

（3）测点布置。

①主要测点的布设。

测点的布设不宜过多，但要保证观测质量。有条件时，同一测点可用不同的测试方法校对。一般情况下，对主要测点的布设应能控制结构的最大应力（应变）和最大挠度（或位移）。几种常用桥梁体系的主要测点布设如下：简支梁桥宜布设在跨中挠度、支点沉降、跨中截面应变；连续梁桥宜布设在跨中挠度、支点沉降、跨中和支点截面应变；悬臂梁桥宜布设在悬臂端部挠度、支点沉降、支点截面应变；拱桥宜布设在跨中、$1/4l$（l 为跨径）处挠度、拱顶 $1/4l$ 和拱脚截面应变。

挠度观测测点一般布置在桥中轴线位置。截面抗弯应变测点应设置在截面横桥向应力可能分布较大的部分，沿截面上、下缘布设，横桥向测点设置一般不少于3处，以控制最大应力的分布。

当采用测点混凝土表面应变的方法来确定钢筋混凝土结构中钢筋承受的拉力时，考虑到混凝土表面已经和可能产生的裂缝对观测的影响，应合理选择测点的位置。如凿开混凝土保护层，直接在钢筋上设置拉应力测点，在试验完后必须修复保护层。

②其他测点的布设。

根据桥梁调查和检算工作的深度，综合考虑结构特点和桥梁目前状况等，可适当加设以下测点：挠度沿桥长或沿控制截面桥宽方向分布；应变沿控制截面桥宽方向分布；应变沿截面高分布；组合构件的结合面上、下缘应变；墩台的沉降、水平位移与转角，连拱桥多个墩台的水平位移。

2. 静载试验加载过程相关要点

(1) 分级加载与控制原则。

①试验荷载应分级施加。加载级数应根据荷载量和加载最小荷载增量而定。试验荷载应按控制截面最大内力或位移分成 4～5 级施加。条件受限时，至少应分成 3 级施加。

②当桥梁的技术资料不全或技术状况较差时，应增加分级。

③加载过程中，确保非控制截面内力或变形不超过控制荷载作用下的最不利值。

④当重点测试桥梁在荷载作用下的响应规律时，可适当加密加载分级。

⑤当试验条件受限制时，附加控制截面可只进行最不利加载。

⑥加载时间间隔必须满足结构反应稳定的时间要求。在前一荷载阶段内结构反应相对稳定，进行有效测试及记录后，方可进入下一荷载阶段。当进行主要控制截面最大内力（变形）加载试验时，分级加载的稳定时间应不少于 5min；对尚未投入营运的新桥，首个工况的分级加载稳定时间宜不少于 15min。

⑦试验加载过程中，须有专门人员严格按照试验方案中拟定的加载程序指挥实施加载，并做好停止加载或卸载的准备。

⑧应根据各工况的加载分级，对各加载过程结构控制点的应变（或变形）、薄弱部位的破损情况等进行观测与分析，与理论计算值对比，提出控制加载的依据。

(2) 加载程序。

加载应在指挥人员指挥下严格按计划程序进行。采用重物加载时，按荷载分级逐级施加，每级荷载堆放位置准确、整齐稳定。荷载施加完毕后，逐级卸载。采用车辆加载时，先由零加至第一级荷载，卸载至零；再由零加至第二级荷载，卸载至零……直至所有荷载施加完毕（有时为了确保试验结果准确无误，每一级荷载重复施加 1～2 次）。每一级荷载施加次序为纵向先施加重车，后施加两侧标准车；横向先施加桥中心的车辆，后施加外侧的车辆。

(3) 加载稳定时间控制。

为控制加卸载稳定时间，同一级荷载内，结构最大变形测点在最后 5min 内的变形增量小于第一个 5min 内变形增量的 15%，或小于量测仪器的最小分辨率时即认为结构基本稳定，可进行各观测点读数。某些桥梁（如拱桥），当拱上建筑或桥面系参与主要承重构件的受力时，因连接较弱或变形缓慢，测点观测值稳定时间较长，如结构的实测变位（或应变）值远小于计算值，可将加载稳定时间定为 20～30min。

(4) 加载过程的观察。

加载试验过程中，应对结构控制点位移（或应变）、结构整体行为和薄弱部位的破损实行监控，并将结果随时汇报给指挥人员，作为控制加载的依据。随时将控制点位移与计算结果进行比较，如实测值超过计算值较多，应暂停加载，待查明原因再决定是否继续加载。试验人员如发现其他测点的测值有较大的反常变化，也应查找原因，并及时向试验指挥人员报告。加载过程中，指定人员随时观察结构各部位可能产生的新裂缝，注意观察构件薄弱部位是否有开裂、破损，组合构件的结合面是否有开裂错位，支座附近混凝土是否开裂，横隔板的接头是否拉裂，结构是否产生不正常的响声，加载时墩台是否产生摇晃现象等。如发生这些情况，应报告给试验指挥人员，以便采取相应的措施。

（5）终止加载控制条件。

当试验过程中发生下列情况之一时，应停止加载，查清原因，采取措施后再确定是否进行试验：①控制测点实测应力、变位（或挠度）已达到或超过计算的控制应力值时；②结构裂缝的长度或缝宽急剧增加，或新裂缝大量出现，或缝宽超过允许值的裂缝大量增多时；③拱桥沿跨长方向的实测挠度曲线分布规律与计算结果相差过大时；④发生其他影响桥梁承载能力或正常使用的损坏时。

3. 试验数据整理分析与结果评定

（1）试验数据整理。

①试验资料的修正。

a. 测值修正。根据各类仪表的标定结果修正测试数据，如考虑机械式仪表校正系数、电测仪表率定系数、灵敏系数、电阻应变观测的导线电阻影响等。当这类因素对测值的影响小于1‰时，可不予修正。

b. 温度影响修正。温度对测试的影响比较复杂。结构构件的各部位不同的温度变化、结构的受力特性、测试仪表或元件的温度变化、电测元件的温度敏感性、自补性等均会对测试精度造成一定的影响，逐项分析这些影响是困难的。一般可采用综合分析的方法来修正，即利用加载试验前进行温度稳定观测获得的数据，建立温度变化（测点处构件表面温度或空气温度）和测点测值（应变和挠度）变化的线性关系，然后按式（3.17）进行温度修正计算。

$$\Delta S_t = \Delta S - \Delta t K_t \tag{3.17}$$

式中，ΔS_t 为温度修正后的测点加载测值变化量；ΔS 为温度修正前的测点加载测值变化量；Δt 为相应于 ΔS 观测时间段内的温度变化量（℃），对应变宜采用构件表面温度，对挠度宜采用气温；K_t 为空载时温度上升1℃时测点测值的变化量，如测值变化与温度变化关系较明显，可采用多次观测数据的平均值，见式（3.18）。

$$K_t = \frac{\Delta S_1}{\Delta t_1} \tag{3.18}$$

式中，ΔS_1 为空载时某一时间段内测点测值的变化量；Δt_1 为相应于 ΔS_1 同一时间段内温度变化量。

由于对温度影响的修正比较困难，一般不进行这项工作，而采取缩短加载时间、选择温度稳定性较好的时间进行试验等办法，尽量减小温度对测试精度的影响。

c. 支点沉降影响修正。当支点沉降量较大时，应修正其对挠度值的影响，修正量 C 可按式（3.19）计算。

$$C = \frac{l-x}{l} \cdot a + \frac{x}{l} \cdot b \tag{3.19}$$

式中，C 为测点的支点沉降影响修正量；l 为 A 支点到 B 支点的距离；x 为挠度测点到

A 支点的距离；a 为 A 支点沉降量；b 为 B 支点沉降量。

②测点应变或位移计算。

测点应变或位移可按式（3.20）～式（3.22）计算。

$$S_t = S_l - S_i \tag{3.20}$$

$$S_e = S_l - S_u \tag{3.21}$$

$$S_p = S_t - S_e = S_u - S_i \tag{3.22}$$

式中，S_t 为试验荷载作用下测量的结构总应变（或总位移）值；S_l 为加载达到稳定时的测值；S_i 为加载前的测值；S_e 为试验荷载作用下测量的结构弹性应变（或位移）值；S_u 为卸载后达到稳定时的测值；S_p 为试验荷载作用下测量的结构残余应变（或位移）值。

测点的相对残余位移（或应变）可按式（3.23）计算。

$$\Delta S_p = \frac{S_p}{S_t} \times 100\% \tag{3.23}$$

式中，ΔS_p 为测点的相对残余位移（或应变）；其他符号含义同上。

③测点校验系数。

测点校验系数应符合下列规定。

a. 测点校验系数应按式（3.24）计算。

$$\eta = \frac{S_e}{S_s} \tag{3.24}$$

式中，η 为校验系数；S_s 为静载试验荷载作用下，某一加载试验项目对应的加载控制截面内力或位移的最大计算效应值；其他符号含义同上。

b. 当结构处于线弹性工作状态时，应根据量测到的测点应变，利用胡克定律计算测点的应力。

c. 应采用实测位移（或应变）最大值 S_{emax} 与横向各测点实测位移（或应变）平均值 $\overline{S_e}$，按式（3.25）计算实测横向增大系数 ξ。

$$\xi = \frac{S_{emax}}{\overline{S_e}} \tag{3.25}$$

④试验曲线绘制。

试验曲线的绘制应包括下列主要内容：各加载工况下主要测点实测位移（或应变）与相应的理论计算值的对照表，并绘制出其关系曲线；各加载工况下主要控制点的位移（或应变）与荷载或荷载效率的关系曲线；各加载工况下控制截面位移（或应变）分布图、沿纵（横）桥向挠度图、截面应变沿高度（宽度）分布图等。

试验曲线能直观地反映试验结果。一般通过试验曲线来表示实测应变和理论计算值的比较情况、主要控制点的变形（或应变）与荷载的历程曲线、挠度及应变分布情况。通过这些曲线，能够对试验结果进行评价，判断异常点、结构工作状态、变形（或应变）分布是否符合一般规律等。

（2）试验数据分析。

①校验系数 η。应包括应变（或应力）校验系数及挠度校验系数，其值应按式（3.24）计算。常见桥梁结构试验的应变（或应力）、挠度校验系数应符合《公路桥梁荷载试验规程》（JTG/T J21-01—2015）第 5.7.8 条的规定。

②处于线弹性工作状况的结构,测点实测位移(或应变)与其理论值应呈线性关系。

③对常规结构,实测结构或构件的主要控制截面应变沿高度分布应符合平截面假定。

④主要控制测点的相对残余变形(或应变)ΔS_p 越小,说明结构越接近弹性工作状况。ΔS_p 宜不大于 20%。当 ΔS_p 大于 20% 时,表明桥梁结构的弹性状态不佳,应分析原因,必要时再次进行荷载试验加以确定。

⑤试验荷载作用下新桥裂缝宽度应不超过《公路钢筋混凝土及预应力混凝土桥涵设计规范》(JTG 3362—2018)规定的容许值,卸载后其扩展宽度应闭合到容许值的 1/3;在用桥梁的裂缝宽度不宜超过《公路桥梁承载能力检测评定规程》(JTG/T J21—2011)的规定。

⑥超过前述⑤的规定时,应结合校验系数的计算结果,分析原因,采取措施。

(3)试验结果评定。

根据《公路桥梁承载能力检测评定规程》(JTG/T J21—2011)第 8.3.1 条规定,当出现下列情况之一时,应判定桥梁承载能力不满足要求。

①主要测点静力荷载试验校验系数大于 1。

②主要测点相对残余变位或相对残余应变超过 20%。

③试验荷载作用下裂缝扩展宽度超过《公路桥梁承载能力检测评定规程》(JTG/T J21—2011)中表 7.3.4 规定的限值,且卸载后裂缝闭合宽度小于扩展宽度的 2/3。

④在试验荷载作用下,桥梁基础发生不稳定沉降变位。

3.4.2 动载试验

1. 试验工况、测试截面和测点位置的确定

(1)试验工况的确定。

桥梁动载试验工况应根据具体的测试参数和采用的激振方法确定。激振方法可根据结构特点、测试的精度要求、方便性及现场实际情况确定,常采用环境随机激振法、行车激振法和跳车激振法,也可采用起振机激振法或其他激振方法。下面主要介绍前 3 种常采用的方法。

环境随机激振法也称脉动法,是指在桥面无任何交通荷载以及桥址附近无规则振源的情况下,通过测定桥梁由风荷载、地脉动、水流等随机激振引起的微幅振动来识别结构自振特性参数的方法。该方法需对采集的长样本信号进行能量平均,以便消除随机因素的影响。对悬索桥、斜拉桥等自振频率较低的桥型,为保证频率分辨率和提高信噪比,采集时间一般不小于 30min。对小跨径桥梁,采集时间可以酌情缩短。环境随机激振法更适合大跨柔性桥梁。

行车激振法利用车辆驶离桥面后引起的桥梁结构余振信号来识别结构自振特性参数,对小阻尼桥梁效果较好。为提高信噪比,获取尽可能强的余振信号,可采用不同的车速进行多次试验,或在桥跨特征截面设置弓形障碍物进行激振(有障碍行车激振)。通常结合行车动力响应试验,统筹考虑获取余振信号。

跳车激振法通过让单辆载重汽车的后轮在指定位置从三角形垫块上突然下落对桥梁产生冲击作用,激起桥梁的振动。该方法更适用于其他方法不易激振的、刚度较大的桥

梁，如石拱桥、小跨径梁式桥等。

(2) 测试截面和测点位置的确定。

测试截面及测点位置的布置应符合下列规定。

①桥梁动载试验的测试截面应根据桥梁结构振型特征和行车动力响应最大的原则确定。一般可根据桥梁结构规模按跨径8等分或16等分简化布置。桥塔或高墩，宜按高度分3～4个节段分段布置。

②对常见的简支梁桥及连续梁桥，根据具体情况可参照《公路桥梁荷载试验规程》(JTG/T J21-01—2015) 中的表 6.2.3.1～表 6.2.3.3 选择测试截面。

③大型桥梁振型测试可将结构分成几个单元分别测试，整个试验布置一个固定参考点（应避开振型节点），每次测试都应包含固定参考点。将几个单元的测试数据通过固定参考点关联，拟合得到全桥结构振型图。

④测试桥梁结构行车响应时，应选择桥梁结构振动响应幅值最大部位为测试截面。简单结构宜选择跨中1个测试截面，复杂结构应增加测试截面。

⑤用于冲击效应分析的动挠度测点每个截面应至少布置1个。采用动应变评价冲击效应时，每个截面在结构最大活载效应部位的测点数不宜少于2个。

(3) 动力响应试验工况应包括的主要内容。

①无障碍行车试验。宜在5～80km/h 范围内取多个大致均匀分布的车速进行行车试验。车速在桥联（孔）上宜保持恒定，每个车速工况应进行2～3次重复试验。

②有障碍行车试验。可设置弓形障碍物模拟桥面坑洼进行行车试验，车速宜取5～20km/h，障碍物宜布置在结构冲击效应显著部位。

③制动试验。车速宜取 30～50km/h，制动部位应为动态效应较大的位置。对漂浮体系桥梁，应测试主梁纵向位移等项目。

宜首选无障碍行车试验，可根据实际情况选择有障碍行车试验和制动试验。

2. 动载试验测定内容

桥梁自振特性试验应包括竖平面内弯曲、横向弯曲自振特性及扭转自振特性的测试。应根据试验目的和需要确定测试纵桥向竖平面内弯曲自振特性。桥梁的测试阶次应不少于下列规定：简支梁桥1阶，非简支梁桥、拱桥3阶，斜拉桥、悬索桥9阶。

动力响应测试应包括动挠度、动应变、振动加速度、速度及冲击系数。

3. 试验荷载的确定

动载试验无障碍行车可采用与静载试验加载车辆相同的载重车辆，车辆轴重产生的局部效应不应超过车辆荷载效应，避免对横系梁、桥面板等局部构件造成损伤。

为保证试验效果，在选择试验荷载大小和加载位置时，采用无障碍行车试验荷载效率 η_d 加以控制，η_d 宜取高值，但不应超过1。可按式（3.26）计算。

$$\eta_d = \frac{S_d}{S_{lmax}} \tag{3.26}$$

式中，η_d 为动载试验荷载效率；S_d 为动载试验荷载作用下控制截面的最大内力或变形；S_{lmax} 为控制荷载作用下控制截面的最大内力或变形（不计冲击）。

4. 试验过程控制和记录

试验过程控制和记录应包括下列内容。

（1）正式试验前应进行预加载试验，对测试系统进行稳定性检查。桥梁空载状态下，动应变、动挠度信号在预定采集时间内的零点漂移不宜超过预计最大值的5%。

（2）宜根据预加载试验具体情况对试验方案或测试设备参数设置做调整。按照调整确定的试验方案与试验程序进行加载试验，观测并记录各测试参数，并采取措施避免电磁场以及对讲机、手机等对测试结果的影响。

（3）正式试验过程中，应根据观测和测试结果，实时判断结构状态是否正常、测试数据是否异常、是否需要终止试验，确保试验安全。各工况下试验完成后，应对测试数据进行检查和确认。如发现幅值异常或突变、零点严重偏离、异常电磁干扰、噪声过大等，应在排除故障后重新进行试验。

（4）应保证记录的试验荷载参数，如传感器规格、灵敏度、编号、连接通道号，适配器、采集器采样频率、滤波频率、换算系数等信息的完整性。

（5）全部试验完成后，应在现场对主要的测试数据进行检查和初步分析，确保测试数据的准确性和完整性。

动载试验测试系统的性能应满足试验对量程、精度、分辨率、稳定性、幅频特性、相频特性的要求。传感器安装应与主体结构保持良好接触，无相对振动。用于冲击系数计算分析的动挠度、动应变信号的幅值分辨率不应大于最大实测幅值的1%。进行数据采集和频谱分析时，应合理设置采样、分析参数，频率分辨率不宜大于实测自振频率的1%。采样频率宜取10倍以上的最高有用信号频率。信号采集时间宜保证频谱分析时的谱平均次数不小于20次。在行车激振或跳车激振等强迫振动下，宜直接测试桥梁结构振动的加速度、速度和变形。

5. 试验数据整理与分析

（1）应对测试信号进行检查和评判，并进行剔除异常数据、去趋势项、数字滤波等必要的预处理。

（2）结构自振频率可采用频谱分析法、波形分析法或模态分析法得到。自振频率宜取用多次试验、不同分析方法的结果相互验证。单次试验的实测值与均值的偏差应不超过±3%。

（3）桥梁结构阻尼可采用波形分析法、半功率带宽法或模态分析法得到。结构阻尼参数宜取用多次试验所得结果的均值，单次试验的实测结果与均值的偏差应不超过±20%。

（4）振型参数宜采用环境激振等方法进行模态参数识别。宜采用专用软件进行分析，可同时得到振型、固有频率及阻尼比等参数。

（5）计算冲击系数时应优先采用桥面无障碍行车下的动挠度时程曲线计算。对小跨径桥梁的高速行车试验，当判断直接求取法误差较大时，应根据实际情况采用数字低通滤波法求取最大静挠度或应变。对特大跨径桥梁，受现场条件限制，无法测定动挠度时，可采用动应变时程曲线计算冲击系数 μ，计算方法参照式（3.27）。

$$\mu = \frac{f_{\text{dmax}}}{f_{\text{jmax}}} - 1 = \frac{f_{\text{dmax}}}{\frac{f_{\text{dmax}} + f_{\text{dmin}}}{2}} - 1 = \frac{f_{\text{dmax}}}{f_{\text{dmax}} - \frac{f_{\text{p-p}}}{2}} - 1 \quad (3.27)$$

式中，f_{dmax} 为最大动挠度幅值；f_{jmax} 为取波形振幅中心轨迹的顶点值，或通过低通滤波求取；f_{dmin} 为与 f_{dmax} 对应的动挠度波谷值；f_{p-p} 为挠度动态分量的峰-峰值。

（6）冲击系数宜取同截面（或部位）多个测点的均值，进行多次试验时可取该车速下的最大值。

（7）分析计算和资料整理应包括下列内容：①动载试验荷载效率；②各试验工况下动挠度、动应变、加速度等的时域统计特性，包括最大值、最小值、均值和方差等；③典型工况下主要测点的实测时程曲线；④典型的自振频谱图；⑤实测自振频率与计算频率列表比较；⑥冲击系数-车速相关曲线图或列表；⑦其他必要的图表、曲线、照片等数据或资料。

（8）桥梁结构性能分析应通过下列方法进行：①比较自振实测频率与计算频率，实测频率大于计算频率时，可认为结构实际刚度大于理论刚度，反之则实际刚度偏小；②比较自振频率、振型及阻尼比的实测值与计算数据或历史数据，可根据其变化规律初步判断桥梁技术状况是否发生变化；③比较实测冲击系数与设计所用的冲击系数，实测值大于设计值时应分析原因。

以上内容具体可参考《公路桥梁荷载试验规程》（JTG/T J21-01—2015）第 6.6 节的规定，在此不进行详述。

4 隧道试验检测技术

4.1 隧道施工质量检测

4.1.1 超前支护与预加固围岩施工质量检测

隧道在浅埋地段、自稳性差的软弱破碎地层，严重偏压、岩溶流泥地段，砂土层、砂卵（砾）石层、断层破碎带，以及大面积淋水或涌水地段施工时，由于开挖后围岩的自稳时间短于完成支护所需的时间，往往会发生开挖面围岩失稳，或由于初期支护的强度不能满足围岩稳定的要求以及大面积淋水、涌水导致洞体围岩丧失稳定而产生坍塌、冒顶，这时需要进行超前支护或预加固。

超前支护及预加固常用方法有地表砂浆锚杆或地表注浆加固、超前锚杆或者超前小导管支护、管棚钢架超前支护、超前小导管注浆和超前围岩深孔预注浆等。其他方法还有冻结法、水平高压旋喷法与隔断墙法等。

1. 注浆材料的要求与检测

注浆材料通常划分为水泥浆液和化学浆液两大类。通常采用的注浆材料为水泥浆液、水泥-水玻璃浆液（双液浆）、超细水泥浆液和化学浆液等。

（1）注浆材料要求。

理想的注浆材料应满足以下要求：①浆液黏度低，渗透力强，流动性好，能进入细小裂隙和粉、细砂层，这样浆液可达到预想范围，从而确保注浆效果；②可调节并准确控制浆液的凝固时间，以避免浆液流失，达到定时注浆的目的；③浆液凝固时体积不收缩，能牢固黏结砂石，浆液结合率高，强度大；④浆液稳定性好，长期存放不变质，便于保存运输，货源充足，价格低廉；⑤浆液无毒、无臭，不污染环境，对人体无害，非易燃易爆之物。

（2）注浆材料的检测。

注浆材料的主要性质及测定应包括以下方面：①黏度：表示浆液流动时，因分子间相互作用而产生的阻碍运动的内摩擦力。用简易黏度计测定。②渗透能力：即渗透性，指浆液注入岩层的难易程度。悬浊液渗透能力取决于颗粒大小，砂性土孔隙直径必须大于浆液颗粒直径的3倍以上，浆液才能注入，溶液渗透能力则取决于黏度。③凝胶时间：指参加反应的全部成分，从混合时起，直到凝胶发生，浆液不再流动为止的一段时间。凝胶时间长的用维卡仪；一般浆液，通常采用手持玻璃棒搅拌浆液，以手感觉不再流动或拉不出丝为止，从而测定凝胶时间。④渗透系数：表示浆液固化后结石体透水性高低,或者表示结石体抗渗性强弱。用渗透试验测定。⑤抗压强度:注浆材料自身强度决定了注浆材料的使用范围,强度大者可用于加固地层,强度小者仅能用于堵水。

2. 超前锚杆、超前小导管和管棚检测

(1) 超前锚杆。

外观上,锚杆应沿开挖轮廓线周边均匀布置,尾端与钢架焊接牢固,锚杆入孔长度符合要求。超前锚杆应符合下列基本要求:①超前锚杆的打入角度应满足设计要求,并符合施工技术规范规定;②超前锚杆纵向两排之间水平搭接长度应不小于1m;③超前锚杆孔内灌注砂浆应饱满密实。此外,超前锚杆尾端与钢架焊接应无假焊、漏焊。其实测项目见表4.1。

表4.1 超前锚杆实测项目

项次	检查项目	规定值或允许偏差	检查方法和频率
1	长度/mm	不小于设计值	尺量:逐根检查
2	数量/根	不少于设计值	目测:逐根清点
3	孔位/mm	±50	尺量:每5环抽查5根
4	孔深/mm	±50	尺量:每5环抽查5根
5	孔径/mm	≥40	尺量:每5环抽查5根

(2) 超前小导管。

超前小导管应符合下列基本要求:①超前小导管注浆浆液强度、配合比、注浆压力和注浆量应满足设计要求,且浆液应充满钢管及周围的空隙;②超前小导管的打入角度应满足设计要求并符合施工技术规范规定;③两组超前小导管之间纵向水平搭接长度不小于1m。超前小导管实测项目应符合表4.2的规定。

表4.2 超前小导管实测项目

项次	检查项目	规定值或允许偏差	检查方法和频率
1	长度/mm	不小于设计值	尺量:逐根检查
2	数量/根	不少于设计值	目测:逐根清点
3	孔位/mm	±50	尺量:每5环抽查5根
4	孔深/mm	大于钢管长度设计值	尺量:每5环抽查5根

(3) 管棚。

管棚应符合下列基本要求:①管棚注浆浆液强度、配合比、注浆压力和注浆量应满足设计要求;②管棚套拱基底承载力、超前钢管的打入角度应满足设计要求并符合施工技术规范规定;③两组管棚之间纵向水平搭接长度应不小于3m。管棚实测项目应符合表4.3的规定。

表4.3 管棚实测项目

项次	检查项目	规定值或允许偏差	检查方法和频率
1	长度/mm	不小于设计值	尺量:逐根检查

续表

项次	检查项目	规定值或允许偏差	检查方法和频率
2	数量/根	不少于设计值	目测：现场逐根清点
3	孔位/mm	±50	尺量：每环抽查10根
4	孔深/mm	大于钢管长度设计值	尺量：每环抽查10根

3. 注浆效果检查

检查方法有分析法、检查孔法和物探无损检测法（地质雷达、声波探测仪）3种。其中物探无损检测法是对注浆前后岩体声波、波速、振幅及衰减系数进行检测。

4.1.2 喷锚衬砌施工质量检测

喷锚衬砌支护主要包括锚杆、喷射混凝土和钢架三部分，锚杆具有悬吊作用、组合梁作用、加固拱作用、支撑围岩作用（主动加固围岩）；喷射混凝土具有支撑作用、填补作用、黏结作用、封闭作用（主动加固围岩）；钢架应用于自稳时间短、初期变形大或对地表下沉量有严格限制的地层中。钢架依靠"被动支撑"来维持围岩稳定，在软弱围岩条件下，设置钢架对维持围岩稳定是必不可少的措施。

1. 锚杆

锚杆应符合下列基本要求：①锚杆长度应不小于设计长度，锚杆插入孔内的长度不得短于设计长度的95%；②砂浆锚杆和注浆锚杆的灌浆强度应不小于设计值和规范要求，锚杆孔内灌浆密实饱满；③锁脚锚杆（管）的数量、长度、打入角度应满足设计要求。锚杆实测项目应符合表4.4的规定。

表4.4 锚杆实测项目

项次	检查项目	规定值或允许偏差	检查方法和频率
1△	数量/根	不少于设计值	目测：现场逐根清点
2△	锚杆拔力/kN	28d拔力平均值不小于设计值，最小拔力不小于设计值的90%	拉拔仪：抽查1%，且不少于3根
3	孔位/mm	±150	尺量：抽查10%
4	孔深/mm	±50	尺量：抽查10%
5	孔径/mm	不小于锚杆杆体直径+15	尺量：抽查10%

注：△为关键项目。

2. 喷射混凝土

喷射混凝土应符合下列基本要求：①开挖断面质量、超欠挖处理、围岩表面渗漏水处理应符合施工技术规范规定，受喷岩面应清洁；②喷射混凝土支护应与围岩紧密黏结，结合牢固，不得有空洞，喷层内不应存在片石和木板等杂物，严禁挂模喷射混凝土；③钢架与围岩之间的间隙应采用喷射混凝土充填密实；④喷射混凝土表面平整度应符合施工技术规范规定。喷射混凝土实测项目应符合表4.5的规定。

表 4.5 喷射混凝土实测项目

项次	检查项目	规定值或允许偏差	检查方法和频率
1△	喷射混凝土强度/MPa	在合格标准内	按《公路工程质量检验评定标准 第一册 土建工程》(JTG F80/1—2017)附录 E 检查
2	喷层厚度/mm	平均厚度不小于设计厚度;60%的检查点的厚度不小于设计厚度;最小厚度不小于设计厚度的60%	凿孔法:每 10m 检查 1 个断面,每个断面从拱顶中线起,每 3m 测 1 点。按《公路工程质量检验评定标准 第一册 土建工程》(JTG F80/1—2017)附录 R 检查:沿隧道纵向,分别在拱顶、两侧拱腰、两侧边墙连续测试 5 条测线,每 10m 检查 1 个断面,每个断面测 5 点
3△	喷层与围岩接触状况	无空洞,无杂物	

注:△为关键项目。

3. 钢架

钢架应符合下列基本要求:①钢架之间应采用纵向钢筋连接,安装基础应牢固;②钢架安装基底高程不足时,不得用石块、碎石砌垫,应设置钢板或采用强度等级不小于 C20 的混凝土垫块;③钢架应紧靠初喷面;④连接钢板与钢架应焊接牢固,焊缝饱满密实,钢架节段之间通过钢板应用螺栓连接或焊接牢固。钢架实测项目应符合表 4.6 的规定。

表 4.6 钢架实测项目

项次	检查项目		规定值或允许偏差	检查方法和频率
1△	榀数/榀		不少于设计值	目测或按《公路工程质量检验评定标准 第一册 土建工程》(JTG F80/1—2017)附录 R 检查:逐榀检查
2△	间距/mm		±50	尺量或按《公路工程质量检验评定标准 第一册 土建工程》(JTG F80/1—2017)附录 R 检查:逐榀检查
3	喷射混凝土保护层厚度/mm		外侧保护层不小于 40 内侧保护层不小于 20	凿孔法:每 20m 测 5 点
4	倾斜度/°		±2	铅锤法:逐榀检查
5	拼装偏差/mm		±3	尺量:逐榀检查
6	安装偏差/mm	横向	±50	尺和水准仪:逐榀检查
		竖向	不低于设计高程	
7	连接钢筋	数量/根	不少于设计值	目测:逐根检查
		间距/mm	±50	尺量:逐根检查 3 处

注:钢架临空一侧为内侧。△为关键项目。

4.2 隧道施工监控量测

4.2.1 监控量测的定义与必要性

监控量测是指在隧道施工过程中,对围岩、地表及支护结构的变形和稳定状态,以及周边环境动态进行的经常性观察和量测工作。

隧道与地下工程是一种特殊的工程结构体系。从岩体力学的角度看,它是处于与围岩相互作用的体系之中的结构物；从地质力学的角度看，它是处于千变万化的地质体之中的工程单元体。在这样的岩体和地质体中，隧道一经开挖，其中所包容的原状力学体系便被打破，四周原有的受力状态已经改变。随着开挖断面增大或者深度的增长，这种改变也将不断地延续。在支护后的一段时间内，虽然受力状态已发生改变，但是支护与围岩体之间的力的作用还没有达到最终平衡。随着时间的推移，根据得到的信息对支护再做若干变动，这种受力状态的改变才逐渐停止，支护和围岩体间力的作用体系逐渐达到最终平衡。

从隧道与地下工程的这种复杂的力学发展过程，可以认识到以下两点：①如果把隧道与地下工程当成一种工程结构物来看待，它的受力特点和地面工程是有很大差别的。由于隧道与地下工程处于千变万化的岩体之中，其所受外力是不明确的。迄今为止，国内外学术界和工程界对外荷体系的分布和量值还处于研究阶段，这就决定了隧道与地下工程设计是在若干假定条件下进行的；②隧道与地下工程的成形过程，自始至终存在着受力状态变化这一特性。换言之，隧道从开挖起，一直到受力平衡和体系稳定，或到结构受损，围岩内部结构一直在变动，支护和衬砌的内力和外形也在变动之中。

从上面两点可以看出，试验性研究，特别是隧道现场监控量测，是从个体到群体解决隧道与地下工程力学、设计、施工问题的一种重要手段和主要途径。可以断言，如果没有这种手段和途径，要最终解决复杂围岩中的隧道与地下工程问题是不可想象的。正因为如此，国内外的许多隧道与地下工程都应用了并正在不断应用着现场监控量测方法来应对工程中出现的复杂受力问题。

监控量测是了解和掌握围岩稳定状态及支护结构体系可靠程度，确保隧道施工安全和结构的长期稳定性，为隧道施工中变更围岩级别、调整初期支护和二次衬砌的参数、指导施工顺序、修正及优化设计提供依据，是实现信息化设计和施工不可缺少的一道工序。

4.2.2 监控量测的任务与方案

1. 隧道施工监控量测的任务

（1）确保安全。根据量测信息，掌握围岩和支护状态，进行动态管理，预见事故和险情，科学施工，防患于未然。

（2）指导施工。分析处理量测数据，预测和确认隧道围岩最终稳定时间及变形量，指导施工顺序、开挖预留变形量和施作二次衬砌时间。

（3）修正设计。根据隧道开挖后所获得的量测信息，进行综合分析，修正支护参数和检验施工与设计措施的可靠性。

（4）环境监控。对工程施工可能产生的环境影响进行全面的监控，判断隧道施工对周围环境的影响程度。

（5）积累资料。已有工程的量测结果可以间接地应用到其他类似工程中，作为设计和施工的参考资料。

2. 隧道施工监控量测的方案

施工监控量测计划应综合施工、地质、测试等方面的要求，由设计人员完成。施工监控量测方案应根据隧道地质地形条件、支护类型和参数、施工方法和其他有关条件制订。

其具体内容包括以下方面：①监控量测项目、方法及监控量测断面选定。断面内测点的数量、位置，量测频率，量测仪器和元件的选定及其精度，埋设时间等。②传感器埋设设计。包括埋设方法、步骤、各部分尺寸及回填浆液配合比、工艺选定及与工程进度衔接等。③固定测试元件的结构设计和测试元件的附件设计。一般应保证测点的空间或平面位置正确，使测到的力和变形方向明确，防震、安全可靠；包括钻孔内、钻孔口部和引出线的布线方法，测试仪器对环境的要求。④量测数据记录表格式，表达量测结果的格式，量测数据精度确认的方法。⑤量测断面布置图和文字说明。⑥量测数据处理方法，利用量测反馈信息修正设计及施工方法。⑦量测数据的大致范围，作为判断异常的依据。⑧用初期量测值预测最终值，综合判断隧道最终稳定的标准。⑨施工管理方法，出现异常情况的对策。⑩利用反馈信息修正设计的方法。⑪监控量测设计说明书。

4.3 隧道施工环境检测

4.3.1 粉尘浓度检测

公路隧道所穿过的地层条件千变万化，施工中产生的粉尘危害性很大。一般的粉尘能引起职业病，危害施工人员的身体健康；特殊情况下，在煤层内掘进时产生的煤尘还有爆炸危险，严重威胁着隧道的施工安全。因此，必须做好粉尘的检测与防治工作。

粉尘浓度应满足《公路隧道施工技术规范》（JTG/T 3660—2020）的规定。我国常采用质量法测定粉尘浓度，目前普遍采用滤膜测尘法。滤膜测尘法是用抽气装置抽取一定量的含尘空气，让其通过装有滤膜的采样器，滤膜将粉尘截留，然后根据滤膜所增加的质量和通过的空气量计算出粉尘的浓度。

1. 仪器设备

（1）滤膜。一般为过氯乙烯滤膜，具有电荷性、憎水性、耐酸碱等特点，还有阻尘率高、阻力小、质量轻等优点。空气中粉尘浓度小于等于 $50mg/m^3$ 时，用直径为 37mm 或 40mm 的滤膜；粉尘浓度大于 $50mg/m^3$ 时，用直径为 75mm 的滤膜。

（2）粉尘采样器。包括采样夹和采样器两部分。采样夹应满足总粉尘采样效率的要求，理想入口流速为 1.25m/s（±10%）。采样器用于个体采样时，流量范围为 1~5L/min；用于定点采样时，流量范围为 5~80L/min；用于长时间采样时，连续运转时间应不少于 8h。

（3）其他。抽气装置（电动测尘仪），分析天平（感量 0.1mg 或 0.01mg），秒表或其他计时器，干燥器（内装变色硅胶），镊子、除静电器等。

2. 采样点的选择

掘进按工作面各设 1 个采样点；打锚杆、搅拌混凝土、喷浆当月在 5 个班以上时，分别设立采样点；凿岩作业的采样位置，设在距工作面 3~6m 的回风侧。机械装岩作业、打眼与装岩同时作业和掘进机与装岩机同时作业的采样位置，设在距装岩机 4~6m 的回风侧；人工装岩在距装岩工约 1.5m 的下风侧；喷浆、打锚杆作业的采样位置，设在距工人操作地点下风侧 5~10m 处。

3. 样品检测

（1）滤膜的准备。

①干燥。称量前，将滤膜置于干燥器内 2h 以上。

②称量。用镊子取下滤膜的衬纸，将滤膜通过除静电器，除去滤膜的静电，在分析天平上准确称量，记录滤膜的质量。在衬纸上和记录表上记录滤膜的质量和编号。将滤膜和衬纸放入相应容器中备用，或将滤膜直接安装在采样夹上。

③安装。滤膜毛面应朝进气方向，滤膜放置应平整，不可有裂隙或褶皱。用直径 75mm 的滤膜时，做成漏斗状装入采样夹。

（2）采样。

现场采样按照《工作场所空气中有害物质监测的采样规范》（GBZ 159—2004）执行。

①定点采样。根据粉尘检测的目的和要求，可采用短时间采样或长时间采样。

②短时间采样。在采样点，用装好滤膜的粉尘采样夹，在呼吸带高度以 15~40L/min 的流量采集 15min 空气样品。

③长时间采样。在采样点，用装好滤膜的粉尘采样夹，在呼吸带高度以 1~5L/min 的流量采集 1~8h 空气样品（由采样现场的粉尘浓度和采样器的性能等确定）。

④个体采样。将装好滤膜的小型塑料采样夹，佩戴在采样对象的前胸上部，进气口尽量接近呼吸带，以 1~5L/min 的流量采集 1~8h 空气样品（由采样现场的粉尘浓度和采样器的性能等确定）。

（3）滤膜上总粉尘的增量（Δm）要求。

无论是定点采样或个体采样，要根据现场空气中粉尘的浓度、使用采样夹的大小、采样流量及采样时间，估算滤膜上总粉尘的增量 Δm。滤膜粉尘 Δm 的要求与称量使用的分析天平感量和采样使用的测尘滤膜直径有关。采样时，要通过调节采样流量和采样时间，控制滤膜粉尘 Δm 在要求的范围内。否则，有可能因为过载造成粉尘脱落。采样过程中，若有过载可能，应及时更换采样夹。

（4）样品的运输和保存。

采样后，取出滤膜，将滤膜的接尘面朝里对折两次，置于清洁容器内运输和保存。运输和保存过程中应防止粉尘脱落或污染。

（5）样品的称量。

称量前，将采样后的滤膜置于干燥器内 2h 以上，除静电之后，在分析天平上准确称量，记录滤膜和粉尘的质量。

4. 浓度计算

根据《工作场所空气中粉尘测定 第 1 部分：总粉尘浓度》（GBZ/T 192.1—2007），按式（4.1）计算空气中总粉尘的浓度。

$$c=\frac{m_2-m_1}{V \cdot t}\times 1000 \tag{4.1}$$

式中，c 为空气中总粉尘的浓度数值（mg/cm³）；m_2 为采样后的滤膜质量数值（mg）；m_1 为采样前的滤膜质量数值（mg）；V 为采用流量数值（L/min）；t 为采用时间数值（min）。

4.3.2 瓦斯浓度检测

瓦斯是多种可燃可爆气体的总称，其主要成分是甲烷（CH_4）。瓦斯爆炸是含有瓦斯与助燃成分的混合气体在火源引燃下，瞬间完成燃烧反应，形成高温高压产物的过程。

1. 瓦斯隧道瓦斯浓度检测的基本方法

对瓦斯隧道的瓦斯浓度检测应采用人工检测和自动监测相结合的方法。

人工检测是专职瓦斯浓度检测员使用便携式瓦斯检测仪在测点处直接读取数据。专职的瓦斯浓度检测员应定期检查各隧道瓦斯情况，配备的检测仪器为便携式瓦斯测量仪和光干涉瓦斯检定器。

自动监测是在测点处安设甲烷传感器，将甲烷浓度转换成标准的电信号，传给分站（数据采集站），分站将采集的信号经过运算处理后传给监控计算机，通过监控计算机读取数据。

2. 瓦斯浓度检测仪器

（1）便携式瓦斯测量仪。

由于在隧道掘进中人员比较分散，工作地点变动频繁，便携式瓦斯检测仪表具有十分重要的作用。为了适应不同条件，需要性能各异、规格不同的各式仪器仪表，它们各有特点，以满足不同的要求。

从技术上讲，无论哪种便携式仪器都必须保证以下三个方面的基本性能：①必须有性能稳定、功耗小的瓦斯传感元件。目前使用的都是低功耗的载体催化元件。②应有适于长期在隧道内工作、性能可靠的较先进的电路设计。为了保证质量，减少耗电，一般都采用尽可能完整的大规模专用集成电路。③要有结构合理、体积小、质量轻的外壳及仪器的其他机械零件。使用低功耗传感元件可以使仪器除反应气室外，整机其他部分设计成为本质安全型。另外，便携式检测仪器还要解决好电池问题。

（2）光干涉瓦斯检定器。

光干涉瓦斯检定器内部的光学系统如4.1所示。由光源发出的光经过聚光镜之后到达平面镜，在O点可分为两部分：一部分为反射，另一部分为折射。第一部分光束经平面透镜穿过气室的侧室，经折光镜折回穿过另一侧的小室后又回到平面镜，折射入平面

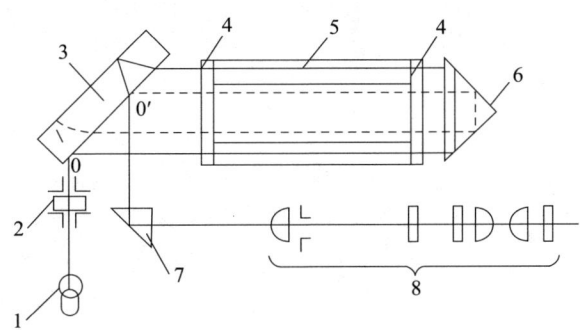

图4.1 光干涉瓦斯检定器内部的光学系统

1—光源；2—透镜；3—平面镜；4—平面透镜；5—气室；6—折光镜；7—反射镜；8—望远镜

镜后在其后表面（镀反射膜）反射，于 $0'$ 点穿出平面镜向反射镜前进，经偏折后进入望远镜。第二部分光束折射入平面镜后在其后表面反射，然后穿过气室中央小室回到平面镜（如图中虚线所示），于 $0'$ 点反射后与第一部分光束会合，一并进入望远镜。两束光在物镜的焦平面上产生白光特有的干涉现象：干涉条纹中央为黑纹，两旁为彩纹。人眼通过目镜进行观测。

为了避免隧道内二氧化碳和水蒸气对测量精度的影响，采用装有钠石灰的吸收管来吸收二氧化碳，用装有氯化钙的吸收管来吸收水蒸气。

气室中两侧的部分称为"空气室"，其中充有新鲜空气；中间的部分称为"气样室"，使用时吸入被测气样。空气室与气样室不相通。

3. 人工检测和自动监测系统的测定布设

（1）人工检测的测点布设。①瓦斯隧道内施工工作面。隧道内各工作面（掌子面开挖、掌子面初期支护、仰拱开挖、仰拱混凝土施工，防水板挂设、二次衬砌立模、二次衬砌混凝土灌注，隧道防水治理等），均采用五点法检测瓦斯，取最大值作为该断面瓦斯浓度。五点法瓦斯检测断面如图 4.2 所示；②瓦斯可能产生积聚的地点。包括二次衬砌台车部位、隧道内避车洞室和综合洞室的上部及隧道内具有明显凹陷的地点；③隧道内可能产生火源的地点。包括电机附近，变压器、电气开关附近，以及电缆接头的地点；④瓦斯可能渗出的地点。包括地质破碎地带，地质变化地带，煤线地带，裂隙发育的砂岩、泥岩及页岩地带；⑤水平钻孔附近。在隧道内进行水平钻孔时，其水平钻孔附近；⑥其他区域。被特批允许的洞内电气焊接作业地点，内燃机具、电气开关、电机附近 20m 范围内。

（2）自动监测系统测点布设。自动监测系统使用的是煤矿监测监控系统，主要由监测终端、监控中心站、通信接口装置、井下分站、传感器组成。平行双洞射流巷道通风时，测点布置如图 4.3 所示。独头掘进送风式通风时，测点布置如图 4.4 所示。

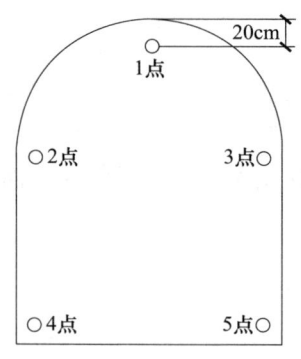

图 4.2 五点法瓦斯检测断面示意图

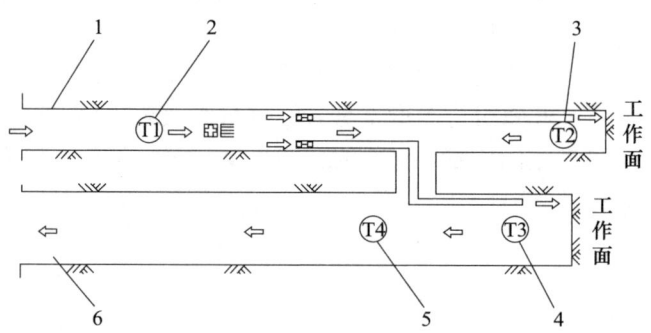

图 4.3 平行双洞通风时测点布设图

1—进风洞；2—进风区测点（T1）；3—进风洞开挖工作面测点（T2）；4—回风洞开挖工作面测点（T3）；5—回风区测点（T4）；6—出风洞

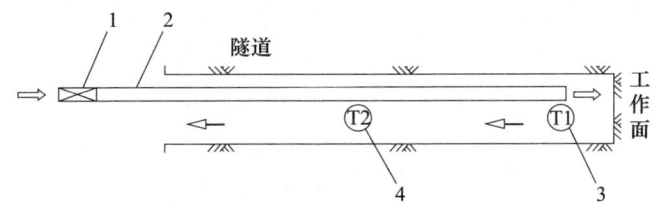

图4.4 独头掘进送风式通风时测点布设图
1—风机;2—风管;3—工作面测点(T1);4—回风区测点(T2)

4.3.3 一氧化碳浓度检测(直接进样-气相色谱法)

1. 原理

空气中的一氧化碳用采气袋采集,直接进样;在氢气中,一氧化碳经分子筛与碳多孔小球串联柱分离,通过镍催化剂转化为甲烷,用氢焰离子化检测器检测,以保留时间定性,峰高或峰面积定量。

2. 仪器和试剂

(1) 仪器。

①采气袋,容积为1~10L。

②空气采样器,流量范围为0~500mL/min 或二连球。

③注射器,1mL,100mL。

④气相色谱仪,具备氢焰离子化检测器和一氧化碳镍催化剂转化炉,仪器操作参考条件:色谱柱为1.2m×3mm 5A 或 13X 分子筛(在前)与 0.8m×3mm 碳多孔小球(在后)两柱串联;柱温60℃;气化室温度130℃;检测室温度130℃;转化炉温度380℃;载气(氢)流量55mL/min。

(2) 试剂。

①5A 或 13X 分子筛,60~80目,在550℃活化2h,于干燥器中冷却后立即装柱。

②碳多孔小球(TDX-01),60~80目。

③一氧化碳标准气:用国家认可的标准气配制。

3. 样品的采集、运输和保存

现场采样按照《工作场所空气中有害物质监测的采样规范》(GBZ 159—2004)执行。

(1) 短时间采样:在采样点,用现场空气样品清洗采气袋5~6次,然后采集空气样品。采样后,立即封闭采气袋的进气口,置于清洁容器内运输和保存。样品在24h内测定。

(2) 样品空白:将采气袋带至工作场所,采集清洁空气后,与样品一起运输、保存和测定。每批次样品不少于2个样品空白。

4. 分析步骤

(1) 样品处理。将采过样的采气袋放在测定标准系列的实验室中,供测定。若样品气中一氧化碳浓度超过测定范围,用清洁空气稀释后测定,计算时乘以稀释倍数。

(2) 标准曲线的制备。取5~8支100mL气密式玻璃注射器,用清洁空气稀释标准气成 0～0.50μg/mL 浓度范围的一氧化碳标准系列。参照仪器操作条件，将气相色谱仪调节至最佳测定状态，进样 1.0mL，分别测定标准系列各浓度的峰高或峰面积。以测得的峰高或峰面积对相应的一氧化碳浓度（μg/mL）绘制标准曲线或计算回归方程，其相关系数应≥0.999。

（3）样品测定。用测定标准系列的操作条件测定样品气和样品空白气，测得的峰高或峰面积值由标准曲线或回归方程得样品气中一氧化碳的浓度（μg/mL）。

5. 计算

空气中一氧化碳的浓度按式（4.2）计算。

$$C = C_0 \times 1000 \tag{4.2}$$

式中，C 为空气中一氧化碳的浓度（mg/m^3）；C_0 为测得的样品气中一氧化碳的浓度（减去样品空白）（g/mL）。

5 公路工程养护技术

5.1 路基养护

5.1.1 路基养护内容与要求

1. 路基养护内容

为了保证路基的坚实和稳定，保证排水性能良好，使各部分尺寸和坡度符合规定，及时消除不稳定因素，并尽可能地提高路基的技术水平，必须对路基进行及时、经常性的养护、维修与改善。路基养护工作需要注意以下三点。

（1）路基养护应包括日常养护和养护工程。日常养护应包括日常巡查、日常保养和日常维修；养护工程应包括预防养护、修复养护、专项养护和应急养护。预防养护是指对存在病害隐患、暂未影响正常运营的路基及其附属结构物，以预防病害隐患过快发展、提高安全运行为目标，进行的主动性养护工程。修复养护是指在路基出现明显病害或部分丧失服务功能的情况下，以恢复良好的路基状况为目标，进行的维修加固性养护工程。专项养护是指为恢复、保持或提升路基服务功能而集中实施的路基维修、加固、专项处治、灾后恢复等养护工程。应急养护是指在突发情况下路基严重损坏或损毁，并危及或已造成交通中断，以快速恢复安全通行能力为目标，进行的应急性抢通、保通和抢修养护工程。

（2）路基养护工作对象应包括公路用地范围内的路肩、路堤与路床、边坡、防护支挡结构物、排水设施等。

（3）路基养护工作内容应包括路况调查与评定、养护决策、日常养护、养护工程设计、养护工程施工、养护工程质量验收、跟踪观测和技术管理。

2. 路基养护要求

路基养护的基本要求是通过日常的和定期的检查，发现问题、分析原因，采取适当的养护及修理措施。根据《公路路基养护技术规范》（JTG 5150—2020）第3.2节要求，路基养护的基本质量要求见表5.1。

表 5.1 路基养护的基本要求

项目	基本要求	说明
路肩	表面密实平整、清洁、无杂物、无杂草；宽度符合设计要求，边缘顺直、无缺损；横坡符合设计要求，与路面衔接平顺，不阻挡路面排水；路缘石完好、无缺损	—

续表

项目	基本要求	说明
路堤与路床	无明显不均匀沉陷；无开裂滑移；无冻胀、无翻浆	—
边坡	坡面平整，无冲沟、无松散、无杂物；坡度符合设计要求；边坡稳定	—
防护支挡结构物	无沉陷、无开裂、无移位，沉降缝、伸缩缝完好；表面平整、无脱空；排水孔无堵塞、无损坏	包括挡墙、护坡及防冲刷、防雪、防砂设施等
排水设施	无杂物、无淤塞、无冲刷；纵坡适度、排水畅通；进出口状况完好、无积水	包括边沟、截水沟、排水沟及暗沟等

在养护工作中，要特别注意保持路基排水系统处于完好状态，因为水能造成多种路基病害。还要保证养护工程质量，及时总结治理路基失稳的成功或失败经验，针对具体路段，制定出有效的预防和维修措施，使日常养护、维修工作系统化、规范化，以逐步提高管养水平。

5.1.2 路基日常养护

路基日常养护应编制年度计划，并根据养护质量要求及路基状况调查结果确定日常养护工作内容。路基日常养护应及时做好工作记录，包括作业时间、作业内容、作业人员、完成的工作量等内容，提倡和鼓励使用机械设备开展养护作业，提升路基日常养护机械化水平。

1. 日常巡查

在公路养护日常巡查工作制度中明确路基日常巡查工作内容。路基的日常巡查可分为一般巡查和专项巡查。

（1）一般巡查。

一般巡查频率为每周宜不少于一次，遇特殊气候、突发灾害等情况，应适当增加巡查频率。一般巡查可用目测方式，也可用目测与量测相结合的方式，应包括下列主要工作内容。

①检查路肩是否存在缺损、阻挡排水，是否存在杂草、杂物。
②检查路堤是否存在杂物堆积，是否存在沉陷、冻胀翻浆。
③目测边坡是否存在冲刷、缺口，坡面是否存在杂草、杂物，坡体是否存在松动、碎落崩塌、局部坍塌。
④检查既有防护及支挡结构物是否存在表面破损、勾缝脱落、杂草、杂物，是否存在排（泄）水孔堵塞，是否存在局部损坏。
⑤察看排水设施是否存在堵塞、破损等。

（2）专项巡查。

路基的专项巡查应主要对高边坡、既有防护及支挡结构物、排水设施等的病害进行实地察看与量测，做好路基专项巡查记录，并应符合下列规定。

①路基的专项巡查应在年度公路网级的路基技术状况调查基础上，每半年进行一次。

②对最近一次路基技术状况指数（Subgrade Condition Index，SCI）或任一分项指标评定为"次""差"的路段，其专项巡查频率每月不得少于一次。

路基专项巡查应包括下列主要工作内容。

①察看边坡坡顶和坡面是否存在裂缝以及裂缝的发展情况；边坡坡面是否存在岩体风化松散、局部坍塌、滑坡。

②检查既有防护及支挡结构物是否存在结构变形、滑移、开裂；基础是否存在积水、冲刷、空洞等。

③察看排水设施的排水是否通畅、有效，是否损坏、不完善。

2．日常保养与维修

（1）路基日常保养。

路基日常保养应包括下列主要工作内容。

①整理路肩，修剪路肩杂草，清除路肩杂物。

②整理坡面，缺口培土，修剪坡面杂草，清除坡面杂物。

③清除护坡、支挡结构物上的杂物，疏通排（泄）水孔。

④清理绿化平台、碎落台上的杂物。

⑤疏通边沟、截水沟、集水井、泄水槽等排水设施。

⑥修整中央分隔带路缘石，清除杂物、杂草，清理排水通道。

（2）路基日常维修。

根据路基技术状况评定与日常巡查记录结果，按月度或季度编制日常维修工作计划。日常维修应包括下列主要工作内容。

①修补路基缺口，整修路缘石，修整路肩坡度，处理路肩的轻微病害。

②清理边坡零星塌方，修补坡面冲沟，修理砌石护坡、防护网、绿植等坡面防护工程的局部损坏。

③修理既有防护及支挡结构物的表观破损和轻微的局部损坏。

④整修绿化平台、碎落台。

⑤局部开挖边沟、截水沟等，铺砌、修复排水设施等。

5.1.3 路堤与路床病害处治

1．路堤与路床病害常用处治技术

路堤与路床病害处治范围应包括填方和半填半挖路基、挖方段的路床区及地基。

路堤与路床病害类型包含不均匀沉降、开裂滑移、冻胀翻浆。其中，不均匀沉降包括路堤沉降和地基沉降。路堤沉降的主要成因为填料使用不当、填筑方法不合理、压实度不足、外界水渗入等；地基沉降的主要成因为软弱地基未处理或处理效果不良等。开裂滑移的主要成因为地质条件不良、路基抗剪强度不足、排水设施不合理及其他特殊情况。冻胀翻浆的主要成因为路堤含水量过高、填料使用不当、排水不畅等。

当出现不均匀沉降、开裂滑移、冻胀翻浆等病害时，应及时采取相应的技术措施进行维修加固。应根据路堤与路床的土质条件、地下水类型及埋藏深度、降水量、加固材料来源、施工可行性等，经比选后确定合理的养护技术。常用处治措施可参照表 5.2 选用。

表 5.2 路堤与路床病害处治技术

病害类型	处治措施						
	换填改良	注浆	复合地基	钢管抗滑桩	增加综合排水设施	设置土工合成材料	加铺罩面
不均匀沉降	△	√	√	×	△	△	△
开裂滑移	×	√	△	√	△	△	×
冻胀翻浆	√	×	×	×	√	×	△

注：√表示推荐，△表示可选，×表示不推荐。

上述路堤与路床病害处治措施中，增加综合排水设施、设置土工合成材料、加铺罩面为辅助处治措施。

2. 常用处治技术介绍

（1）换填改良。

换填改良是指清除不良土质并用稳定性好的土、石、工业废渣、建筑垃圾等材料进行回填并压实，或对原状土掺入石灰、水泥等化学改良剂进行土质改良。

换填改良可适用于填料不良引起的强度不足、沉陷、翻浆等病害处治或地基沉降路段的局部处理。换填材料宜采用级配较好的砾类土、砂类土等粗粒土，填料最大粒径应小于100mm，填料的CBR值应符合《公路路基施工技术规范》（JTG/T 3610—2019）的相关要求。不得采用含草皮、生活垃圾、树根、腐殖质的土，以及泥炭、淤泥、冻土、强膨胀土、有机质土和易溶盐超过允许含量的土。材料的配合比应通过试验确定。

换填区与相邻路基衔接处应开挖成台阶状，换填施工应符合《公路路基施工技术规范》（JTG/T 3610—2019）的有关规定。换填施工应减少对老路基的扰动，及时做好开挖回填及防排水工作。采用透水性材料作为回填材料时，应做好与既有排水设施的衔接。

（2）注浆。

注浆是指钻孔植入注浆管，通过一定的注浆压力将浆液挤压入土体，对周围土体实施填充或压缩，提升土体密实度和承载能力。注浆技术可用于路堤或路床压实度不足、局部稳定性不满足要求或桥头跳车等路段。

进行注浆加固前，应收集路基主体基本情况，原设计文件、交竣工资料、养护历史信息和当地病害防治经验等详细数据，定期检测、技术状况评定、定点监测与评价获得的相关数据，不同病害类型的数量、位置、程度等，通过现场测试和室内试验采集到的相关物理、力学指标参数等专项检测数据，以及补充收集到的路面弯沉或回弹模量等检测资料，用于评价注浆加固的效果。

根据处治目的、要求及材料的性能、适用范围、固结体的特性，选用水泥浆液、水泥-粉煤灰浆液或其他注浆材料。早期强度要求较高时，可掺入适量水玻璃达到速凝效果。注浆前，应进行浆液配合比设计，并进行现场试验性注浆，验证浆液配合比，确定注浆压力。

常用的注浆技术有压密注浆和袖阀管注浆两类。压密注浆指在路基中钻孔后插入注浆管，待封孔达到强度后进行加压注浆。若土质较差且易塌孔，可在孔内植入带孔的硬聚氯乙烯（Unplasticized Polyvinyl Chloride，UPVC）管进行压密注浆。袖阀管注浆同样是在路基中钻孔后插入注浆管进行加压注浆，注浆管包括注浆外管和注浆内管两种。其中，注浆外管每隔一定间距预留出浆口，并在出浆口处加设截止阀，注浆完成后外管将永久留在土体中。注浆时，将带封堵装置的注浆内管置入注浆外管内，对需要注浆部分进行注浆，在土体中形成以钻孔为核心的桩体，且在桩体外围土体裂隙中形成抗剪能力强的树根网状浆脉复合体。

注浆施工应符合下列规定：①注浆时，应控制好浆液的搅拌时间及注浆压力，连续注浆，中途不得中断。②注浆应遵循逐渐加密的原则，多排孔注浆时，宜先注边排，后注中间排。边排孔宜限制注浆量，中排孔注至不吃浆为止。③应加强注浆过程控制，做好注浆记录，动态调整注浆压力、注浆量及注浆时间，防止对路面结构及周边土体或结构物造成破坏。④注浆完成后，应及时做好封孔处理，并进行跟踪观测评价注浆效果。注浆效果的检验宜在注浆结束后28d进行，对检验不合格的注浆区应进行重复注浆。此外，注浆施工应做好施工组织设计，减少行车对注浆质量的影响。注浆养护时间不宜少于3d。

（3）复合地基。

复合地基可用于处治地基沉降变形大、承载力低的软弱路基，以及差异变形大的拓宽路段。常用技术分为碎石桩、水泥搅拌桩、水泥粉煤灰碎石（Cement Fly-ash Gravel，CFG）桩和预制管桩。碎石桩是以碎石（卵石）等为主要材料，通过振动密实制成的复合地基加固桩；水泥搅拌桩是利用水泥作为固化剂的主剂，采用搅拌桩机将水泥粉（浆）喷入土体并充分搅拌，使水泥与土发生一系列物理化学反应，从而提高地基强度；CFG桩是通过振动成孔，将水泥、粉煤灰、碎石、石屑或砂加水拌和形成的高黏结强度桩，和桩间土、褥垫层共同形成复合地基；预制管桩是指预先在工厂或现场制作的用于建筑工程的管状混凝土桩，具有施工快和节能环保等优点。

复合地基施工应符合下列规定：①成孔桩长允许偏差≤100mm，桩径允许偏差≤20mm，垂直度允许偏差≤1%。②路堤部分宜采取振动小的干钻方式进行预成孔，并及时清运钻孔取出的土。钻孔过程中，应避免多台设备在同一断面同时施工，以减少对老路基的振动扰动。③碎石桩和预制管桩施工时，应进行间隔跳打。④对于桩顶高程以上的路基内桩孔，应进行封孔回填处理。⑤应对单桩的桩体质量进行检测，检测方法可参照《公路路基养护技术规范》（JTG 5150—2020）中表7.5.4选用。

（4）钢管抗滑桩。

钢管抗滑桩是指在钻孔中植入直径不大于30cm的空心钢管后，向管内灌入强度等级不低于C25的混凝土，管外灌注水泥砂浆，使桩周一定范围内的土体得到加固，形成"钢管+水泥砂浆"复合体。钢管抗滑桩具有抗弯拉强度较高、抗剪能力较强、施工简单、速度快、造价低等优点，在路堤浅层滑移处治中应用广泛，也可作为削坡减载、支挡结构物的基础支护或抗滑桩开挖的一种辅助性加固措施。

钢管宜采用无缝普通钢管，直径宜为180～250mm。管内灌注材料宜采用强度等级不低于C25的自密实混凝土，管外注浆材料应采用强度等级不低于M30的水泥砂浆，砂浆宜采用细砂配制。

钢管抗滑桩宜采用钻孔植入法施工，路基钻孔应采取干钻方式，布置在路基边坡顶部或坡脚，间距宜不大于3m，钻孔直径宜为250～320mm，抗滑桩应穿过滑移面不少于2m

且其深度满足路基边坡稳定性验算要求,坡脚处宜适当增大穿过滑移面的深度。在路基边坡组合设置斜向注浆锚杆,并辅以水平横梁或锚墩连接。抗滑桩顶部宜设置联系梁,联系梁的高度不宜小于300mm,宽度不宜小于抗滑桩管径,混凝土的强度等级应不低于C25,纵向钢筋的截面积不应小于联系梁截面积的0.15%;箍筋直径不应小于8mm,其间距不应大于400mm。抗滑桩伸入联系梁内不应少于50mm,并与联系梁主筋焊接。

钢管抗滑桩施工应符合下列规定:①钻孔孔径不得小于设计值,且应大于钢管外径70mm以上。②无缝钢管应垂直插入钻孔并对中,钢管连接宜采用套管焊接方式。③当管外充填注浆难以达到要求时,可采用压力注浆。④应保证管外和管内桩长范围内完全注满。⑤注浆泵与注浆孔口距离不宜大于30m,以减小注浆管路系统阻力,保证实际的注浆压力。

(5) 辅助处治措施。

增加综合排水设施适用于路床区易遭受水损坏的路段、冻胀翻浆路段,维修加固时需开挖路槽,增设排水渗沟或暗沟,加大加深边沟。

设置土工合成材料适用于半填半挖路基;当挖方区为土质时,优先选用渗水性好的材料填筑,对挖方区路床范围内土质进行超挖回填碾压,并在填挖交界处的路床范围内铺设土工合成材料。

加铺罩面适用于路床强度不足,路基沉降变形较小且路基、路面未出现破损的情况;选用该方案时,应综合考虑路面加铺对交通运行路面上部净空等的影响。

5.1.4 边坡病害处治

1. 边坡病害常用处治技术

边坡病害处治应保证坡面与坡体稳定,并根据实际情况计算确定原支护结构的有效抗力。当出现坡面冲刷、岩体碎落崩塌、边坡局部坍塌、滑坡等病害时,应及时采取相应的技术措施进行维修加固。根据边坡岩土体条件、病害类型及严重程度、地下水类型及埋藏深度、降水量、施工可行性,经比选后确定合理的养护技术。常用处治技术可参照表5.3选用。

表5.3 边坡养护处治技术

边坡病害类型	处治措施							
	坡面防护	沿河路基冲刷防护	挡土墙	锚固	抗滑桩	削方减载	堆载反压	棚洞
冲刷	√	√	×	×	×	×	×	×
碎落崩塌	√	×	△	×	×	×	×	√
局部坍塌	△	△	√	√	√	×	×	×
滑坡	△	×	√	√	√	△	△	×

注:√表示推荐,△表示可选,×表示不推荐。

进行边坡维修加固时,需要根据边坡病害类型及产生机理,选用推荐的一种或多种技术组合,也可辅以其他措施。对边坡进行维修加固时,应完善排水设施。下面主要对其中几项技术进行介绍。

2. 常用处治技术介绍

下文仅对坡面防护、挡土墙、锚固、削方减载、堆载反压五种技术进行简要介绍。

(1) 坡面防护。

坡面防护可用于处治边坡坡面冲刷、风化、碎落崩塌等病害，包括植物防护、工程防护及两者结合的综合防护。

植物防护是通过创造植物生长环境，恢复受损边坡的生态系统，保护生态环境，提升水土保持能力，例如植草或喷播植草、铺草皮、种植灌木等。工程防护是通过支挡、压重、挂网防护等方式，提高边坡的抗冲蚀、抗风化性能，加强边坡稳定性，防止岩体崩塌、碎落，例如喷护、挂网喷护、干砌片石护坡、浆砌片石护坡等。综合防护是利用植物防护、工程防护两者的各自优势形成的兼顾边坡稳定性与生态环境保护等功能的防护措施，其主要形式为骨架植物防护。

边坡坡脚宜设置碎落台，碎落台是在路堑边坡坡脚与边沟外侧边缘之间或边坡上，为防止碎落物落入边沟而设置的有一定宽度的纵向平台。对于石质边坡，碎落台的主要功能为防止碎石塌落；对于土质边坡，碎落台的主要功能为防止边坡、边沟冲蚀淤积及种植植物。碎落台宽度可根据边坡高度和土质进行确定，一般为 1.0~1.5m，如兼有护坡作用可适当放宽，碎落台上的堆积物需要定期清理。

(2) 挡土墙。

挡土墙是在边坡坡脚设置一系列挡土结构物，增强边坡抗滑力，并对坡脚起到压重作用，保证边坡稳定，可用于支承路基填土或山坡土体，防止填土或土体变形失稳。用于路基养护的常用挡土墙类型分为重力式挡土墙、路堑挡土墙、锚杆挡土墙等。

挡土墙施工应进行施工组织设计，基底开挖前应布置好地面排水设施，开挖时将基底表面风化、松软土石清除，加强基槽开挖、回填阶段的防排水，验算基槽开挖对边坡稳定性的影响，必要时进行临时边坡加固。

重力式挡土墙可用块石、片石、混凝土预制块作为砌体，或采用片石混凝土，混凝土进行整体浇筑。路堑挡土墙采用分段跳槽开挖法，宜采用自上而下、分层开挖的方式。锚杆挡土墙应采用逆施工法，先进行锚杆施工，做好坡体临时支护及锚固段施工，然后开挖基础，并及时砌筑墙身。

挡土墙施工应加强排水设计，挡土墙墙背填料宜采用渗水性强的砂土、砂砾、碎（砾）石、粉煤灰等材料，不宜采用黏土作为填料，严禁采用淤泥、腐殖土、膨胀土。在季节性冻土地区，不得采用冻胀性材料作为填料。

(3) 锚固。

锚固是将锚杆、锚索等抗拉杆件的一端锚固在可靠的地层中，使其提供可靠的拉力和剪力，用来平衡土压力，增强坡体抗滑力，提升岩土体自身的强度及自稳能力。

锚固分为预应力锚固和非预应力锚固，适用于岩层、稳定土层或可提供足够锚固力的构筑层的边坡加固治理。预应力锚固在土层中应用时，应进行特殊工艺处理以提供足够的锚固力。预应力锚索（杆）宜采用易于调整预应力值的无黏结钢绞线、精轧螺纹钢筋等；非预应力锚杆宜采用 HRB400 钢筋，钢筋直径宜为 16~32mm。

锚固法施工应符合下列规定：①钻孔、清孔宜采用高压空气反循环工艺，严禁使用泥浆循环清孔；②锚索（杆）长度应符合设计要求，以保证锚固段和张拉段有足够的长度；③锚索（杆）安装应沿索（杆）身每隔1.5m设置对中定位支架，以保证钢筋有足够的混凝土保护层厚度；④锚索（杆）张拉待锚固砂浆强度达到设计强度的80%后方可进行，锚索（杆）正式张拉前应采用10%~20%的轴向拉力设计值N_t进行预张拉；⑤锚索（杆）预应力施加时应分级张拉，并进行位移观测，做好记录，张拉至（1.05~1.10）N_t时，对岩层、砂土层保持10min，对黏土层保持15min，然后卸荷至锁定荷载设计值进行锁定，其张拉荷载的分级和位移观测时间应符合《公路路基养护技术规范》（JTG 5150—2020）中表8.5.5的规定；⑥锚索（杆）张拉采用张拉力和伸长值进行控制，用伸长值校核应力，当实际伸长值大于计算伸长值的10%或小于计算伸长值的5%时，应暂停张拉，待查明原因并处理后，可继续张拉。

（4）削方减载。

削方减载是在滑坡后缘采取减重措施降低滑坡推力，以保证边坡处于稳定状态，可用于地下水位较低的山区公路滑坡后缘减载，且不应引起次生病害的发生。

削方应与邻近建筑物基础有一定的安全间距，不得危及邻近建筑物、管线和道路等的安全及正常使用。施工时，应做好工程防护及交通引导，减少对交通的干扰。削方减载后应根据实际需要设置防护工程。

削方减载施工应符合下列规定：①削方减载施工应根据现场情况，确定分段施工长度，采取临时排水措施，保证施工作业面不积水，并进行隔段施工；②开挖应先上后下、先高后低、均匀减载，开挖后的坡面应及时进行防护及排水处理，开挖的土体应及时运出，不得对邻近边坡形成堆载或因临时堆载造成新的不稳定边坡；③坡顶应设置截水沟，坡面应增设急流槽，坡脚宜设置护脚墙及排水沟。

（5）堆载反压。

堆载反压通过在路基坡脚或滑坡前缘进行堆载，提高边坡的抗滑稳定性，使加固后的既有边坡满足预定功能要求。

堆载反压可用于软土地区路基护坡道，以及应急抢险时的滑坡前缘反压。不应危及邻近建筑物、管线和道路等的安全及正常使用，不应对邻近的边坡带来不利影响。

堆载反压施工应符合下列规定：①应根据拟加固边坡的整体稳定性，验算确定堆载反压量；②反压位置应设置在阻滑段；③堆载反压加固材料宜就地取材、便于施工，不得阻塞滑坡前缘的地下排水通道；④堆载反压体应设置在滑坡体前缘，以保证能提供有效的抗力；⑤当进行软土地基护坡道堆载反压施工时，土体应堆填密实，密实度宜不低于90%。

5.1.5 路基排水设施养护

春融特别是汛前，需要对排水设施进行全面检查、疏浚，及时排除堵塞物，疏导水流，保证排水设施功能完好、排水畅通。暴雨后也要重点检查，如有冲刷、损坏，应及时维修加固。根据实际情况，做好路基排水设施与路面、桥隧等排水设施的衔接，形成较完善的排水体系。排水设施不能满足使用要求时，应适时增设完善。

1. 地表排水设施养护

地表排水设施包括边沟、截水沟、排水沟、跌水、急流槽、涵洞、蒸发池、油水分离池、检查井、排水泵站等。

对于各类地表排水沟渠，应保证设计断面形状、尺寸和纵坡满足排水要求。沟内有淤积、沟壁损坏、边坡松散滑塌，造成沟渠断面形状改变时，应及时清淤和修复。

对边沟、截水沟、排水沟等进行冲刷防护、防渗加固时，应符合下列规定：①土质边沟受水流冲刷造成纵坡坡度大于3%时，宜采用混凝土、浆砌或干砌片（块）石铺砌，冰冻较轻地区可采用稳定土加固，边沟连续长度过长时，宜分段设置横向排水沟将水流引离路基，其分段长度在一般地区不超过500m，在多雨地区不超过300m；②对于滑坡、膨胀土、高液限土、湿陷性黄土地段，截水沟、边沟、排水沟等产生渗漏时，应采取铺设防渗土工布、浆砌石等防渗措施；③雨季前及时清理盖板边沟、更换破损的盖板，盖板设置不得影响路面的排水功能；④对于地下水丰富路段，由于路面加铺而导致边沟加深时，应保证原沟底高程不变。

跌水和急流槽病害处治应符合下列规定：①进出口冲刷现象严重时，进水口应进行防护加固，出水口应进行加固或设置消力池；②基底不稳定时，急流槽底可设置防滑平台，或设置凸榫嵌入基底中；③急流槽较长时，应分段铺砌，且每段长度不宜超过10m，连接处应用防水材料填塞，确保密实无空隙。

泄水槽损坏时应及时修复，防止水集中冲刷涵洞。对于超高路段，排水设施应及时疏通，避免水下渗至路基。蒸发池的隔离栅或安全警示牌出现缺失或破损时，应及时修复。积雪融化造成的蒸发池积水应及时排出。油水分离池、检查井出入口出现淤塞时，应及时进行清掏。安全警示设施缺失时，应及时补设。应定期检查维修排水泵站，及时排除设备故障。检查维修时，应采取相应措施，保证维修作业人员的安全。

2. 地下排水设施养护

地下排水设施包括排水暗管、渗井、渗水隧洞等，当发现排水口的流量变化有异常，或路面出现裂缝或凹凸时，需要及时检查地下排水设施，发现破坏需要进行维修或重修。

对排水暗管进行疏通、改建时，应符合下列规定：①暗管堵塞时，宜采用刮擦法、冲洗法、真空吸附法等方法进行疏通；②定期清除暗管排水进出口的杂草和淤积物，应盖严检查井和竖井式暗管门，发现损坏或丢失应及时换补；③暗管排水量达不到排水要求时，应进行改建，根据排水量确定暗管的直径；④边沟排水暗管由于边坡位移等原因发生变形开裂时，应及时采取加固或更换措施；⑤反滤层和顶部封闭层失效时，应及时翻修。

渗井、渗水隧洞病害处治应符合下列规定：①应加强渗井、渗水隧洞出水口的除草、清淤和坑洼填平等工作。寒冷地区保温设施失效时，应及时更换或维修；②渗井周围路基发生渗漏时，应进行防渗处理，井内的淤泥应及时清除。发现渗井设置不合理或功能失效时，应及时改造；③宜对渗水隧洞内部进行人工检查，及时排除淤堵，保证排水畅通。

5.2 沥青路面养护

5.2.1 沥青路面日常养护

1. 一般公路沥青路面的日常养护

（1）加强路况巡查，及时发现病害，研究分析病害产生的原因，并有针对性地及时对病害进行维修处理。

（2）路面清扫应按下列规定进行：①巡查过程中，若发现路面上有杂物，应及时清扫，保持路面整洁。②路面的日常清扫，应根据实际情况采用机械或人工的方法进行。高速公路和一级公路以机械清扫为主，其他等级公路可采用机械和人工相结合的方式。③二级和二级以上公路路面的清扫作业频率宜不少于1次/天，其他等级公路可根据路面污染程度、交通量大小及其组成、气候、环境等因素而定，但宜不少于1次/周，路面分隔带内的杂物清理宜不少于1次/月。长隧道内和大型桥梁的清扫频率应适当增加。④清扫时，应防止产生扬尘而污染环境，危及行车安全，并及时清除和处理路面油类或化工类等污物。

（3）及时排除雨后路面积水。

（4）在春融期，特别是汛期，应全面检查并疏通排水设施。

（5）冬季降雪天气，应及时除雪除冰，并采取必要的路面防滑措施。

（6）加强经常性和预防性的日常养护，以保障路面及沿线设施技术状况良好。

（7）严禁履带车和铁轮车在沥青路面上直接行驶，如必须行驶，应采取相应措施。

2. 高速公路沥青路面的日常养护

（1）一般规定。

①对高速公路沥青路面，应进行经常性、及时性和预防性的日常养护，以保证路面经常处于良好的技术状态，确保在大交通量等各种条件下，为行驶车辆提供快速、畅通、安全、舒适的行车环境。

②高速公路路面的日常养护，一般在大交通量和高速运行的开放条件下进行，工作程序应符合以下要求：首先，建立完善的巡视检查制度和技术检测系统，建立完整的信息网络。及时、准确地掌握路面状况及相关信息，科学、客观地评价路面使用质量，有依据、有计划、有针对性地安排养护项目。其次，树立高度的交通服务意识和安全意识，在路面养护作业中，应满足正常行车的需要，尽量避免完全封闭交通。再次，严格按照有关技术规范和标准进行养护作业，宜采取机械化养护作业方式，迅速、优质、高效地处理各类路面损害和障碍，确保公路运营质量。最后，不断探索和应用新材料、新设备、新技术、新工艺，提高养护作业的时效性、机动性、安全性和可靠性。

③对于高速公路沥青路面上出现的各类病害，必须及时、快速地进行处理。当发现直接危及正常交通和行车安全的病害时，应立即修复或采取临时过渡措施，再按规范的有关要求修复。

④高速公路沥青路面一般以50km左右为一个养护单元，日常养护的机械设备配置除必要的手用工具及检测用具外，以中轻型常用设备为主。根据实际需要配置大型养护设备、大型排障机具和技术检测仪器设备，也可以同一线路或相近线路的若干养护单元统一配货、协调使用。

⑤高速公路沥青路面的日常养护，应根据实际需要建立适当的材料储备，并组织可靠的养护材料供应网络，以确保路面养护作业正常进行。

⑥在高速公路上进行路面养护作业的人员，必须事前接受专门的安全教育和养护作业规程培训。

(2) 巡查和检测。

巡查和检测需要注意以下几项内容。

①高速公路沥青路面的日常养护中，应坚持执行巡视检查制度，及时发现路面及其附属设施的损坏情况和可能影响交通的路障，以便养护部门及时、合理地安排维修和清理，尽快恢复路面的正常使用状态。巡查作业中，巡查人员应强化安全意识，按规定穿着安全标志服。巡查车速一般控制在 40～50km/h，并按规定开启黄色警示灯。如遇到需要停车检查的情况，应停在紧急停车带上。如果必须停在行车道上，应开启巡查车的危险报警闪光灯，并采取必要的安全措施。巡查人员应在巡查车的前方迅速完成检查或测量作业。此外，应由专人记录巡查情况，巡查结束后尽快整理汇总巡查记录，并通知有关部门采取相应的养护措施。

②高速公路路面的日常养护中，应注意采集、利用气象信息和交通信息等相关信息。由专人每天记录当地的天气预报和实际天气情况。在多风、多雨、多雾、多雪、多冰冻季节，随时注意天气的变化，必要时，与当地的气象台（站）取得并保持联系，随时获取最新的气象信息，以便及时采取相应措施。此外，按规定进行交通量调查。

③对高速公路沥青路面进行路面破损强度、平整度和抗滑性能检测，以及必要的专项技术检测。

④及时整理和初步分析各项巡视检查、专项检查和技术检测的结果，并输入公路路面管理系统，由该系统每年一次对路面的技术状况和使用品质进行综合评价，作为制订下一年度养护工作计划的依据。当在各类巡查或专项检测中发现沥青路面某一方面的技术状况和使用品质明显下降时，应及时通过公路路面管理系统做出阶段性评价，以便及时采取相应的养护对策。

⑤对修建于软土地基的高速公路沥青路面，应定期进行路面高程测量。根据实际情况布设测点，沉降量较大的路段可适当加密。测量精度为 0.01m，测量频率为：年沉降量大于 0.01m 的测点，每季度观测一次；年沉降量不大于 0.01m 的测点，每半年观测一次；连续 3 年观测的年沉降量不大于 0.03m 的测点，每年观测一次。

(3) 清扫。

对尘土、落叶、杂物等造成的路面污染，应进行日常清扫，保持高速公路良好的运行环境。日常清扫应以机械作业为主，机械清扫沿路面右侧或左侧进行，并且每千米沿行车道进行清扫作业及变换车道进行清扫作业。对清扫机械无法扫及的路面死角，应进行人工辅助清扫。日常清扫的作业频率应根据路面污染程度而定，一般为每日一次全程清扫，节假日可适当增加清扫次数。清扫作业一般在夜间进行，清扫时间尽量避开交通高峰时段。为了防止清扫路面时产生扬尘而污染环境，危及行车安全，清扫机械必须配备洒水装置，机械清扫作业时应根据路面的扬尘程度确定适当的洒水量。在进行机械清扫作业之前，作业人员应检查道路清扫车的机械状态和清扫工作装置的完好程度，并按清扫作业量的需要加水，以确保机械清扫作业正常进行。路面清扫后的垃圾不得随意倾倒，应运至指定地点或垃圾场妥善处理。桥面、隧道内沥青路面及收费广场的日常清扫作业频率应根据路面污染程度确定，尤其是收费广场，不应有纸屑等垃圾，应适当加大隧道内沥青路面及收费广场的清扫频率。

除定期的日常清扫作业外，还应根据路面污染的特殊情况，及时进行不定期的特殊清扫保洁作业。当发现路面上有妨碍正常交通的杂物时，应立即清除，以确保行车安全；当意外事件、事故等因素造成路面污染时，应及时清扫，以保持路面整洁；当沥青路面被油类物质或化学物品污染时，应先撒砂、撒木屑或用化学中和剂处理，然后进行清扫，必要时再用水冲洗干净。

(4) 排水。

高速公路沥青路面应保持排水畅通，路面无积水。应经常对中央分隔带集水井、横向排水管、路侧拦水缘石及泄水槽、桥面泄水孔等路面排水系统进行清理和疏通，发现损坏部位应及时修复。

应经常检查沥青路面的排水情况，检查时间一般以在雨间或雨后1~2h为宜。发现路面明显积水的部位，应分析原因，分别采取下列不同措施：对虽未破损，但造成雨后明显积水的行车道路路面局部沉陷部位，应及时清扫并予以整平；对设置有路侧拦水带及泄水槽的路段，如因拦水带开口或泄水通道的位置不妥而造成路面积水时，应及时调整；对因横坡不适而造成积水的路段，应采取临时措施，尽量减少行车道部位的积水，并在罩面及翻新工程中彻底调整解决。

对高速公路沥青路面应加强雨季排水，及时处理路面水毁部位，减小水害损失。在雨季到来之前，应对全部路面排水系统及路堤边沟、涵管、泵站、集水井、沉淀池等所有排水设施进行全面检查和疏通，修复损坏部位，处理水毁隐患，清除路肩和边坡上较高的草，确保雨季排水畅通。

(5) 除雪和防冻。

路面除雪应以机械作业为主，人工作业为辅。在条件允许的情况下，应尽量采取这种方法除雪，必要时应反复进行，以便及时清除路面积雪，保障交通安全。当路面积雪厚度超过1cm时，即可开始除雪作业，主要是用多功能扫雪车或推雪铲推除车道上的积雪。推雪铲铲刀走向与正常行车方向相同，行驶速度为30~50km/h，当风向等条件影响驾驶员视线时，可适当调整。

当气温高于0℃时，一般以铲为主，还可使用淡水融雪以增强铲雪效果，但时间一般控制在10：00~14：00，对洒水除雪路段的积雪必须清除干净。当气温低于0℃时，在大、中型桥面，桥头引道纵坡坡度大于2.5%的路段以及平面曲线半径小于500m的匝道范围内，应撒工业盐、盐砂混合料或盐水等防冻防滑材料。待雪停后，应将残留在路面上的防冻防滑材料与积雪一并清除干净。所用的盐必须采用细盐（粉状或细粒状），盐的撒布量为30kg/1000m^2。盐砂混合料中盐砂的质量百分比为1：500（每1m^3砂中掺盐30kg），盐砂混合料的撒布量为1kg/1000m^2。盐水中的水盐质量百分比为10：1，盐水的喷洒量为100kg/1000m^2。

在除雪过程中，要注重人机配合。主线路段以机械作业为主，人工配合；匝道段则以人工为主。在机械作业后，由人工清除所有残留积雪。另外，特别注意不要损坏路面交通设施。

下雪中的除雪作业，应从路面左侧向右侧依次进行。对紧急停车带上的积雪，可待雪停后一并清除。除雪作业路段必须实施交通控制，可利用车载式可变情报板在除雪作业机械后30~50m处指挥车辆减速绕行，具体按有关规定执行。

当降雪量较大，难以在降雪过程中清除全部积雪时，应在雪停后尽快清除路面全部积雪。对主线路面积雪采用两辆多功能扫地车或推雪铲同步进行,前后铲道搭接10～30cm,以不留雪埝为宜,两车相距100～150m;行车速度为30～50km/h。对机械不易全部除净的主线路面和匝道收费广场处积雪,应以人工辅助彻底扫净。路面除雪次序应按行车方向由左向右依次清除。当清理到最右侧积雪时,最后铲雪的行进速度应适当加快,以便把积雪推入道路边坡,使路面上无积雪,防止积雪昼化夜冻,影响行车安全。在有中央绿化分隔带的路段,可将超车道的积雪推入绿化带,存雪量以积雪融化不流入路面为宜。但如雪量较大,应将路面积雪向路肩方向推除。

5.2.2 沥青路面预防性养护技术

公路预防性养护是在公路破损现象即将发生,存在可能对公路安全产生影响的问题或者借助先进手段把干线公路潜在危害监测出来时,在第一时间采用有效措施将其解决,以免危害范围扩大,增长干线公路的使用年限。在干线公路中运用预防性养护措施,可以减少后期维修养护成本,保证公路正常运营。

1. 微表处

微表处是采用专用设备将改性乳化沥青、粗细集料、填料、水和添加剂等,按设计配合比拌和成稀浆混合料摊铺到沥青路面上,并形成能很快开放交通的具有高抗滑和耐久性能的封层,是功能最完善的公路养护方法之一。

(1) 微表处施工的一般规定。

①微表处施工前,施工单位必须提供翔实的混合料设计报告。微表处工程应由有丰富设计经验的实验室进行验证性复核,并出复核报告,符合技术要求后方可施工。

②必须采用专用机械施工。

③微表处的施工气候应满足:施工、养护期内的气温高于10℃;不得在雨天施工;施工中遇雨或者施工后混合料尚未成型遇雨时,在雨后将无法正常成型的材料铲除。

④严禁在过湿或积水的路面上进行微表处施工。

(2) 对原路面的要求。

原路面必须有足够的结构强度;原路面15mm以下的车辙可直接进行微表处罩面,若存在病害,要提前处理。

(3) 施工要点。

①根据施工路段的路幅宽度调整摊铺槽宽度,尽量减少纵向接缝数量,在可能的情况下,宜使纵向接缝位于车道附近。

②将符合要求的各种材料装入摊铺车内,开至施工起点,对准控制线,放下摊铺槽,调整摊铺槽使其周边与原路面贴紧。

③按生产配合比和现场矿料含水量情况,依次调整或同时按配合比对矿料、填料、水、添加剂和乳液进行拌和。拌好的混合料流入摊铺槽,并分布于摊铺槽适量时,开动摊铺车匀速前进,需要时可打开摊铺车下边的喷水管,喷水湿润路面。

④摊铺速度以保持混合料摊铺量与搅拌量基本一致为准。微表处施工时,保持摊铺槽中混合料的体积为摊铺槽容积的1/2左右。

⑤对于稀浆混合料摊铺后的局部缺陷,及时使用橡胶耙等工具人工找平。找平的重点是,个别超粒径粗集料产生的纵向刮痕、横纵接缝等。

⑥当摊铺车内任何一种材料快用完时,立即关闭所有输送材料的控制开关,让搅拌器中的混合料搅拌完,并送入摊铺槽摊铺完毕后,摊铺车停止前进,提起摊铺槽,将摊铺车移出摊铺点,清洗摊铺槽。施工中不得随意抛掷废弃物。

⑦初期养护。稀浆混合料铺筑后,在开放交通前禁止一切车辆和行人通行。微表处混合料摊铺后一般不需要压路机碾压。混合料能够满足开放交通的要求后,应尽快开放交通。

2. 碎石封层

碎石封层是采用专用设备将沥青胶结料、碎石同步或异步洒(撒)布在沥青路面上形成的封层。碎石封层又包括普通碎石封层和同步碎石封层。

(1) 普通碎石封层。

普通碎石封层也称为石屑封层,是在需要修复的路面上洒布一定量的沥青结合料后立即撒布集料的一种路面预防性养护技术。根据撒布的层数可分为双层碎石封层和单层碎石封层。

碎石封层的施工工艺要点如下:①调查路表面状况,对路面进行处理。②清扫路面,提高沥青与路面的黏结性。③洒布改性沥青,沥青的温度应控制在65~85℃。④撒布集料,集料撒布车与沥青洒布车的间隔应不超过45m。⑤对路面进行碾压,将该层压实度控制在30%以下,碾压应在集料撒布后5min内完成。⑥清扫路面,避免通车后表面石料飞散。⑦处理暗缝,应平顺一致,不出现集料堆积或露白现象。⑧施工24h后方能开放交通,若交通控制较困难,在新铺筑路面通行时,控制车速不大于40km/h。

(2) 同步碎石封层。

同步碎石封层是指用专用设备,即同步碎石封层车将碎石及黏结材料(改性沥青或改性乳化沥青)同步铺撒在路面上,通过自然行车碾压或轮胎压路机碾压形成单层沥青碎石磨耗层,主要作为沥青表面处治使用,也可用于低等级公路的面层施工。

同步碎石封层的施工工艺如下。

①施工准备。沥青下封层的施工材料主要为石料和乳化沥青两种,选用的石料表面应保持整洁、干燥,坚固度满足施工要求。同时,乳化沥青的渗透性和流动性应满足要求,根据乳化沥青低黏度的特性,采用"随运随洒"的方式运输材料,乳化沥青不得与热沥青同用一辆运输车。热沥青碎石下封层施工采用的机械设备有碾压机、运输车、洒布车、储存罐等,运输车的车厢内应保持洁净,不得存在残渣,乳化沥青破乳后会形成沥青块附着于车厢内壁,因此应特别注重车厢清洁。另外,施工前全面检查各项施工设备,确保机械能正常工作,同时,机械设备应具备阀门装置,并采用日常检修技术确保阀门正常运转。沥青下封层施工前对水稳基层表面进行全面检查,及时清理杂物。最后进行施工放样,在施工净宽两侧预留25cm以形成放样控制标准,确保下封层施工完整。

②沥青喷洒。沥青喷洒为路面下封层施工的关键步骤,对施工工艺提出了较高的要求,应该严格控制好喷洒的量,确保喷洒均匀。机械洒布车喷洒的过程中,应调整好喷嘴位置,保持与地面50~60cm的距离,并且匀速进行;在采用人工沥青洒布车喷洒的过程中,应提高喷嘴高度,沥青的洒布量控制在$0.8~1.2kg/m^2$范围内。喷洒完后,对于局部出现空白等地方,采用人工补洒方式处理。

③接缝处理。沥青下封层施工中接缝处理尤为重要，在具体施工时应结合接缝类型选取相应的处理技术。针对纵向接缝，当存在多条洒布带，导致路缘石和纵向边坡形成搭接时，应调整洒布车的位置，保持顺直状，以免出现弯曲现象。应对搭接处的沥青洒布量进行控制，以免洒布量不均导致搭接不合理。当存在空白和花白现象时，施工技术人员应及时补喷，确保路缘处的沥青充分，不得掺入杂物，另外在路缘石上加铺一层废纸，用以吸收多余的沥青，沥青喷洒完毕后，将表面覆盖物移除。横向接缝主要由多段喷洒造成，相应的处理方式为在施工起止点铺设一层铁板，为车辆行驶提供条件，确保运行稳定，并在起点处确保沥青洒布均匀。通常，终点处的沥青喷洒难度较大，应合理预算沥青喷洒长度，确定终点具体位置，并在该位置加铺5m左右的覆盖物，油车行驶至终点时及时关闭阀门，并合理减速。

④撒布石料。选用同步沥青碎石撒布车进行施工，可同时进行沥青作业和碎石撒布，碎石材料的粒径控制在9.5～13.2mm。撒布碎石时应严格控制撒布时间，乳化沥青洒布后不出现流动后即可进行碎石撒布，撒布应保持均匀，其厚度控制在5～6mm，碎石撒布后确保撒布量为60%～80%。存在缺料现象时，施工技术人员适当补充，及时清理局部过量区域。针对搭接处的碎石撒布进行处理时，应在第二次沥青喷洒后再进行碎石撒布。

⑤碾压。碎石撒布完毕后，在碾压之前对撒布面进行清理，各处厚度保持一致后再进行碾压处理。碾压时将热沥青温度控制在90℃左右，采用胶轮压路机碾压两遍，提高沥青和碎石的黏结性。压路机的速度保持在1.5～2.0km/h，并对相邻碾压带重叠量进行控制，为轮宽的1/2左右。

⑥养护和开放交通。下封层养护期间，除施工车辆以外，不许其他车辆通行，在路边和路的两端等位置设置路障，避免其他车辆进入养护路段。施工车辆应控制好车速，速度应该低于20km/h。养护期间，若路面出现泛油等病害，应及时处理。待养护后同步碎石封层达到规范要求的强度后，再开放交通。

3. 雾封层

雾封层主要指的是在沥青路面上喷洒一层薄且渗透性强的改性乳化沥青，形成一层严密的防水层来将路面封闭，发挥出保护路面以及隔水防渗的作用，使水对路面所造成的伤害降到最低，提升路面粗细骨料之间的黏结力，延长路面使用寿命，节省养护成本。

(1) 施工设备及工具要求。

雾封层施工采用全自动沥青喷洒车进行机械化施工，设备应配置计算机控制系统，独立地操作油泵、速率计、压力表、计量器、材料测温计等装置，技术先进，性能可靠，可根据施工需要控制洒布量，调节洒布宽度。人工涂抹时，需检查确认施工所需的橡胶推板、滚刷等工具。

(2) 施工前的准备。

①采用雾封层技术施工时，路表温度应在15℃以上，以取得较好的使用效果。

②路面病害处治。路面上的坑洞、大于3mm的裂缝及原路面接缝不规则处等可能影响雾封层处治质量的地方，均须按照《公路养护技术标准》(JTG 5110—2023)的相关要求进行处理。

③路面清扫。为确保雾封层施工质量，雾封层施工时路面必须处于洁净、干燥状态。雾封层施工前，彻底清除原路面上的松散石料、水泥块及泥垢、灰尘、残留物等杂质。可用道路清扫机、电动扫帚清扫，也可以用水冲洗。用水冲洗时，必须在施工前24h内完成，以给路面足够的时间达到干燥状态。

④交通管制。雾封层施工一般在未完全封闭道路的情况下进行，施工前应做好安全布控与交通管制工作，以及人员的安全防护工作。

⑤道路标线保护。用塑料胶带纸或聚氯乙烯管保护道路标线，防止喷洒到标线上，施工完毕待路面完全干燥后揭去胶带纸或移除聚氯乙烯管。

⑥原路面指标检测。为了对比雾封层前后的效果，需对原路面进行各项指标的检测，检测的频率和位置与雾封层完工后的检测频率和位置一致。主要检测指标为渗水、构造深度和摩擦系数。

（3）沥青洒布量的确定。

由于水稀释型乳化沥青较稀，一般采用机械式洒布车洒布的方式；溶剂稀释型特殊沥青较稠，大面积施工应使用符合雾化效果的洒布车洒布，小范围施工可以采用橡胶推板或滚刷人工涂抹。两种材料施工工艺基本相同，不同之处是由材料的特性决定的。洒布量的确定原则是，雾封层施工后，路面沥青膜厚度均匀，可在规定的时间内完全干燥，具有符合要求的路用性能。

①水稀释型乳化沥青洒布量的确定。水稀释型乳化沥青的洒布量一般为 $0.5\sim0.7kg/m^2$，洒布量过多，雾封层破乳后将造成路表面油量过多，路表滑溜，行车不便；洒布量过少，将达不到雾封层应有的效果。对局部洒布量过多的部位，可洒布约 $1kg/m^2$ 的粒径为 $0.3\sim0.6mm$ 细砂进行处理。雾封层的洒布量可事先通过试验确定，具体可采用以下方法：取一定体积（可为1L）雾封层乳液均匀地倒在 $1m^2$ 的面积上，此时的洒布量即为 $1L/m^2$。如果乳液在 $2\sim3min$ 不能渗入路表中去，则适当降低洒布量继续做上述试验，直到找到一个合适的洒布量为止。如果几次试验之后，路表还能吸收更多的乳液，可提高洒布量重复上述试验，直到找到合适的洒布量为止。

②溶剂稀释型特殊沥青洒布量的确定。溶剂稀释型特殊沥青洒布量一般为 $0.4\sim0.6L/m^2$，具体根据路面实际情况经试验确定。确定方法与水稀释型乳化沥青洒布量的确定方法基本相同，不同的是需使沥青表面完全干燥（约1h），以完全干燥后的路面状况来确定洒布量的大小。

5.2.3　沥青路面常见病害的维修处治

1. 沥青路面病害维修要求

（1）对各种路面病害应分析其产生的原因，并在符合沥青路面养护标准的前提下，根据路面的结构类型、设计使用年限、维修季节和气温等实际情况，及时采取相应的维修处治措施，防止病害扩大。

（2）高速公路和一级公路路面病害的维修应采用机械作业，所使用的沥青混合料宜集中拌和以提高维修作业的机械化水平。

（3）对病害的维修事先应有周密的计划，做好材料准备，保证工序之间的衔接，对坑槽、沉陷、车辙等需将原路面面层挖除后进行机械修补作业的病害，宜当日开挖当日修补，并设置警示标志保障行车安全。

（4）修补面积应大于病害的实际面积，修补范围的轮廓线应与路面中心线平行或垂直，并在病害面积范围以外100～150mm。应采取措施使修补部分与原路面连接紧密。

（5）在病害的处治中，凡需重新做面层的，其技术要求应符合《公路沥青路面施工技术规范》（JTG F40—2004）的规定；凡需重新做基层的，其技术要求应符合现行《公路路面基层施工技术细则》（JTG/T F20—2015）的规定。

2. 裂缝类病害的处治

（1）病害类型。

沥青路面的裂缝形式多种多样，按其表现形式的不同，划分为纵向裂缝、横向裂缝、龟裂等多种类型。

纵向裂缝是与道路中线大致平行的长直裂缝，有时伴有少量支缝。纵向裂缝通常是由路基、基层沉降，施工接缝质量或结构承载力不足引起的。由路基、基层沉降引起的纵向裂缝通常是断断续续、绵延很长的；由沥青面层分幅摊铺、施工搭接引起的纵向裂缝是长且直的；由结构承载力不足引起的纵向裂缝多出现在路面边缘，是路基湿软造成承载力不足而产生的。

横向裂缝与道路中线近于垂直，有的还伴有少量支缝。最初多出现于路面两侧，逐渐发展形成贯通路幅的横向裂缝。横向裂缝按其成因不同，可分为荷载性裂缝和非荷载性裂缝两大类。荷载性裂缝是由于路面设计不当和施工质量低劣，或由于车辆严重超载，沥青面层或半刚性基层内产生的拉应力超过其疲劳强度而产生的裂缝。非荷载性裂缝是横向裂缝的主要形式，它又分为沥青面层温度收缩性裂缝和基层反射性裂缝。这种病害比较普遍，主要是由沥青面层的温度变化而引发的。

龟裂是在重复交通荷载作用下，沥青面层或稳定基层疲劳、破坏而产生的一系列相互贯通的裂缝。龟裂主要是由路面的整体强度不足引起的。其原因可能是路面结构设计不合理，路基压实度不足，路面材料配比不当或未拌和均匀等，也可能是路面出现横向或纵向裂缝后未及时封填，致使水分渗入下层，尤其在融雪期间冻融交加，加剧了路面的破损。沥青在施工以及长期使用过程中的老化，也是导致沥青面层形成龟裂的原因之一。

（2）处治措施。

①在高温季节，全部或大部分愈合的轻微裂缝可不加处理。

②在高温季节不能愈合的轻微裂缝，可采用以下方法之一进行处治：第一种方法是先将有裂缝的路段清扫干净，并均匀喷洒少量沥青（在低温、潮湿季节宜喷洒乳化沥青），再匀撒一层粒径为2～5mm的干燥洁净石屑或粗砂，最后用轻型压路机将矿料压入路面；第二种方法是沿裂缝涂刷少量稠度较低的沥青。

③由于路面基层温缩和干缩而造成的纵向或横向裂缝，应按裂缝的宽度分别予以处治：如缝宽在5mm以内，首先清除缝中杂物及尘土，其次将稠度较低的热沥青（缝内潮湿时应采用乳化沥青）灌入缝内，灌入深度约为缝深的2/3，再次填入干净的石屑或粗砂，并捣实，最后将溢出缝外的沥青及石屑、粗砂清除；如缝宽在5mm以上，先除去已松动的裂缝边缘，再将热拌沥青混合料填入缝中，并捣实，缝内潮湿时应用乳化沥青混合料。

④当因沥青性能不好、路面龄期较长或油层老化等原因出现大面积裂缝（包括网裂），但基层强度尚好时，可通过技术经济比较选用下列维修方法：第一种方法是乳化沥青稀浆封层，封层厚度宜为3~6mm；第二种方法是加铺沥青混合料上封层，或先铺设土工合成材料，再在其上加铺沥青混合料上封层；第三种方法是改性沥青薄层罩面。

⑤由于土基基层强度不足或路基翻浆等引起的严重龟裂，应处治好基层后再重做面层。

3. 松散类病害的处治

(1) 麻面与松散。

麻面与松散产生的原因主要是使用的沥青稠度偏低、用量偏少、黏结力小，或沥青加热时温度过高，与矿料黏附力不足。矿料级配偏粗、过湿，嵌缝料尺寸不合规格，或在低温、雨季施工等，以上原因均可使粒料脱落形成松散或麻面。基层或土基湿软变形，也可导致麻面与松散。

当基层稳定，仅面层出现麻面或松散时，按下列要求进行处治：①路面因嵌缝料散失出现轻微麻面，可在高温季节撒适当的嵌缝料，并用扫帚扫匀，使嵌缝料填充到石料的空隙中，对于轻微麻面也可用稀浆封层处治。②小面积麻面可用棕刷在麻面部位涂刷稠度较高的沥青，再撒铺矿料。③大面积麻面应喷洒稠度较高的沥青，并撒适当粒径的嵌缝料，应使麻面部分中部的嵌缝料稍厚，周围与原路面接口要稍薄，定形要整齐，并碾压成型。④对于因沥青用量偏少或因低气温施工造成的沥青面层松散，应先将路面上已松动了的矿料收集起来；待气温升至15℃以上时，按 $0.8~1.0 kg/m^2$ 的用量喷洒沥青，再均匀撒上粒径为3~6mm的石屑或粗砂（$5~8 m^3/1000 m^2$）；用轻型压路机压实。⑤如在低温潮湿季节，宜采用乳化沥青做封层处理。⑥对于因油温过高、沥青老化失去黏结性而造成的松散，应将松散部分全部挖除后重做面层。

由于基层或土基软化变形而造成的路面松散则应参照有关规定，先处理好基层，再重做面层。

(2) 坑槽。

坑槽产生的主要原因是面层开裂后未及时养护，是由龟裂和松散等其他损坏进一步发展的结果。另外，基层局部强度不足，在行车作用下也易产生坑槽。

坑槽修补主要是针对坑槽、局部网裂、龟裂等病害的修补和加强，还可对局部沉陷拥包、滑移裂缝等病害进行修补。

对路面基层完好，仅面层有坑槽的路段，可按下述方法进行维修。

①热补法。先用破碎工具铲除需补部位的旧路面，再喷洒沥青黏结层，填充新混合料，并摊平、压实。

②喷补法。这种方法是利用高压喷射方式，将乳化沥青经过喷管与输送来的集料混合，通过控制喷管上的乳液、集料和压缩空气3个开关将混合料均匀、高速地喷洒到封坑槽中，达到密实的黏结效果。此种方法无须碾压，不需要沥青混凝土拌和厂配合，且不受气候变化的影响。

③热再生法。先将高效热辐射加热板放置到待补区域，使旧沥青路面软化，然后耙松被软化的沥青旧料，喷洒乳化沥青使旧料现场再生，补充新沥青混合料拌和，并摊铺、压实。这种方法可对旧料进行现场再生利用，减少环境污染、资源浪费，降低维修

成本，修补时不受气候变化的影响。

对交通量较小的路段，在低温寒冷或阴雨连绵的季节，无法采用常规方法，也无条件采用合适的材料修补坑槽时，为防止坑槽面积的扩大，可采取临时性的措施处治，待天气好转后再按规范要求重新修补。

若因基层结构组成不良，如含泥多、含水率过高或基层局部强度不足等，使基层破坏而形成坑槽的，应先处治基层，再修复面层。

4. 变形类病害的处治

（1）拥包。

拥包形成的原因有以下3种：第一种是沥青面层中沥青含量过多、黏度和软化点偏低，矿料级配不良，细料偏多，致使面层材料自身的高温抗剪强度不足，在行车作用下产生拥包；第二种是基层局部含水率过大，水分滞留于基层，或基层浮土过多，或透层沥青洒布不符合要求等，影响面层和基层之间的结合，在行车水平力的作用下，使路面产生推移而形成局部不规则隆起的变形；第三种是基层局部强度不足或水稳性不好，使基层松软，在行车作用下形成局部拥包。

拥包处治措施如下：①属于施工时操作不慎将沥青漏洒在路面上形成的拥包，将拥包除去即可。②已趋于稳定的轻微拥包，用机械刨削或人工挖除，将路表处治平整。③因面层沥青用量过多或细料集中而产生的较严重拥包，应用机械或人工将拥包全部除去，并低于路表面约10mm，扫尽碎屑、杂物及粉尘后，用热沥青混合料重做面层。④如果路面连续多处出现拥包且面积较大，但路面基层仍稳定，则将有拥包的路面面层全部挖除，然后重做面层。⑤因基层局部含水量过大，使面层与基层间结合不良而被推移变形造成的拥包，应把拥包连同面层一起挖除，将水分晾晒干，或用水稳定性较好的材料更换已变形的基层，再重做面层。⑥基层局部强度不足或水稳性不好，使基层松软而导致的拥包，应将面层和基层完全挖除，先处理基层，待基层稳定后再做面层。

（2）沉陷。

沉陷是由于路基、路面产生竖向变形而导致路面下沉的现象。通常有均匀沉陷、不均匀沉降和局部沉陷3种情况。均匀沉陷是路基、路面在自然因素和行车作用下，为达到进一步密实和稳定而引起的沉落，一般不会引起路面破坏；不均匀沉降是由于路基、路面不密实，碾压不均匀，在水的侵蚀下，经行车作用引起的变形；局部沉陷是由于路基局部填筑不密实或路基有枯井、树坑、沟槽等，当受到水的侵蚀时而发生的沉陷。

因路基不均匀沉降而引起的局部路面沉陷，若土基和基层已经密实稳定，不再继续下沉，可只修补面层，并根据路面的破损状况分别采取下列处治措施：①路面略有下沉，无破损或仅有少量轻微裂缝，可在沉陷处喷洒或涂刷黏层沥青，再用沥青混合料将沉陷部分填补到与原路面齐平，并压实平整。②路基沉陷导致路面破损严重，矿料已松动、脱落形成坑槽的，应按照坑槽的维修方法处治。

因土基或基层结构遭到破坏而引起路面沉陷，应参照有关要求处治好基层，再重做面层。

桥涵台背因填土不实出现不均匀沉降时，应按下列方法处理：①对于台背填土密实度不够的，应重新进行压实，台背死角处的压实宜采用夯实机械。②对含水量和孔隙比均较大的软基或含有有机物质的黏性土层，宜采取换土处理，换土深度视软层厚度而定，换填材料宜选择强度高、透水性好的材料，如碎石土、卵砾土、中粗砂及强度较高的工业废渣，且要求级配合理。③在对台背填土重做压实处理的基础上，加设桥头搭板。

(3) 车辙。

车辙是沥青路面上较为常见的病害形式。为了便于分析道路路况恶化的原因，可根据其问题性质、位置和路面类型，将车辙分为有车辙无推移和有车辙又有推移两种。

有车辙无推移主要源于路面结构深层的位移，因此其宽度通常比较大，车辙边缘的推移很小。此种类型的车辙可能是由荷载扩散能力不足或二次压实造成的。造成荷载扩散能力不够的原因是道路面层和基层太薄，不足以防护路基。车辙随交通荷载作用次数的增多而增多，如果有车辙和交通历史资料，或者在两个车道交通荷载明显不同的道路，可以建立车辙交通量关系。对产生该类车辙的路段，可沿线测定路面弯沉，评价整体强度和荷载扩散能力，分析是否是由路面整体强度过低造成的。如果车辙的严重程度与路面强度无关，则产生车辙的原因很可能是在道路的早期交通作用下路面基层或面层受到二次压实。在此种情况下，车辙的扩展速度将在初期压实后下降。

有车辙又有推移是指在车辙的边缘产生明显的推移，表明路面中某一层有剪切破坏，这是由于路面面层的剪切强度难以抵御荷载应力所致。其严重程度通常不与以弯沉或修正结构数表示的路面总体强度有关。

车辙处治措施如下：①路面车道在高温季节因沥青面层软化后受车辆的作用侧向位移而形成的车辙，若面层仅有轻微变形，可以通过控制行车碾压使路面恢复平整。②车道表面因磨损过度而产生的车辙，应将出现车辙的路面开凿成槽，槽深根据破损情况而定，但至少不得小于原路面沥青混合料中主集料粒径的1~2倍，先在槽底及槽壁均匀喷洒或涂刷一层黏结沥青，再将沥青混合料填入槽内，摊平碾压。③路面受横向推挤形成的横向波形车辙，如果已经稳定，可将凸出的部分削掉，在波谷部分喷洒或涂刷黏结沥青并填补沥青混合料，找平、压实。④因面层与基层间有不稳定的夹层而形成的车辙，将面层挖除，清除夹层后重做面层。⑤基层强度不足、水稳性能不好，使基层局部下沉而造成的车辙，应先处治基层。

(4) 波浪与搓板。

出现波浪与搓板，影响路面平整度的主要因素有路面设计强度、路面底基层及基层的施工质量、路面施工机械的选用及路面材料的质量等。具体包括以下几种原因：①沥青混合料的配合比不合理、设计强度不足，难以抵抗行车水平荷载的作用。②基层铺筑不平，即使面层摊铺平整，压实后也因虚铺厚度的不同造成路面不平整。③路基不均匀沉降，造成已铺筑路面出现坑洼。④沥青混合料的拌和不均匀等造成面层的不平整和波浪。⑤路面摊铺机结构参数不稳定、行走装置打滑、摊铺机摊铺的速度快慢不匀、机械猛烈起步和紧急制动，以及供料系统速度忽快忽慢都会造成面层的不平整和波浪。⑥碾压工艺不合理造成的路面不平整。

由于面层原因形成的波浪或搓板，可按下述方法进行维修：路面仅有轻微波浪或搓板，可采用以下方法之一进行处治，第一种是在高温季节路面发软时，先利用重型压路机沿与路中心线成45°角的方向反复碾压，以适当改善路面的平整度，再在波谷部分喷洒沥青，并匀撒适当粒径的矿料，找平后压实，最后将凸起部分铣刨削平；第二种是波浪（搓板）的波峰与波谷高差起伏较大时，应顺行车方向将凸出部分铣刨削平，并低于路面约 10mm，削除部分喷洒热沥青，再匀撒一层粒径不大于 10mm 的矿料，扫匀、找平并压实；第三种是严重的大面积波浪或搓板，应将面层全部挖除，然后重铺面层。

如果基层平整度太差，应将基层处治后再重铺面层。

若面层与基层之间存在不稳定的夹层，面层在行车荷载的作用下推移变形而形成波浪（搓板），应挖除面层，清除不稳定的夹层后，喷洒黏结沥青，重铺面层。

由基层局部强度不足，或稳定性差等原因造成的波浪（搓板），应先对基层进行处治，再重做面层。

5. 其他破损的处治

(1) 泛油。

泛油是路面沥青被挤出或表面被沥青膜覆盖形成发亮的薄油层。泛油主要是由沥青面层沥青用量过大、稠度太低、热稳性差，或者高温时下层黏结料上溢等原因引起的。

泛油处治措施如下：①对泛油的路段，应先取样做抽提试验测定出油石比，然后采取相应的处治措施。②轻微泛油的路段，可撒上粒径为 3～5mm 的石屑或粗砂，并控制行车碾压。③泛油较重的路段，可先撒粒径为 5～10mm 的碎石，用压路机碾压，待稳定后，再撒粒径为 3～5mm 的石屑或粗砂，并用压路机或控制行车碾压。④面层含油量高且已形成软层的严重泛油路段，可先撒一层粒径为 10～15mm 的碎石，用压路机将其强行压入路面，待基本稳定后，再分次撒上粒径为 5～10mm 的碎石，并碾压成型。

(2) 脱皮。

脱皮形成的原因有以下 4 种：①铺筑面层时，基层未洒透层油，面层与基层黏结不良，在行车作用下面层发生推移，形成脱皮。②层铺法施工时，上下层间有浮土或因潮湿而形成隔层，表层被行车推移。③面层矿料含土量大，粉料多或矿料潮湿，施工中碾压过度，矿料被压碎，形成阻碍油料渗透的隔离层，破坏了嵌缝料和主层矿料的黏结，在行车作用下面层矿料脱落。④在原沥青路面上做沥青加铺层时，老路面上未洒黏层油，或低温施工，或加铺层渗水，春融季节，在行车的作用下加铺沥青层破坏脱落。

对于沥青面层与上封层之间黏结不好，或初期养护不良引起的脱皮，应清除已脱落和已松动的部分，再重新做上封层，所做封层的沥青用量及矿料粒径规格应视封层的厚度而定。

对于面层与基层之间因黏结不良而产生的脱皮，应先清除掉脱落、松动的面层，分析黏结不良的原因。若面层与基层间所含水分较多，应晾晒或烘干；若面层与基层之间夹有泥层，则应将泥沙清除干净，喷洒透层沥青后，重做面层。

(3) 啃边。

啃边形成的原因有以下 3 种：①路面宽度不适应交通量的需要，路肩不密实，机动车会车或超车时碾压路面边缘造成啃边；②路肩与路面衔接不平顺，致使路肩积水，路面边缘湿软，在行车作用下形成啃边；③沥青路面两边未设置路缘石或路基宽度不够。

啃边处治措施如下：①对于因路面边缘沥青面层破损而形成的啃边，应将破损的沥青面层挖除，在接茬处涂刷适量的黏结沥青，用沥青混合料进行填补，再整平压实，修补啃边后的路面边缘应与原路面边缘齐顺。②对于因基层松软、沉陷而形成的啃边，应先对路面边缘基层局部进行加强，再恢复面层。③加强路肩的养护工作，及时铲除高路肩，随时注意填补路肩上的车辙、坑洼或沟槽，经常保持路肩与路面衔接平顺，并保持路肩应有的横坡，以利排水。④为防止路面出现啃边，宜用砂石、碎砖（瓦）、工业废渣等改善、加固路肩或设硬路肩，使路肩平整、坚实，或将路面基层加宽到其面层宽度外 20～25cm 处；在行车量较少的路段，可在路面边缘设置略低于路面的路缘石，还可以在平交道口或曲线半径较小的路面内侧，适当加宽路面。

（4）磨光。

磨光多发生在高等级公路上，主要是由于路面在行车水平力的作用下，路面表层集料的棱角被磨掉，或沥青路面油石比过大，泛油严重。

对已磨光的沥青面层，可用路面铣刨机直接恢复其表面的粗糙度。

对高速公路、一级公路的沥青路面，石料棱角被磨掉，路面光滑，磨阻系数低于要求值时，应加铺抗滑层。

对表面过于光滑，摩擦系数特别小的路段，应做封层或罩面处理：封层可以采用拌和法或层铺法施工的单层表面处治，也可以采用乳化沥青稀浆封层；罩面宜采用拌和法；封层与罩面前，应先处治好原路面上的各种病害，若原路表面有沥青含量过多的薄层，应将其刮除掉后洒黏层油。罩面及封层的技术要求应符合《公路沥青路面施工技术规范》（JTG F40—2004）的规定。

5.2.4 沥青路面翻新与再生技术

为了节约能源，减少环境污染，合理利用道路资源，少占养护废料堆放用地和降低路面工程造价，在沥青路面大修改善工程中推广采用旧沥青面层的再生利用技术，是当前国内外公路管养部门普遍重视的问题。

1. 沥青路面的翻新

当路面破损严重，采用罩面等养护方法不能使路面恢复到良好的工作状态时，为保证公路必要的服务功能，应进行翻新。

翻新前，应调查分析需要翻新路段的路面结构、路基土特性和交通量等，并按《公路沥青路面养护技术规范》（JTG 5142—2019）的规定设计结构厚度。对原有沥青路面进行挖检调查和经济比较，尽可能采用再生利用或重复利用旧沥青面层的方法，并在考虑旧面层挖除后的剩余强度下降因素的基础上设计，同时采取措施防止新面层受到原路面不利因素的破坏。

施工时，应根据设计的路面结构类型、施工方案，按有关施工技术规范进行。如采取旧料再生利用，应将铣刨或挖除的旧沥青面层按不同的质量、规格分别集中储存于拌和厂（场）。需要涂基层的，宜采用挖掘机械挖掘，并尽量做到基层材料重复利用，同时注意新旧基层的结合，使之不形成隔层。在边通车边施工的交通繁忙路段，应设立施工标志，加强施工现场的交通指挥和管理，保障交通的正常通行和施工的安全进行。

2. 沥青路面的再生技术

（1）现场热再生技术。

现场热再生是指现场加热软化旧路面表面，然后将路面表面材料移开，与再生剂混合，也可以加入新沥青或集料，不必从老路面运走回收的材料，只需在现场直接重新摊铺路面。

沥青路面现场热再生技术采用就地加热、翻松、搅拌、摊铺、压实等连续作业，路面一次成型。具有经济、高效、快速、环保、节约的优点，经济效益和社会效益显著。当沥青路面表面层出现裂缝、泛油、磨损、车辙、坑槽等病害或路用性能下降，路面的损坏程度还没有波及基层时，均可以采用这种维修方法，使用先进的现场热再生机组，就地加热旧路面，耙松、收集旧料，添加适当的新拌沥青混合料、再生剂进行机内热搅拌，随即摊铺、熨平、碾压，即可快速开放交通，是一种连续式的现场热再生作业方式。

这种方法有时也被称为"表面再生"。加热翻松通常将原表面以下 25mm 的沥青路面翻开，使之再生，并使路面最终成型。重新铺面则将路表面以下 25mm 的路面进行循环利用，加入再生剂以改进沥青黏度，然后在再生后的面层上摊铺一层薄罩面。重新拌和是将新材料与回收的材料一起在拌和锅中拌和均匀，然后将混合料摊铺为磨耗层。这些方法中的翻松过程有时可以用铣刨法代替。

根据路面破损情况的不同和对修复后路面质量等级的不同要求，现场热再生法应用的施工工艺主要有整形再生法、重铺再生法和复拌再生法 3 种。

①整形再生法。

整形再生法适合 2～3cm 表面层的再生，是由加热机对旧沥青路面加热至 180℃后，由再生机主机将路面翻松，并将翻松材料收集到再生机主机的搅拌锅中，同时在搅拌锅中加入适量的沥青再生剂，将拌和均匀的再生混合料重新摊铺到路面上，用压路机碾压成型。这种方法适合维修路面出现微型裂纹、磨耗层损坏及破损面积较小的路面，修复后可消除原路面的轻度车辙、龟裂等病害，恢复路面的平整度，改善路面性能。

②重铺再生法。

重铺再生法适合 4～6cm 面层的再生，是用两台加热机分次对旧沥青路面进行加热。第一次加热的表面温度可达 160～180℃，第二次加热的表面温度达到 180～250℃。通过两次加热，将旧路面沥青材料软化，再由再生机主机翻松，将翻松材料收集到再生机主机的搅拌锅中，加入适量的沥青再生剂搅拌，将拌和均匀的再生混合料摊铺到路面上作为路面下面层，其上再铺设一层新的沥青混合料作为磨耗层，形成全新材料的路面，最后用压路机碾压成型。再生机工作速度一般为 1～3m/min。这种方法适用于破损较严重（如出现大面积坑槽）路面的维修翻新和旧路升级改造施工，修复后形成与新建道路性能完全相同的全新路面。但这种方法会增加原路面的标高，因此路面重复再生的次数将受到一定的限制。

重铺再生法一般有两种工艺方法。方法一：加热→旧料再生（翻松、添加再生剂、搅拌等）→摊铺整形→压入碎石工艺；方法二：加热→旧料再生（翻松、添加再生剂、搅拌等）→摊铺整形→罩新面工艺。

这两种工艺方法的基本工艺流程如下。

a. 加热软化路面。利用两台加热机内的红外线加热器或热空气等加热路面，使之软化，根据气温、风速、风向、路表的湿度及混合料的含水量，调整机器的工作状态，保证路面的加热温度。一般情况下，通过两台加热机的加热，在面层下 15cm 深处的温度可达 150～200℃，加热深度可达 4～6cm。尽管加热温度很高，但时间短，旧路面内的沥青不会因温度太高而老化。

b. 铣刨翻松路面。路面再生机上安装有铣刨装置。当面层经加热软化后，机器在行走过程中通过铣刨装置将路面翻松。由于路面被加热，因而路面内集料不会破碎。翻松的路面材料由收料装置收集到路面中间或搅拌锅中。

c. 拌和整形。翻松的路面材料集中到路中间或搅拌锅后，在其上洒布一定的沥青再生剂进行拌和，通过输送装置送到再生摊铺装置的前面进行摊铺，形成再生路面层。

d. 罩新面。再生机前面装有 1 只集料斗，新拌制的沥青混合料由自卸汽车卸入集料斗内，由输送机将新混合料运送到后面的摊铺装置，根据所需要的路拱、摊铺宽度和摊铺厚度（考虑松铺系数），把新混合料摊铺到经过再生的路面上，然后碾压，形成平整、密实的路面。

③复拌再生法。

复拌再生法适合 4~6cm 面层的再生，其方法是用两台加热机分次对旧沥青路面进行加热，加热方式与重铺再生法基本相同。由再生机主机铣刨翻松，并把翻松后的材料与新沥青混合料及再生剂在再生机主机的搅拌器中拌和均匀，形成新品质的沥青混合料。然后由主机的摊铺装置或沥青摊铺机摊铺在路面上，用压路机碾压成型。其工艺流程与重铺再生法基本相同，再生机的工作速度一般为 1~3m/min。

综上所述，无论采用哪种现场热再生法，都必须事先对破损的路面进行取样检测分析，再选择相应的施工工艺方法，制订具体的施工方案，并确定应添加材料的性质和比例。不论是整形再生法还是复拌再生法，其基本工艺流程都为：原沥青路面结构、混合料组成及损坏度调查→加热机对沥青路面进行加热→沥青路面加热、铣刨→再生混合料的搅拌→再生混合料的摊铺。

（2）厂拌热再生法。

厂拌热再生法是将旧沥青路面经过翻挖后运回拌和厂，再集中破碎。根据路面不同层次的质量要求进行配合比设计，确定旧沥青混合料的添加比例。再生剂、新沥青材料、新集料等在拌和机中按一定比例重新拌和成新的混合料，从而获得优良的再生沥青混凝土，铺筑成再生沥青路面。采用厂拌热再生工艺能够修复沥青路面面层病害，恢复甚至改善原沥青混合料的性能，所以这种工艺适用范围较广，各等级沥青路面铣刨料都可用来再生利用。再生后的沥青混合料可用来铺筑各种等级的沥青路面，或者用来维修养护旧路。

利用这种方法，可以方便地对已被翻挖的基层甚至路基的一些地段进行有效的补强，沥青层的重铺则可以像新路施工一样，分别按下面层、中面层、上面层（磨耗层）的不同技术要求进行配合比设计，确定旧沥青回收料的添加比例。

厂拌热再生沥青混合料可采用间歇式拌和机或连续式拌和机拌制，按下列工艺拌和。

①当旧沥青混合料需要掺入再生剂时，先将破碎后的旧料按用量喷洒，并拌和均匀，堆放时间以再生剂充分渗透到旧沥青为度，堆放高度宜不超过 1.5m，避免结块。

②当采用间歇式拌和机拌制时，新集料的加热温度应高于普通沥青混合料的集料加热温度，但宜不超过 230℃。旧料不得进入干燥滚筒，按配合比设计用量经计量后直接进入搅拌锅，与新集料混合，通过热交换使旧集料升温、旧沥青热融，干拌 15s 左右后，加入新沥青再拌和 30~45s，拌和时间以新旧料混合均匀，混合料颜色均匀、无花

白为准。再生沥青混合料的出厂温度为140～160℃。

③间歇式拌和机热拌再生沥青混合料的拌和，宜按下面所示的工艺流程进行拌制。a. 旧料→提升机→储仓→称量加入→搅拌锅；b. 新料→进料斗→冷料提升机→干燥滚筒→热料提升机→热料筛→热料储仓→称量加入→搅拌锅；c. 石粉储仓→石粉仓→称量加入→搅拌锅；d. 热沥青储罐→称量加入→搅拌锅。

④当采用连续式拌和机拌和时，必须避免旧料被明火烧焦。宜在筒体中部进料口输入旧料，并设置挡板遮挡火焰，如旧料与新集料在筒体始端进料口输入筒体，可先对旧料喷洒适量水分，旧料总含水量宜不超过3%，以降低进料口处的热气流温度，防止沥青老化。拌和后的再生沥青混合料色泽应均匀一致，出厂温度为140～160℃。

(3) 现场冷再生法。

现场冷再生法是用大功率路面铣刨拌和机将路面混合料在原路面上就地铣刨、翻挖、破碎，再加入稳定剂、水泥、水（或加入乳化沥青）和集料同时就地拌和，用路拌机原地拌和，最后碾压成型。现场冷再生法一般适用于病害严重的一级以下公路沥青路面的翻修、重建，冷再生后的路面一般需要加铺一定厚度的沥青罩面。目前，应用类型已从最初的单纯水泥冷再生，逐步丰富形成泡沫沥青冷再生、乳化沥青冷再生。

采用现场冷再生法可以使路面恢复所需的线形、断面，消除原路面的车辙、不规则和不平整的区域，还可以消除横向、反射和纵向裂缝。路面现场冷再生法的应用不断增加的另一些主要原因是：减少对材料特别是碎石的开采，生产效率高，费用低，对交通的影响降到最小，可以保留原有的路面高程，对环境的影响小，节约石油资源。对于那些离拌和厂较远的次要道路和低交通量道路，现场冷再生法比集中厂拌冷再生法更适用。现场冷再生法不需要将沥青路面再生材料运到拌和厂，然后再将冷再生材料运回施工现场，节约了运输费用。

5.3 水泥混凝土路面养护

5.3.1 水泥混凝土路面日常养护

1. 路面日常养护工作的要求

(1) 根据水泥混凝土路面日常养护工作的需要，制订日常养护工作计划，道路养管部门应编制月度、季度和年度养护计划，建立日常巡查制度，及时、准确地掌握路面状况信息，有计划、有针对性地安排养护项目。

(2) 做好预防性、经常性养护，通过制度性的巡视检查，及早发现缺陷，查清原因，采取适当措施对路面进行养护。

(3) 路面日常养护作业应严格按照有关技术规范和标准进行，达到有关技术规范和标准规定的养护质量。高速公路应采取机械化养护作业方式，迅速、优质、高效地处理各类路面损害和障碍，确保运行质量。

(4) 树立较强的服务意识和安全意识，保证养护作业安全，在路面养护作业中应满足正常行车的需要，尽量避免完全封闭交通。

(5) 不断探索和应用新材料、新设备、新技术、新工艺，提高养护作业的时效性、机动性、安全性和可靠性。

（6）对水泥混凝土路面出现的各类病害，必须及时、快速地进行处理。当发现有危及行车安全的病害时应立即修复或采取临时修复措施，并按有关规定安排修复工作。

（7）路面的日常养护应根据实际需要配置适用的机具，做好适当的材料储备，并建立可靠的养护材料供应网络，以确保路面养护作业的正常进行。

（8）在高速公路上进行路面养护作业的人员，必须接受专门的岗前安全教育和养护作业规程培训。

（9）在日常养护中，应注意收集、利用气象信息和交通信息等相关信息。每天应记录天气情况。在多风、多雨、多雾、多雪及多冰冻季节，应随时注意天气的变化。必要时应与当地的气象台（站）取得并保持联系，随时获得最新气象信息，以便及时采取相应措施。每月应进行交通量调查统计。

2. 水泥混凝土路面的巡查

水泥混凝土路面在行车和自然因素的不断作用下，由正常使用到破损，其初期有一个逐渐的变化过程。养护工人在巡查中，通过直接观察或简单的量测工具（如手锤、钢卷尺、3m直尺等）能及时发现这一变化。如水泥混凝土板块出现错台，填缝料脱落，车辆通过时接缝喷水或冒浆等，均系病害产生的特征。巡查时应对此做好记录，逐级上报。当破损量大、破损状况发展迅速时，应专题上报，供上级单位制定养护维修方案使用。

巡查分日常巡查、特殊巡查和夜间巡查。

日常巡查是对水泥混凝土路面外观状况进行的日常巡视检查。由养护班组进行，每天一次。主要检查拱起、沉陷、错台等病害，以及路面油污，积水、结冰等诱发病害的因素和可能妨碍交通的路障。检查频率应不小于1次/天。雨季、冰冻季节和遇台风暴雨等灾害性气候时，应加强日常巡查工作。日常巡查可以车行为主，采用观察、目测及人工计量，定性与定量观测相结合，重要情况应予摄影或摄像。发现妨碍交通的路障应及时清除，一时无法清除的，应采取相应的安全措施。此外，日常巡查结果应及时做好记录。

特殊巡查一般是指台风、暴雨、大雪、大雾、地震等可能危害道路交通安全时进行的巡查，如雨前、雨中、雨后查路即特殊巡查。特殊巡查可由班组或上级部门组织进行。

夜间巡查的主要项目有道路照明设施状况、道路标志状况、路面标线状况、视线导标状况。夜间巡查主要是针对夜间交通安全及交通功能进行的，一般为1次/周或1次/月。

3. 水泥混凝土路面的清扫保洁

水泥混凝土路面的清扫是为了维护路面的使用功能、保持路容路貌整洁、保护沿线环境、保证车辆安全。汽车在行驶过程中可能将泥土、灰尘、石子或其他硬质物体带上公路，污染水泥混凝土路面，甚至造成飞石伤人。路面上散落的石子或其他硬质物在行车的作用下会破坏路表结构，其嵌入路面接缝时会使混凝土路面板块伸缩缝丧失功能。清扫的主要范围包括行车道、人行道、中央分隔带、隧道、桥梁伸缩缝、交通标志等附属设施。

(1) 水泥混凝土路面的保洁方式。

水泥混凝土路面可采用人工保洁、机械保洁或人工结合机械保洁 3 种方式。

高速公路、一级公路和交通繁忙的其他等级公路，其水泥混凝土路面保洁多采用机械作业，机械清扫留下的死角应用人工清除干净。采用机械清扫时应根据作业路段、作业面积、作业要求，拟定行驶路线，保证机械使用效率。

交通量小的二级（含二级以下）公路水泥混凝土路面，可采用人工清扫，根据情况逐渐过渡为机械清扫。采取人工清扫时，环卫工人应穿着安全标志服，清扫时应面向来车并避让行车，以保证安全作业。人工清扫应根据不同路段路面的污染状况确定相应的清扫次数，每次的清扫范围应按定额标准执行。

无论是机械还是人工清扫，均宜避开交通高峰时段，即交通量大时可利用清晨或夜晚进行，清扫时不得污染环境和危及行车安全，清扫后的垃圾应运至指定地点处理。

(2) 水泥混凝土路面油污、化学药品污染的清除。

路面被油类物质或化学药品污染时，应及时清洗干净，防止污染和损害路面。

当油类洒落路面面积较大时，要迅速撒砂，以防车辆出现滑溜事故，然后在交通量较小时用水冲洗干净。化学物品洒落路面后，有时必须采用相应的中和剂进行化学处理，经处理后再用水清洗干净。

路面清洗时，一般性污染应在交通量小的时候进行。对突发事故造成的油类洒落，一定要及时处理，不得污染环境；要预先试验确定清洗作业速度、喷水压力、用水量；冬季清洗时，如气温在 0℃以下，则路面有结冰的危险，故应尽量避免。

(3) 沿线交通安全设施的保洁。

对隧道桥梁和交通标志标牌、示警桩、轮廓标及防撞栏等交通安全设施要定期清洗、擦拭，对局部脱落破损的部分用原材料及时进行修复或更换，确保其发挥正常功能。

当隧道侧壁和内部装饰材料受到煤烟等污染时，采用中性洗涤剂清洗效果较好；隧道内的灯具，经常受油烟和粉尘的污染，应用柔软的抹布或海绵擦拭，同时注意不要让水渗入灯具或线路内；应经常清扫桥梁的伸缩缝，保证伸缩缝的功能正常；清洗标志和护栏时，一般要采用洗涤剂，但要注意，洗后一定要用干净的水将洗涤剂冲掉，否则会引起锈蚀。

4. 接缝保养与填缝料更换

(1) 应对接缝进行适时的保养，保持接缝完好，表面平顺。填缝料凸出板面，高速公路、一级公路超出 3mm，其他等级公路超过 5mm 时应铲平。填缝料外溢流淌到接缝两侧面板，影响路面平整度和路容时应予清除。杂物嵌入接缝时应予清除，若杂物是小石块及其他坚硬物，则应及时剔除。

(2) 应对填缝料进行周期性和日常性的更换。填缝料的更换周期一般为 2～3 年。填缝料局部脱落时应进行灌缝填补；填缝料脱落缺失大于 1/3 缝长或填缝料老化、接缝渗水严重时应立即进行整条接缝填缝料的更换。

(3) 填缝料的更换应做到饱满密实、黏结牢固，清缝、灌缝宜使用专用机具。更换填缝料前，应将原填缝料及掉入缝槽内的砂石杂物清除干净，并保持缝槽干燥、清洁。填缝料灌注深度宜为 3～4cm，当缝深过大时，缝的下部可填 2.5～3.0cm 高的多孔柔性垫底材料或泡沫塑料支撑条。填缝料的灌注高度，夏天宜与面板平，冬天宜稍低于面板2mm，多余的或溅到面板上的填缝料应予清除。填缝料更换宜选在春秋两季，或宜在当地年气温居中且较干燥的季节进行。

5. 排水设施的养护

（1）必须对路面、路肩、中央分隔带、边沟、边坡、挡土墙及所有排水构造物进行妥善的日常维护，保持系统的排水功能。当排水系统整体功能不能满足要求时，应通过改善或改建工程进行完善提高。

（2）对路面排水设施，应采取经常性巡查与重点检查相结合的方式，发现损坏应及时安排修复，发现堵塞必须立即疏通，路段积水应及时排出。

（3）雨天应重点检查超高路段的中央分隔带纵向排水沟、横向排水管、雨水井、集水井等的排水状况，出现堵塞、积水应及时排出。

（4）排水构造物及路肩修复宜采用与原构造物相同的材料。

（5）保持路面横坡及路面的平整度。当快车道是水泥混凝土道路，慢车道或非机动车道是沥青路面时，应保持沥青路面横坡大于水泥混凝土路面横坡。

（6）保持路肩横坡坡度大于路面横坡坡度，路肩横坡应顺适，并及时修复路肩缺口。

（7）路面板裂缝应按要求进行缝隙封闭。

（8）路面接缝、路肩接缝及路缘石与路面接缝出现接缝变宽渗水时，应进行填缝处理。

（9）定期修整路肩植物，清除路肩杂物，疏通路肩排水设施和中央分隔带排水设施，常年保持路面排水顺畅。及时清除路肩堆积物、杂草、污物；定期疏通路肩边沟、集水井、排水管、集水槽（由拦水带和路肩构成）、泄水口、急流槽等路肩排水设施；定期疏通中央分隔带的进水口、纵向排水沟、雨水井、集水井、横向排水管、渗沟等，同时定期清除雨水井、集水井污物。

6. 冬季养护

（1）冰雪地区路段水泥混凝土路面冬季养护的重点是除雪、除冰、防滑；作业的重点是桥面坡道、弯道、垭口及其他严重危害行车安全的路段。

（2）除雪、除冰、防滑要根据气象资料、沿线条件、降雪量、积雪深度、危害交通范围等确定作业计划，并做好机驾人员培训，机械设备、作业工具、防冻防滑材料的准备。

（3）除雪作业以清除新雪为主，化雪时应及时清除雪水和薄冰，除冰困难的路段应以防滑措施为主、除冰为辅，除冰作业应防止破坏路面。

（4）路面防冻防滑的主要措施。使用盐或其他融雪剂降低路面上的结冰点；使用砂等防滑材料或和盐掺和使用，加大轮胎与路面间的摩擦系数；防冻、防滑料施撒时间，主要根据气象条件（降雪、风速、气温）、路面状况等来确定。一般可在刚开始下雪时就撒布融雪剂或与防滑料掺和撒布，或者在路面出现冻结前1~2h撒布；防止路面结冰时，通常撒布一次防冻料即可，除雪作业时，撒布次数可以和除雪作业频率一致。

（5）在冰融化之前，应将积雪及时清除到路肩之外，以免雪水渗入路肩，冰雪消融后，应清除路面上的残留物。

（6）禁止将含盐的积雪堆积于绿化带。

5.3.2 水泥混凝土路面修复养护技术

1. 整块水泥混凝土路面板的翻修

水泥混凝土路面由于施工、养护和自然因素等原因，使路面产生严重沉陷或严重破碎等病害，而且集中于一块板内，这时正常的养护手段已无济于事，只能通过对整块面板进行翻修，才能恢复其使用功能。整块面板翻修的方法和工艺如下。

（1）清除混凝土碎块。

用风镐或液压镐凿除损坏的水泥混凝土面板块，尽可能保留原有拉杆、传力杆，若拉杆、传力杆有损坏，则应重新补设，并将破碎的混凝土块清运至合适的地方。

（2）处治基层。

视基层损坏程度采用不同的处治方法。

基层损坏厚度小于 8cm 时，整平基层压实后，可直接浇筑与原路面强度相同的水泥混凝土，其施工应符合水泥混凝土加铺层施工规范的要求；基层损坏厚度大于 8cm，且坑洼不平时，应在整平、压实基层后，再采用 C15 贫混凝土进行补强。其补强层顶面高程应与旧路面基层顶面高程相同；基层损坏极为严重，其厚度大于 20cm 时，应分层处理基层，其材料应符合《公路路面基层施工技术细则》（JTG/T F20—2015）的有关规定；在基层上，按 0.5kg/m² 沥青用量喷洒一层乳化沥青，作为防水层。

（3）排水处理。

在进行路面板翻修时，在路面排水不良地带，路面板的边缘及路肩应设置路基纵横向排水系统。

单一边板块翻修时，应在路面板接缝处设置横向盲沟，其设置要求按设置盲沟的有关条款执行；连续数块混凝土板块翻修时，宜设纵横向盲沟，并应在纵坡底部设置横向盲沟，其设置要求按设置盲沟的有关条款执行。

（4）水泥混凝土路面板块翻修工艺。

混凝土施工时，配合比及所用的材料应根据路面通车时间的要求，选用快速修补材料。

①将混凝土拌和机设置在施工现场附近，可采用翻斗车运送混合料。

②混合料的摊铺由运输车直接卸在基层上，用铁锹摊铺均匀，严禁使用钉耙搂耙，以防离析；摊铺的材料厚度，应考虑振实的影响而预留一定的高度，松铺系数一般控制在 1.1 左右，或根据试验确定。

③混合料的振捣应先用插入式振捣器在板边、角隅处或全面顺序振捣一次，同位置不少于 20s，再用平板振捣器全面振捣，振捣时应重叠 10~20cm，不少于 15~30s，以不再冒泡并泛出水泥浆为止。在全面振捣后再用振动梁振实、整平，往返拖拉 2~3 遍，振动梁移动的速度应缓慢而均匀，其速度以 1.2~1.5m/min 为宜。对不平处，应及时人工补平，最后用平直的滚杆进一步滚平表面，使表面进一步提浆。

④进行混凝土表面整修时，应用木抹多次抹面至表面无泌水为止。发现面板低处应补充混凝土，并用直尺检查其平整度。

⑤按原路面纹理修面，可用尼龙丝刷或拉槽器在混凝土表面横向拉槽。

⑥混凝土凝结硬化后,要尽快用切割机切缝,切割深度宜为板块厚度的 1/4,合适的切缝时间需依据经验并进行试切后确定。

⑦混凝土的养护。混凝土板抹平之后,可在其表面喷洒养护剂进行养护,养护剂应在纵横向各洒一次,洒布要均匀,其用量不得少于 350kg/m²;也可采用洒水养护,用草帘或麻袋覆盖在混凝土板表面,每天洒水 2~3 次,使混凝土经常保持潮湿状态。

⑧混凝土接缝填封应在混凝土板养护期满后立即进行。接缝填缝材料分接缝板和填缝料两种。填缝料又分为加热施工式和常温施工式两种。接缝板和填缝料的技术要求,应符合接缝板和填缝料的有关条款规定。填缝前,缝内必须清扫干净,灌注填缝料时必须在缝槽干燥的状态下进行,其灌注深度以 3~4cm 为宜,下部可填入多孔柔性材料。填缝料的灌注高度,夏天应与面板齐平,冬天宜稍低于面板。

⑨当混凝土强度达到设计要求后,即可开放交通。

2. 旧水泥混凝土路面沥青加铺层

加铺沥青层是旧水泥混凝土路面有效的补强措施之一,不仅可提升路面的承载能力,消除原有接缝处易产生的唧泥、断裂、脱空等多种病害的不利影响,同时可提升路面平整度和抗滑能力,改善路面使用性能,提高路面服务水平。旧水泥混凝土路面沥青加铺层的施工主要环节如下。

(1)处理破碎板。将原路面严重破碎板、严重裂缝、板角断裂等破碎板块挖除,用早强混凝土或早强钢筋混凝土修补至与原路面齐平,原路涵洞洞盖板铺装层出现破碎的也应一并处理。

(2)稳定原路面板。对唧泥、脱空的混凝土面板及有轻微、中等裂缝的面板进行板底压浆处理,使混凝土面板处于稳定状态。对使用时间较长,原路面基层为石灰土等水稳定性不良结构的路段,为保险起见,可对全部原有的混凝土面板进行压浆处理。

(3)提升原路面防水能力。对所有缩缝、纵缝、裂缝清缝后,用填缝料灌缝。然后在原混凝土路面上加铺土工布隔离层或加铺 1.5~2.5cm 沥青混合料隔离层;不做隔离层的应洒布黏层油,以减少路表水下渗并提升加铺层与原路面的结合能力。

(4)加铺沥青层。在隔离层(黏层)上加铺沥青混凝土面层一般应分为两层,下面层较厚(一般 4~8cm),采用排水性能较好的开级配粗粒式或中粒式沥青碎石或沥青混凝土;上面层较薄(一般 2~4cm),采用防水性能较好的密级配细粒式或中粒式沥青混凝土。原水泥混凝土路面横坡坡度较小时,通过沥青面层调整路面横坡坡度不小于 1.5%。碾压时,选择压实机具吨位应考虑沥青层的厚度,防止过振引起沥青混合料二次细粒化。为防止沥青层渗水导致混凝土路面加铺后再次出现唧泥问题,可在旧板与沥青层间铺筑玻璃纤维布隔离层。

5.3.3 水泥混凝土路面常见病害原因分析及修补方法

1. 裂缝

水泥混凝土裂缝包括纵向、横向、斜向和交叉裂缝。纵、横、斜向裂缝的损坏特征是指通底的裂缝,将板块分割成为 2 块或 3 块,初期可能未贯通板面,但终将发展为贯通板面;交叉裂缝是裂缝相互交叉,将板分割成 3 块以上(又称破碎板)。

水泥混凝土路面产生裂缝的原因是多样的,主要有以下方面:重复荷载应力、翘曲应力及收缩应力等综合作用的结果;水的浸入及过大的竖向位移的重复作用,使基层受到侵蚀产生脱空;土基和基层强度不够,基础较弱,或冬季施工中冻土大块过多;接缝拉开后,丧失传荷能力,在板的周边产生过大的荷载应力;水泥质量差,不稳定粗细集料质量差,搅拌不匀,甚至搅拌不到;施工操作不当,养护不好,养护时间不足。

根据水泥混凝土路面板的裂缝情况,可以采取以下维修方法予以处理。

(1) 轻微裂缝处理。

对于缝宽小于3mm的轻微裂缝,可采取扩缝灌浆。操作方法如下:首先,顺着裂缝扩宽成1.5~2.0cm的沟槽,槽深不超过板厚的2/3;其次,清除混凝土碎屑,填入0.3~0.6cm的清洁石屑;再次,将灌缝材料按规定的配比拌和均匀后灌入扩缝内;最后,待灌缝材料固化,达到通车强度后,即可开放交通。

(2) 中等裂缝处理。

对于贯穿全板的宽度大于3mm、小于15mm的中等裂缝,可采用条带罩面法进行维修。操作方法如下:首先,用锯缝机在裂缝两侧切缝,切缝方向平行与缩缝,距裂缝的距离不小于15cm;其次,凿除两条横缝内的混凝土,深为7cm;再次,沿裂缝两侧每隔50cm打一对耙钉孔,孔的大小较耙钉直径大2~4mm,其间打一对耙钉槽;从次,耙钉宜采用除锈后的螺纹钢筋,孔内填满砂浆,将耙钉插入安装孔内;最后,缝内壁应凿毛并清除干净,随即浇筑快硬混凝土,振捣密实并抹平,喷洒养护剂,锯缝后灌注填缝料。

(3) 严重裂缝处理。

对宽度大于15mm的严重裂缝,可采用全深度补块,即集料嵌锁法、刨挖法和设置传力杆法。

①集料嵌锁法。在修补的水泥混凝土路面位置上平行于缩缝画线,沿画线位置进行全深度切割。在保留板块边部,沿内侧4cm位置,锯5cm深的缝。全深锯口和半深锯口之间的4cm宽条混凝土垂直面应凿成毛面。处理基层时,基层强度应符合规范要求,并整平基层;若基层强度低于规范要求,应予以补强,并严格整平;若基层全部损坏或松软,应重新做基层。混凝土摊铺应在混凝土拌和后30~40min内卸到补块区内,并振捣密实。浇筑的混凝土面层应与相邻路面的横断面吻合,其表面平整度应符合规范要求。做接缝时,将板中间的各缩缝锯切到1/4板厚处,并将接缝材料填入缩缝内。待混凝土达到通车强度后开放交通。

②刨挖法。刨挖法也称"倒T形法",如图5.1所示。应在相邻板块横边的下方暗挖15cm×15cm的一块面积用于荷载传递。

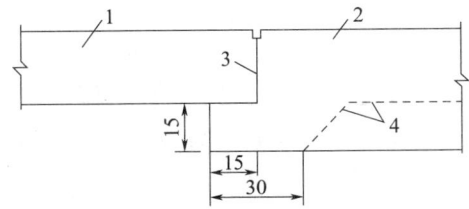

图 5.1 刨挖法(单位:cm)

1—保留板;2—补块;3—全深度锯缝;4—垫层开挖线

③设置传力杆法。处理基层后,应修复、安设传力杆和拉杆,安装时,在板厚 1/2 处钻出较传力杆直径大 2~4mm 的孔,孔中心间距 30cm。横向施工缝传力杆直径为 25mm,长度为 45cm,嵌入相邻保留板内深度为 22.5cm。传力杆与拉杆宜用环氧砂浆牢牢地固定在规定位置,摊铺混凝土前,其光圆传力杆的伸出端应涂少许润滑油。新补板块与沥青路肩相接时,应和现有路肩齐平。传力杆若安装倾斜或松动失效时,应予以更换。

(4)局部性裂缝处理。

冬季修补通车路段的局部性裂缝,可采用喷嘴灌浆法。具体操作如下:首先,用吹尘器配合细钢丝小钩将缝内泥土、杂物清除干净;其次,每隔 30cm 安置一个灌浆嘴,用胶布将缝口贴封,并涂上石蜡和松香;再次,按缝口宽窄及开放交通时间的要求选用灌浆材料并调匀,将灌缝料加压且在 30~40min 内灌入缝中;从次,用水泥浆或水泥砂浆封缝,并喷洒养护剂;最后,用红外线灯在 50~60℃ 下加热 1~2h 后开放交通。

2. 板角断裂

板角断裂是条垂直通底且与板角两边接缝相交的裂缝,从板角到裂缝两端点间的距离分别等于或小于端点所在板长的一半。

产生板角断裂的原因主要有以下三方面:第一是角隅处易产生唧泥,形成脱空,导致角隅应力增大产生断裂;第二是基础在行车荷载与水的综合作用下,逐步产生塑性变形累积,使角隅应力递增,导致断裂;第三是胀缝往往位于端模板处,拆模时易损坏,而在下一相邻板浇捣时,因已浇板块强度有限,极易受伤,造成隐患,此处角隅易断裂。

(1)板角的修补。

首先,按破裂面的大小和深度,确定切割范围;其次,切开边缝,凿除破损部分,凿成规则的垂直面。注意不能切断钢筋,若钢筋难以全部保留,至少应保留 20~30cm 的钢筋头,且长短交错;再次,检查原滑动传力杆,如有缺陷,应修理或更换新杆;从次,和原有路面板的接缝面,如为缩缝,应用塑料薄膜隔开或涂上沥青,以防止新旧混凝土黏结在一起,如为胀缝,应设置接缝板;最后,待混凝土硬化后切槽,并灌入填缝料。

(2)板边的修补。

对水泥混凝土面板边轻度剥落进行修补时,应先将剥落的表面清理干净,并用沥青混合料或接缝料修补平整;当板边严重剥落时,可采用条带罩面补缝;当板边全部破碎时,可采用全深度补块。

3. 板块脱空

水泥混凝土路面在车辆荷载的反复作用下,板下基(垫)层将产生累积塑性变形,使混凝土板的局部范围不再与基层保持连续接触,同时温度、湿度的变化,以及板内温度的非线性分布,引起板向上或向下的翘曲,加速了路面板与基础之间的分离形成板块脱空。

产生板块脱空的原因主要有以下四方面:①结构层自身的原因。路基的不均匀沉降和混凝土面板下基层不稳定,都可能形成面板下脱空。②荷载的反复作用。调查资料表明,主车道比超车道面板脱空多,重车道比轻车道面板脱空多,可知荷载的反复作用是面板脱空的重要因素。③接缝材料的老化。劣质灌缝材料使雨水下渗形成动水压力。混凝土面板与基层间有渗水存在，使基层软化，强度降低。在荷载作用后，渗水向四周压强小的地方流动，形成冲刷，进一步加大层间空隙。④基层高程控制不严。面板施工时厚薄不均，在荷载作用下基层失去均匀支撑而断板，减弱了板间的约束力，使面板竖向位移加大。

水泥混凝土面板和基层之间由于出现空隙而导致路面脱空的，可采用沥青灌浆法、水泥灌浆法等方法进行板下封堵。

采用沥青灌浆法时，按要求钻好灌浆孔，采用压缩空气将孔中的混凝土碎屑、杂物清除干净，并保持干燥。沥青的加热熔化温度为180℃。沥青压满后，拔出喷嘴，用木楔堵塞。待温度下降后，拔出木楔，用水泥砂浆填塞后，即可开放交通。

采用水泥灌浆法时，按要求钻好灌浆孔，采用压缩空气将孔中的混凝土碎屑、杂物清除干净，并保持干燥。可用压力灌浆机或压力泵灌浆。灌浆作业应先从沉陷量大的灌浆孔开始，逐步由大到小。当相邻孔或接缝中冒浆时，可停止泵送水泥浆；每灌完一孔用木楔堵住；待砂浆的抗压强度达到3MPa时，用水泥砂浆堵孔，即可开放交通。

4. 唧泥

唧泥是指水泥路面上车辆通过时基层细料和水一起从板接缝处挤出，逐渐使基础失去支撑能力，在各种轻重荷载的交替和重复作用下，最终产生板断裂的现象。

产生唧泥的原因有以下方面：路面排水不良；基础不均匀沉陷；基层抗冲刷能力弱，基层表面采用砂或石屑等松散细集料做整平层；填缝料损坏，雨水沿接缝渗入基层，在行车荷载及相邻板块之间的抽吸作用下，使细料向后方板块移动、堆积，产生唧泥。

水泥混凝土面板出现唧泥病害时，可采用压浆处理，并及时灌缝。其灌缝应满足接缝维修的要求。

（1）路面和路肩应保持设计的横坡，宜铺设硬路肩。

（2）路面裂缝接缝及路面与硬路肩接缝应进行密封。

（3）地面排水设施。应设置纵向积水管和横向出水管，并满足下列要求：①在水泥路面的外侧挖一条宽为15~25cm的纵沟，横沟与纵沟的交角应在45~90°，横沟间距为30m。②积水管一般采用ϕ7.5cm多孔塑料管，出水管为无孔塑料管。③纵向多孔管应包一层渗透性较强的土工织物。④积水管和出水管放入沟槽时，底部应平顺，横向出水管的坡度应大于等于纵向排水管的坡度，出水管的管段应延伸到排水沟内，并设端墙；管的外围应填放粗砂等渗滤集料，并振动压实。

（4）地下排水设施。盲沟设置应满足下列要求：①在沿水泥路面外侧挖纵向沟时，沟底应低于面板10cm，在水泥混凝土路面接缝处挖横向沟；②沟槽底面及外侧铺油毡隔离层，沿水泥路面交界处及盲沟顶部铺设土工布过滤层；③盲沟内宜填碎（砾）石过滤材料；④盲沟上应用相同材料恢复路面。

5. 错台

错台是指水泥路面的接缝处相邻面板的垂直高差，高差较大时会发生跳车现象。

产生错台的原因有以下三个方面：第一是车辆荷载的作用，使得接缝处板块不均匀下沉；第二是在春夏秋冬不同的温度和湿度作用下，水泥混凝土板在接缝处产生翘曲现象；第三是施工中操作不良，如横缝处未设置传力杆，基础强度不够或材料质量差等。

错台的处理方法有磨平法和填补法两种，可根据错台的轻重程度选定。

对高差小于等于 10mm 的轻微错台，可采用机械磨平法处理。

对高差大于 10mm 的严重错台，可采用填补沥青砂或水泥混凝土进行处理。采用沥青砂填补时，填补前应清除路面上的杂物和灰尘，并喷洒一层热沥青或乳化沥青，用量为 $0.4\sim0.6kg/m^2$。修补面纵坡坡度应控制在 1‰ 以内。沥青填补后，宜用轮胎压路机碾压，初期应控制车速。采用水泥混凝土填补时，应将错台下沉板凿除 2~3cm 深，修补长度满足要求。应清除凿除面上的杂物、灰尘。浇筑细石混凝土，待强度达到进车强度后，即可开放交通。

6. 拱起

拱起是指水泥混凝土路面横缝两侧的板体发生明显抬高的现象。

产生拱起的原因有以下四个方面：①胀缝被砂、石等阻塞，使板伸胀受阻；②设置的胀缝传力杆水平、垂直方向偏差大，使板伸胀受阻；③长胀缝混凝土板，在小弯道陡坡处或厚度较薄时易发生纵向失稳，引起拱起；④在旧沥青路面上铺筑混凝土板易发生拱起。

当板端拱起但路面板完好时，可用切制机具缓慢将拱起板块两侧的 1~2 道横缝切宽、切深，待应力释放后切除拱起端，将板块恢复原位，清缝并灌填接缝材料；当板端拱起板块已经发生破损或断裂时，应根据其破损情况分别按前述裂缝修补的方法处理；当拱起板两端因硬物夹入发生拱起时，应将硬物及缝内杂物、灰尘清除干净，使板块恢复原位，并灌填填缝料；当胀缝间因传力杆在施工时设置不当，使板受热不能自由伸长而发生拱起时，应重新设置胀缝。

7. 沉陷

在行车作用下，水泥混凝土路面板逐渐产生竖向变形，即形成沉陷。

产生沉陷的原因是基层湿软、水稳定性不足，板底出现空隙，以及路基下有墓穴坑洞。

水泥混凝土路面板和基层之间，由于出现空隙、空洞而导致路面沉陷的，可分别采用下列处理方法。

(1) 顶升施工法。先在混凝土面板上钻孔，然后用压缩空气或千斤顶把板直接顶起，或用横梁和螺旋或液压千斤顶将板间接顶起至预定高度，然后往孔中压注填料（干砂、低强度等级水泥砂浆或石灰砂浆）直至密实，最后用混凝土封死孔口。

(2) 沥青灌注施工法。首先，用凿岩机在路面上凿孔，孔的大小与灌注嘴大小一致。灌浆孔的布设应根据路面板的大小、下沉量、裂缝状况及灌浆机械类型、灌浆压力大小确定。其次，灌浆孔凿好后，掏出孔中的混凝土碎屑，用空压机的小钢管插入孔中，将砂、泥、混凝土碎屑从管周喷出，使路面板下和基层之间形成畅通的空间，并保持干燥。最后，将加热熔化的沥青用沥青洒布车以 200~400kPa 的压力注满孔内，并用木楔堵塞。当沥青温度下降后，拔出木楔，用水泥砂浆或沥青砂浆填塞，即可开放交通。

(3) 水泥灌浆施工法。首先，灌浆孔的排列布设与沥青灌注施工法基本相同；其次，灌浆机械可采用压力灌浆机或压浆泵，灌浆先从沉陷量大的地方开始，逐步由大到小，由近到远，直到路面板达到预定的高度为止；最后，灌浆完毕，用木楔堵孔，养护3d后开放交通。

8. 坑洞

坑洞是指路面板表面有局部破损，呈现孔洞状的破损现象，其直径一般为25～100mm，深度为10～50mm。

产生坑洞的原因是施工质量差，混凝土材料中夹带朽木、纸张和泥等物，或者某些车辆的金属硬轮或掉落硬物的撞击。

应将坑洞修凿成正方形或长方形的直壁坑槽，并注意避免形成新的裂缝，防止影响好的路面和损坏部分的继续扩大。把坑洞内的尘土及混凝土碎块清除干净，待干燥后，用硬毛刷涂刷一层沥青，然后用沥青砂或沥青混凝土填补、夯平。当填补的坑洞较深时，可先在坑洞下面填一层夯实碎石，其高程较原路面低1.5～2cm，最后将土层同样用沥青砂或沥青混凝土填平。

9. 接缝碎裂和填缝料损坏

水泥混凝土路面板接缝两侧倾斜的剪切挤碎现象称为接缝碎裂；填缝料剥落、挤出、老化破碎称为填缝料损坏。

混凝土常见的接缝分为横缝和纵缝。横缝又分为胀缝和缩缝两种。胀缝的宽度随气温而变化，气温上升时缝中的填料被挤出；气温下降时性能较差的填缝料不能恢复，使缝中形成空隙，因而泥沙、石屑等杂物侵入，成为板块伸胀时的障碍；雨雪水便能沿此空隙渗入，损坏基层和接缝；加之填缝料的老化，也会造成像胀缝一样的后患；施工、养护不规范，切缝不及时或未达规定深度，也是造成接缝损裂的原因之一。

填缝料损坏主要是由填料脆裂、老化、挤出、与板边脱离造成的，填缝料质量差，外面板施工时黏结面未处理好、缝壁不洁或潮湿等也会加速填缝料损坏。

修补方法主要有清缝和填缝两种。

(1) 清缝。用小扁凿凿除或用清缝机清除旧填缝料和其他杂物，露出缝壁，用吹尘器吹净缝内尘土。

(2) 填缝。①接缝板。首先将地板胶或建筑热沥青等涂刷在缝壁上，然后将接缝板嵌压入缝内。接缝板接头及接缝板与传力杆之间的间隙，须用沥青或其他填缝材料填实抹平。②填缝料。按其施工时的温度可分为加热式填缝料和常温式填缝料两类。加热式填缝料主要有聚氯乙烯胶泥、沥青橡胶类等。使用时，将填缝料加热至灌入温度，装进填缝机进行填洒，并用铁钩来回钩动，以增强填缝料或缝壁的黏结，使之填灌饱满。当施工气温较低时，应使用喷灯先将接缝预热。常温式填缝料主要有聚氨酯焦油类、聚氨酯类和聚氨酯沥青等。填灌方法与加热式填缝料相同，但无须加热。

10. 表面起皮

表面起皮是指路面表层的微小网状裂纹在车辆荷载的作用下，发展为深度6～12mm的表层层状剥落现象。

产生表面起皮的原因有以下四个方面：①施工时水灰比较大，部分混合料石料级配差，经振捣密实后施工坍落度不一致，形成的混凝土表面砂浆厚薄不均匀，经行车作用表层砂浆逐渐剥落；②过度抹面，发生过量泌水，使浆体和砂浆表面产生一个薄弱层，在外力作用下混凝土表面剥落；③养护不及时，冬季盐化雪水及冻融循环导致表面层脱落；④集料质量低劣，水泥中的碱与集料发生碱集料反应。

表面起皮的处理应根据公路等级及破损程度，采用不同的材料和施工方法进行，对局部板块的表面起皮应进行罩面。

一般公路水泥混凝土面板表面起皮，宜采用稀浆封层加以修补；高速公路水泥混凝土面板表面起皮，宜采用改性沥青封层或沥青混凝土加以修补；较大面积的水泥混凝土面板表面起皮，宜采用稀浆封层及沥青混凝土罩面加以修补。

6 桥梁工程养护技术

6.1 基础与墩（台）的养护

6.1.1 基础的养护

1. 基础的日常养护

（1）应采取措施保持桥梁墩（台）基础附近河床的稳定。桥梁上下游各200m范围内（当桥长的1.5倍超过200m时，范围应适当扩大）应做到：①适时地进行河床疏浚。每次洪水过后，及时清理河床上的漂浮物，使水流顺利宣泄。②在桥下竖立警告牌，禁止任何人或单位在上述范围内挖砂、取土、采石、倾倒废弃物，禁止进行爆破作业及其他危及道路、桥梁安全的活动。③不得任意修建对桥梁有害的建筑物，因抢险、防汛需要，修筑堤坝、压缩或拓宽河床时，应事先报经交通主管部门或道路管理机构同意，并采取有效的防护措施。发现任何有可能破坏桥梁安全的行为，应及时制止。

（2）若基础冲刷过深或基底局部掏空，应立即抛填块石、片石、铅丝石笼等进行维护。

（3）桥下河床铺砌出现局部损坏时及时维修。若砌块损坏，可补砌或采用混凝土修补。

（4）对设置的防撞、导航、警示等附属设施，应经常检查、维护，保持良好状态。

2. 基础加固方法

墩（台）基础在使用过程中，过桥车辆荷载的加重及自然作用的影响会使基础产生沉陷，墩（台）出现倾斜和过大的裂缝。为此，应根据墩（台）基础不同的损坏程度、不同的结构情况进行维修加固，以确保行车安全，延长桥梁使用寿命。

（1）基础局部被冲空，可视情况采取下列维修加固措施：①水深在3m以下时，可筑围堰将水抽干，以砌石或混凝土填补冲空部分，使顶端与基础顶面平齐或稍高于基础顶面。②水深3m以上时，可在四周打板桩做围堰，灌注水下混凝土进行防护。也可以用编织袋装干硬性混凝土，每袋装袋容积的2/3，通过潜水作业将袋装混凝土分层填塞至冲空部分，并注意比基础边缘宽0.4m以上。③当基础置于风化岩上，基底外缘已被冲空时，应及时清除表面严重风化部分。在浅水区，填以混凝土，并将周围风化地基用水泥砂浆封闭。在深水区，要采取潜水作业，铺以袋装干硬性混凝土。当河床不稳定，基础埋置较浅，基础周围被冲空范围较大时，除填补基底被冲空部分外，还要在基础四周采取下列防护措施：一是打梅花桩，桩间用块石、片石砌平卡紧；二是浆砌块石、片石或混凝土预制块、水泥混凝土板防护。

（2）墩（台）基础周围河床冲刷严重，危及基础安全时，除修补被冲空的基础外，必须在洪水期过后采取必要的防护措施，以防再次被冲坏。

（3）在严寒地区，冬季冰层厚度变化，容易发生浅桩冻拔，深桩环状冻裂，可采取下列防护方法：①冰冻开始时，在距墩（台）周围 0.2～0.4m 处凿冰沟（宽 0.5～1.0m），沟内填充雪或干草、麦秆等保温材料；②桩基周围冰层很厚时，可打入套管或板桩，中间填以保温材料；③将周围的土挖至冰冻线，在基础和桩的表面涂以沥青与重油拌和的粗砂和砾石，然后在上面覆盖黏土，或用矿渣置换冰冻线以上的土，最后宜做水泥混凝土封层，以防渗水再次冻胀；④小桥可用培草、培土、填平冲刷坑和临时抬高水位等措施防护。

3. 简支梁桥墩（台）出现基础沉降和位移时的加固方法

简支梁桥墩（台）的基础沉降和位移超过下列允许限值，通过观察发现在继续发展时，应采取相应措施予以加固：①墩（台）均匀总沉降值（不包括施工中的沉降）为 $2.0\sqrt{L}$（cm）；②相邻墩（台）均匀总沉降差值（不包括施工中的沉降）为 $1.0\sqrt{L}$（cm）；③墩（台）顶面水平位移值为 $0.5\sqrt{L}$（cm）。L 为相邻墩（台）间最小跨径长度，以 m 计，跨径小于 25m 时仍以 25m 计算；桩、柱式柔性墩（台）的沉降，以及基桩承台上的墩（台）顶面水平位移值，可视具体情况确定，以保证正常使用为原则。

当地基承载力不足而引起墩（台）基础沉降时，可采取下列措施。

（1）重力式基础的加固。在刚性实体基础周围浇筑混凝土扩大基础。一般应修筑围堰，抽干水后开挖基坑，再浇筑混凝土。新旧基础（承台）之间可埋置连接钢筋，并将旧基础表面刷洗干净、凿毛，使新旧混凝土连成整体。当梁式桥桥台基础承载力不足时，可在台前增加桩基及柱并浇筑新盖梁，增设支座。这时梁的支点发生变化，应根据结构受力变化对主梁进行验算及加固。对于拱桥基础，可在桥台两侧加设钢筋混凝土实体耳墙，并将耳墙与原桥台用钢销连接起来，增大桥台基础面积，提高桥台承载力。当桥下净空允许时，可在台前加建新的扩大基础及台身，将主拱改建为变截面拱并支承到新基础及台身上。新旧基础之间用钢筋或钢销进行连接，有条件时可在台前新基础下增加短桩，以提高承载力。新旧基础要注意牢固结合。

（2）桩基础的加固。可用钻孔桩或打入桩增设基桩，并扩大原承台。对单排架桩式桥墩采用加桩加固时，如原有桩距较大（4～5 倍桩径），可在桩间插桩。如原有桩距较小，但通航净空有富余，可在原排架两侧增加新桩，变为三排式墩桩。对钻孔灌注桩桩身损坏露筋、缩径等病害，可采用灌（压）浆或扩大桩径的方法进行维修加固。桩式基础周围加钻孔灌注桩或打入钢筋混凝土桩，并扩大原承台，将墩（台）的压力部分传递到新桩基上。

（3）地基加固。对墩（台）基础以下的地层，采用注浆、旋喷注浆或深层搅拌等方法，将各种浆液及加固剂注入或搅拌于土层中，浆液凝固使原来松散的土固结，成为有足够强度和防渗性能的整体。所采用的材料应通过试验确定。

4. 旋喷法加固墩（台）基础处理工艺及要求

用旋喷法加固桥梁墩（台）基础，一般是因为墩（台）基础在设计或施工中存在某些缺陷，对地基的实际承载力不能适应。加固的方法一般是在墩（台）基础的襟边或底板打下钻孔，旋喷成圆柱形固结体，并与原基础连成整体，增加地基的承载力，达到加固的目的。

地基加固处理施工过程：钻机就位→钻孔→插管→喷射作业→冲洗。地基加固处理施工操作要点如下。

（1）旋喷前，要检查高压设备和管路系统，其压力和流量必须满足设计要求。注浆管及喷嘴内不得有任何杂物。注浆管接头必须密封良好。

（2）钻机与高压注浆泵的距离不宜过远。钻孔的位置与设计位置的偏差不得大于50mm。实际孔位、孔深和每个钻孔内的地下障碍物、洞穴、漏水等如与工程地质报告不符，均应详细记录。钻孔孔径采用80mm。垂直施工时，钻孔的倾斜度一般不得大于15%。

（3）当注浆管贯入土中、喷嘴达到设计高程时，即可喷射注浆。在喷射注浆参数达到规定值后，随即旋喷，提升注浆管，由下而上喷射注浆。注浆管分段提升的搭接长度不得小于100mm。在插管和喷射过程中，注意防止喷嘴被堵，在拆卸或安装注浆管时动作要快。水汽、浆的压力和流量必须符合设计值，否则要拔管清洗，再重新进行插管和旋喷。使用双喷嘴时，若一个喷嘴被堵，则可采取复喷方法继续施工。在旋喷注浆过程中，若出现压力骤然下降、上升或大量冒浆等异常情况，应查明原因并及时采取措施。

（4）搅拌水泥时，水灰比要按设计规定确定，不得随意更改，在旋喷过程中应防止水泥浆沉淀，使浓度降低。禁止使用受潮或过期的水泥。

（5）施工中应如实记录旋喷注浆的各项参数和出现的异常现象。施工完毕，应立即拔出注浆管，彻底清洗注浆管和注浆泵，管内和泵内不得有残存水泥浆。

（6）在处理既有构筑物地基时，应采取速凝浆液或大间距隔孔旋喷和冒浆回灌等措施，以防旋喷过程中地基产生附加变形和地基与基础间出现脱空现象，影响加固工程及邻近建筑。同时对构筑物进行沉降观测。

6.1.2 墩（台）的养护与维修

1. 墩（台）的日常养护

（1）保持墩（台）表面整洁，及时清除墩（台）表面的青苔、杂草、灌木和污秽。

（2）对发生灰缝脱落的圬工砌体，应清除缝内杂物，重新用水泥砂浆勾缝。

（3）墩（台）身圬工砌体表面风化剥落或损坏时，损坏深度在3cm以内的，可用水泥砂浆抹面修补，砂浆强度等级一般不应低于M5；当损坏面积较大且深度超过3cm时，不得用砂浆修补，须采用挂网喷浆或浇筑混凝土的方法加固。

（4）圬工砌体镶面部分严重风化和损坏时，应用石料或混凝土预制块补砌、更换，新旧部分要结合牢固，色泽、质地应基本一致。

（5）墩（台）身圬工砌体的砌块如出现裂缝，应拆除后重新砌筑。

（6）墩（台）表面发生侵蚀剥落、蜂窝、麻面、裂缝、露筋等病害时，采用水泥砂浆修补。因受行车振动影响，不易用水泥砂浆补牢的，采用环氧树脂或其他聚合物混凝土进行修补。

（7）墩（台）混凝土裂缝宽度超过限值时，裂缝的修补应视裂缝大小分别采取下列措施：①裂缝小于规定值时，以水泥砂浆或环氧砂浆封闭；②裂缝大于规定值时，应做好记录，观察其变化，如无发展，可扩缝灌以水泥砂浆或环氧树脂；③石砌圬工出现通缝或错缝不足时，应拆除部分石料，重新砌筑；④由于活动支座失灵而造成墩（台）拉裂时，应修复或更换支座，并处理裂缝；⑤由于基础不均匀沉降而产生自下而上的裂缝时，应先加固基础，再视裂缝发展情况确定灌缝或加固墩（台）。

2. 墩（台）加固方法

随着现代交通运输业的迅猛发展，部分原有桥梁的通行能力和承载力已不能满足社会的需要，由于设计考虑不周、台背高填土、基础不均匀沉降和基础承载力不足，桥跨结构的正常使用受影响，这时有必要对原来的桥梁墩（台）采取拓宽、加固和提高等措施，即进行墩（台）加固。

常见的墩（台）加固方法有注胶封闭裂缝，或者在墩（台）身上布设钢筋网，现浇混凝土，提高整个墩（台）身的整体性、刚度，增大受压面积，起到加固作用。

对于桥墩、桥台出现病害较多者，采用挂钢筋网，浇筑混凝土增大截面积的加固方法，从而提高桥梁承载力，改善桥梁使用性能。

3. 墩（台）基础加宽

（1）接长盖梁法。

利用旧桥的基础，靠墩（台）盖梁挑出悬臂加宽部分，以便安装加宽的上部桥跨结构，基础和墩（台）可以不加宽，经过地基承载力的验算后，决定是否进行加固处理。

验算时，可能由于历史原因，地基的地质资料缺乏或丢失，则要通过荷载试验或触探试验等办法实测。无条件实测时，也可以根据墩（台）目前的状况和地质状况，对比改建前和改建后的计算结果，根据桥梁规范规定的、经过多年压实的、未受破坏的旧桥地基土容许承载力提高系数确定。厚土层上墩（台）各部位的地基承载力，还要采用土力学中的方法对墩（台）的可疑角点和台心的应力状态进行分析和计算，从而确定其安全性。

确定地基的安全性后，对墩（台）盖梁进行施工处理，此时要注意以下三点：①先凿除旧盖梁连接部分的混凝土保护层，露出钢筋，并在原主筋上焊接新主筋，采用搭接形式连接钢筋，双面焊的焊接长度≥$5d$（d 为焊缝长度），单面焊的焊接长度≥$10d$，并注意剪力钢筋的布置；②新旧混凝土连接表面应粗糙，做成阶梯形和凹槽等，注意新旧混凝土不能沿斜面连接，否则不利于抗剪作用；③施工时，清理混凝土连接部位，浇筑后要注意养护。

（2）旧墩（台）附近设置新墩（台）法。

直接在原有墩（台）附近的一侧或两侧添造新的墩（台）。针对此种情况，必须巩固与维护原有桥台周围的基础，并设法防止原有桥台基础的变形，通常有两种做法：一是离开旧桥台建造新桥台；二是靠近旧桥墩建造新桥墩。

4. 钢筋混凝土套箍或护套加固法

当桥梁墩（台）出现贯通裂缝时，为防止裂缝继续发展，使之能正常使用，可用钢筋混凝土围带或钢箍进行加固。加固时，一般在墩身上、中、下分设 3 道围带，其间距应大致相当于桥墩侧面的宽度。每个围带的宽度根据裂缝情况而定，一般为墩（台）高度的 1/10，厚度采用 10～20cm。为加强围带与墩（台）的连接，在墩身内埋置直径

10～25mm 的钢销，埋入深度为钢销直径的 20 倍左右，把围带的钢筋网扎在钢销上，埋钢销的孔眼要比销径大 15～20mm，先填满销孔再浇筑混凝土，同时填塞裂缝。

当桥梁墩（台）损坏严重，如出现严重裂缝及大面积表面破损、风化、剥落时，只能围绕整个墩（台）设置钢筋混凝土护套进行加固。

5．墩（台）滑移倾斜处理

（1）支撑法加固。对因墩（台）尺寸不够，难以承受台背后土压力而向桥孔方向产生倾斜或滑移的埋置式桥台，可采用修筑撑壁法进行加固。对单跨、小跨径桥桥台，可在两桥台之间加设水平支撑，如整跨浆砌片石撑板，或用钢筋混凝土支撑梁进行加固。

（2）增建辅助挡土墙加固。对于因桥台台背水平土压力太大而引起的桥台倾斜，应设法减小桥台后壁的土压力，可在台背增建挡土墙，以加强挡土能力。

（3）减轻荷载法加固。软土地基上的桥台，由于填土较高而受到较大侧向土压力作用，从而使桥台产生前移和倾斜。此时，一般可更换台前填土，以减小土压力，减轻桥台基础承受的荷载。

（4）台后加孔减载和增设台后支撑梁法加固。这种方法适用于台后填土较高，发生沉陷推移的桥台。在这种情况下，可挖去台下的填土，改为修建小跨径的钢筋混凝土板梁引桥，并且砌筑台后混凝土支撑梁。这样，既可大大减小地基的荷载应力，又可增强桥台抵抗水平推力的能力，使桥台沉陷和水平位移得到有效控制。

6．采用拉杆技术加固桥台

桥台的侧墙发生外倾，则可以采用拉杆进行加固，方法如下：①直接对桥台两侧侧墙安置对拉钢筋，再加钢筋混凝土箍圈进行处理；②采用预埋锚碇，对穿倾斜的侧墙安置钢筋锚头、粗钢筋、螺帽，给予收紧，达到加固和恢复桥台的目的，在加固时，要注意清理台内的填土。

桩柱式墩（台），如结构强度不足或桩柱有碰撞折断等损坏，在基桩承载力许可的条件下，可采用下列方法修理加固。①桩柱式墩（台）结构的整体稳定性不足时，可采用加固整个桩柱式墩（台）的方法，即在桩或柱间用槽钢或角钢做横、斜撑连接，以增强整体性和稳定性，钢板箍和横夹板（用槽钢或角钢）用螺栓拧紧，斜夹板可用电焊接合，盖梁如强度不足，也可在盖梁下加横向夹梁，用螺栓拧紧，予以加强。②迎水侧桩、柱被船只或流冰等碰撞受到损伤，以至折断时，可视情况采取下列修理方法：a. 将损伤或折断的桩、柱的松动部分的混凝土凿除，添加必要的钢筋，立模浇筑混凝土，按原式修复，施工时可在两侧加设临时支撑；b. 在桩、柱损伤处，将原混凝土凿毛，外面加设钢筋混凝土围带，使损伤部位得到加强。

6.2 梁式桥跨的养护

6.2.1 混凝土梁式桥跨的养护

1．裂缝的修补

无论是钢筋混凝土梁还是预应力混凝土梁，裂缝均普遍存在。裂缝的修补，一般采用表面封闭和注浆方法。

当裂缝宽度小于 0.2mm，或细状不继续发展，或为了阻止混凝土碳化发展或防止大气和其他因素腐蚀结构时，对混凝土及钢筋进行表面处理，以树脂或涂料在需处理的局部或整个梁体形成封闭膜，将混凝土与空气、水隔断。进行封闭处理时，先用钢丝刷将混凝土面刷毛，清除附着物。如果用水冲洗，则必须充分干燥。涂覆工艺由所采用的涂料类型决定，涂膜厚度一般不大于 300mm。

当裂缝宽度在 0.2mm 以上，裂缝较深，漏水，既对结构耐久性有影响，又会影响结构强度和刚度时，采用注浆的办法向裂缝内灌浆，使混凝土梁被胶黏为一体。浆液应采用黏度较低的环氧胶或其他高分子材料，要求其抗拉强度高于被灌注的梁体混凝土的抗拉强度，且在压力作用下易于渗入混凝土裂缝内。

钢筋混凝土结构的裂缝可分为非结构性裂缝及结构变形变化与荷载裂缝。前者有混凝土收缩引起的表面裂缝，后者有梁体出现的弯拉裂缝、主拉应力裂缝、剪切裂缝、支点局部承压的劈裂缝等，对后者的处理更重要。钢筋混凝土是允许开裂的，只限制裂缝的宽度及分布。当裂缝宽度在限值范围以内时，一般可以不处理；若环境条件恶劣，裂缝宽度较大，可以采取表面封闭裂缝的措施。当裂缝宽度超过限值时，应进行灌缝处理，梁的垂直方向和倾斜方向裂缝应采取压力灌缝。常用的裂缝修补胶主要有环氧树脂类和甲凝类灌缝料，前者黏结力强，稳定性好，机械强度高，后者黏度低，可灌性好，可根据裂缝宽度等因素来选用。裂缝细小时可选用甲凝类灌缝料。如果出现了较严重的裂缝，表明结构已出现大的变形，则应查明原因，观测其发展变化，采取结构加固措施，并综合考虑对裂缝的处理。

2. 钢筋锈蚀处理

混凝土的密实度、渗水性、含水量、含氯盐量、碳化深度、保护层厚度不足和开裂等缺损，都是导致钢筋锈蚀的因素。反之，钢筋锈蚀又促使混凝土进一步破损。

（1）钢筋锈蚀处理方法。

锈蚀较重的钢筋不能同混凝土很好地黏结，影响钢筋和混凝土共同受力，而且埋置在混凝土中的锈蚀钢筋会继续氧化，锈皮膨胀致使混凝土构件产生裂纹和损坏。因此，对钢筋表面的油渍、漆污和用锤敲击能剥落的浮皮、铁锈等均应清除干净。钢筋除锈的途径有两种：一是在钢筋加工的其他工序，如调直、冷拉的同时进行钢筋除锈，这是一种经济合理的方法；二是专门用人工或机械的方法进行钢筋除锈。人工方法一般是用各种钢丝刷、平铲、凿子或钢刮刀进行除锈，这种方法劳动强度大，效率低，在工作量不大时采用。常用的机械除锈方法是在电动砂轮机上装上圆盘钢丝刷除锈，也可使用风钻（或电钻）装上钢丝刷除锈，或用小风铲进行除锈，效率比手工除锈高。对锈蚀较重的钢筋，用机械喷砂的办法除锈最为彻底，即利用压缩空气使洁净干燥的石英砂粒通过专用喷嘴高速喷射于钢板表面，利用砂粒的冲击和摩擦将旧漆膜、污垢、铁锈、氧化皮等全部除去。采用此法除锈效率高、质量好。

（2）钢筋防锈措施。

①磷化及喷锌。喷砂后，如不及时涂漆，为防止重新生锈，需在钢料表面加涂一层磷化底漆，形成一层不溶性的磷酸盐保护膜，即为磷化处理。它能增强漆膜和钢铁表面的附着力，防止锈蚀，延长油漆的使用寿命。但在磷化底漆上仍需涂底漆和面漆。经过除锈处理后的钢梁表面特别是上盖梁，多采用喷锌或喷铝后再涂底漆、面漆的方法来增

强钢梁的防锈能力，效果比较显著。喷锌或喷铝是将不锈的金属丝（如锌丝、铝丝等）送入金属喷涂枪内燃烧的高温火焰中，使其熔化，然后借压缩空气的气流，以相当高的速度将熔化的金属丝吹成极微细的雾点，喷射在已处理过的钢梁表面，使钢梁表面形成一层固结的金属层，在面上再涂底漆和面漆，以达到防锈的目的。

②喷漆。钢梁用漆要按地区特点和部位的不同配套使用。油漆的种类很多，性能各不相同。过去涂漆多用手工，近年来广泛采用喷涂方法。喷漆是利用压缩空气在喷枪嘴处产生负压，将漆流带出，分散为雾状，喷涂在钢梁表面。这种方法效率高，速度快，漆膜光滑平整，可适应不同形状的钢梁表面。采用喷涂方法时，须将油漆稀释到一定浓度，喷漆时喷雾大，影响工人健康，压缩空气应通过油水分离器，使之不含水分，否则漆膜易有斑点。

③涂以环氧树脂。上盖板喷砂除锈后可不喷锌，在上盖板上涂以环氧树脂，使其表面形成一层胶膜，该胶膜防锈、耐磨、耐冲击性能显著。

3. 桥梁上部结构加固技术

对梁体进行全面检查和对缺陷进行总体判断后，可规划养护维修范围、规模，制定修补的目标、目的和具体项目等。这是技术性很强的工作，必须考虑桥梁设计和竣工时的初期性能，桥梁耐久性设计年限、开裂及病害原因，病害及劣化程度与范围等。梁体的养护、修补和加固可按病害的程度和范围采用下述方法。

（1）增加钢筋加固法。

凿去主梁下面的混凝土保护层，露出主筋，并将原箍筋切断拉直；在暴露的原有主筋上缠上或焊上按计算确定的应补充的拉筋；恢复箍筋；浇筑环氧树脂混凝土或膨胀水泥混凝土保护层。

（2）加大截面加固法。

增大混凝土截面补强加固可采用两种方式：一种是直接加厚桥面板，另一种是增大主梁梁肋的高度和宽度。当通过加厚桥面板补强加固时，先凿除原有桥面铺装层，在桥面上浇筑新的钢筋混凝土补强层，使其与原桥跨结构形成组合断面，以提高抗弯刚度，达到补强效果。该法虽施工简便，但增加了结构物的自重，并未真正加强下缘受拉区，因此仅适用于跨径较小的 T 梁桥或板型梁桥。增大主梁梁肋高度和宽度，一般是在加大的下缘混凝土中加设主筋，并且为避免因起吊主梁加固而增加施工难度，在靠近梁端部位仍保持原貌，与加大部分做一斜面过渡。

（3）粘贴钢板加固法。

采用环氧树脂系列黏结剂将钢板粘贴在钢筋混凝土梁的受拉缘或薄弱部位，使之与原结构物形成整体共同受力，以提高其刚度，改善原结构的钢筋及混凝土的应力状态，限制裂缝的进一步发展，从而达到加固补强、提高桥梁承载力的目的。粘贴钢板加固法实施要点如下。

①一般将钢板粘贴在被加固梁受力部位的外边缘，以便充分发挥粘贴钢板的强度与作用，同时封闭粘贴部位的裂缝和缺陷，约束混凝土变形，从而发挥粘贴钢板梁的抗弯、抗剪等性能。

②为了提升梁的抗弯能力，一般在其受拉缘表面粘贴钢板，使钢板与梁形成整体来受力，此时以钢板与混凝土黏结处的混凝土局部抗剪切强度控制设计。合理与安全的设

计应控制在钢板发生屈服变形前，黏结处混凝土不出现剪切破坏。

③当梁的主拉应力区斜筋不足时，为了加固和增大梁的抗剪切强度，可将钢板粘贴在梁体的侧面，并垂直于剪切裂缝的方向斜向粘贴（斜度一般为45°～60°），以承受主拉应力。

④进行补强设计时，钢板可作为钢筋的断面来考虑，将钢板换算成钢筋，但此钢板仅承受原梁承受不了的那部分活载。

⑤在进行构造设计时，加固用的钢板可按实际需要采用不同的形状，但钢板的厚度必须比计算出的厚度大一些。用于抗弯能力补强的钢板尺寸应尽可能薄而宽，厚度一般为4～6mm，较薄的钢板有足够的弹性来适应梁体表面形状。用于提升抗剪能力的钢板厚度宜厚一点，可依设计而定，一般采用10～15mm。

⑥设计钢板长度时，应将钢板的两端延伸到低应力区，以减少钢板锚固端的黏结应力集中，防止黏结部位的混凝土出现裂缝或粘贴钢板被拉脱等现象的发生。

⑦确保钢板和被加固的梁体形成整体受力是加固成功的关键。所以，在进行补强设计时，除应考虑钢板具有足够的锚固长度、黏结剂具有足够的黏结强度和耐久性外，为避免钢板在自由端脱胶拉开，端部可用夹紧螺栓固定，或设置U形箍板、水平锚固板等，并在钢板上按一定的距离用螺栓固定，确保钢板与混凝土之间的黏结力满足抗拉或抗剪强度的需要。

（4）粘贴碳纤维布加固法。

当梁体结构产生了影响刚度和应力（主拉应力、剪应力、弯曲应力）的裂缝时，为提高梁的抗力和防止钢筋进一步锈蚀，可在开裂区相应部位粘贴数层碳纤维布。粘贴碳纤维布的主要施工步骤如下。

①表面处理。为了取得良好的粘贴效果，应先对有关的混凝土表面进行打磨处理，清除表面的浮浆、疏松混凝土及油污等杂质，直至完全露出混凝土结构新面，并用压缩空气吹除浮尘，确保混凝土表面干净并保持干燥。

②底层树脂配制及涂刷。要求底层树脂的正拉黏结强度不小于25MPa。用滚筒刷或其他工具将底层树脂均匀涂抹于已处理完毕的混凝土表面，并使底层树脂有足够的数量和时间渗透进原混凝土内2～3mm，增强混凝土表层，提高混凝土与找平层材料界面的黏结强度。

③找平层树脂配制及找平处理。要求找平层树脂的正拉黏结强度不小于2.5MPa。要求找平层树脂具有良好的施工性能与触变性能。由于找平层树脂在固化和温度变化时都会产生收缩，这样有可能在胶层内产生内应力，从而降低黏结强度，影响黏结质量的稳定性，甚至导致破坏。为此，在找平层树脂内加入滑石粉以降低收缩程度，找平层树脂与滑石粉的质量配合比为2∶1。

④浸渍（粘贴）树脂配制及涂刷。要求浸渍（粘贴）树脂的正拉黏结强度不小于25MPa。其剪切强度、拉伸强度和弯曲强度均应符合相关规定。浸渍（粘贴）树脂在黏结材料中起着重要的作用，它连接底胶与碳纤维布。它的黏度应控制在一定范围内，有利于浸渍（粘贴）树脂顺利地将碳纤维布黏附于混凝土表面，经过碾压，浸渍（粘贴）树脂浸透碳纤维布，形成一个复合性整体，共同抵抗外力作用。浸渍（粘贴）树脂不仅应具有良好的渗透性，还应具有一定的初黏力，防止粘贴的碳纤维布塌落而形成空洞或

空隙，其本身应具有良好的触变性，易于施工且不会发生明显的滴淌现象。另外，它与碳纤维布的相容性和黏结力必须极高，才能促使碳纤维布和混凝土形成预定的复合材料。

⑤粘贴片材。待底胶指触干燥后再进入该道工序。依设计尺寸裁剪碳纤维布，应根据现场施工经验和作业空间确定下料长度，若需要接长，接头的长度根据实际情况确定，一般不小于15cm。下料数量以当天能用完为准。粘贴碳纤维布时，应依设计位置由上而下、由左至右有序地粘贴，并以滚筒压挤贴片，使碳纤维布与浸渍（粘贴）树脂充分结合，同时以压板去除气泡。粘贴时应及时观察贴片是否粘贴密实，若发现有间隙或气泡，应及时处理。

⑥罩面防护处理。粘贴完碳纤维布后，在其表面再直接均匀涂抹一层浸渍（粘贴）树脂，自然风干。确保贴片表面已充分风干结合后，在其表面涂抹罩面胶或采取其他措施进行处理，以保证各层胶的耐久性。涂抹罩面胶主要是为了施工表面的美观和保护碳纤维布。只要求材料能涂敷在碳纤维布表面而不脱层、不掉落，能长期在冷、热、干、湿的空气中保持稳定，防止复合材料被紫外线直接照射。它的选择范围较大，丙烯酸体系、聚氨酯体系、不饱和聚酯体系、有机硅体系、有机氟体系等材料都适合。

（5）锚喷混凝土加固法。

锚喷混凝土是先将锚杆锚入拟补强部位的梁体内，挂设加强钢筋网，再喷射一定厚度的混凝土，形成与原梁体共同承受外荷载作用的组合结构。所以，锚喷混凝土借助喷射机械，利用压缩空气将新混凝土混合料，通过管道高速喷射到已锚固好钢筋网的受喷面上，新旧混凝土结合面上能够传递拉应力和剪应力。

喷射混凝土一般有干式和湿式两种方式。湿式喷射混凝土有明显的优点：它所采用的喷射机允许混凝土混合料在进入喷射机前或在喷射机中加入足够的拌和水，拌和均匀，再通过送料软管送至喷嘴喷射到受喷面上。混凝土的水灰比能准确控制，有利于水和水泥的水化，因而粉尘较少，回弹较小，混凝土均质性好，强度易于保证，但设备较干喷机复杂，速凝剂加入也较困难。

湿式喷射混凝土施工工艺如下：①打毛并清洗被加固梁体的表面；②按设计要求在梁体表面安设锚固钢筋；③安设补强钢筋网，钢筋周围应有足够的间隙，以便喷射混凝土能完全包裹钢筋，注意将钢筋网牢固地绑扎或点焊在锚固钢筋上，以免喷射混凝土混合料时位置产生移动；④喷射混凝土，检查喷射机是否正常，同时用高压水冲洗掉打毛时剩余的碎渣，并充分润湿受喷面；⑤在修整表面时，对于要求表面光滑和外形美观的桥孔来说，喷射混凝土的表面应及时修整，一般可在喷射混凝土初凝后（喷射后15～20min）用刮刀将设计线以外多余的材料刮掉，然后喷或抹一层砂浆，或在喷射面上直接喷或抹一层砂浆；⑥在喷射混凝土养护方面，喷射混凝土终凝2h后，应及时喷水养护，养护时间应不少7d。

（6）施加体外预应力加固法。

当钢筋混凝土梁式桥，包括简支梁（T形梁、少筋微弯板组合梁、H形梁、板）、悬臂梁、T构、连续刚构和连续梁等，存在结构缺陷，尤其是承载力不足或需要提高荷载等级，即需要对梁体进行加固时，可在梁体外设置粗钢筋、钢丝束、钢杆，并施加预应力。

施加体外预应力加固法，与梁底增焊、粘贴钢筋或钢板的加固方法相比，不需要清凿混凝土保护层，且梁体损伤程度低，加固时不影响或少影响交通，能恢复或提高桥梁的荷载等级，经济效益较明显。但对于体外筋和有关构件应采取切实有效的防护措施，否则在温度等外界条件作用下，容易造成预应力筋等断裂、松弛，从而使加固工作失败。

加固机理主要为：通过在梁体外布设预应力筋或在梁体外布设钢拉杆或钢撑杆，并与被加固的梁体锚固连接，然后施加预应力，强迫后加的预应力筋、拉杆或撑杆受力，从而改变原梁体的内力分布，并降低原梁体的应力水平，使梁体总承载力显著提高，且可减小梁体的变形，使裂缝宽度缩小甚至完全闭合。

施加体外预应力加固的类型主要如下。

①预应力水平拉杆加固补强法。对于钢筋混凝土 T 形梁或工字梁，可采用在梁的受拉区，即在梁底增设水平预应力拉杆的补强方法进行加固。安装好拉杆并通过一定的装置进行收紧张拉，使得拉杆产生较大的纵向拉力并传至梁体底，使梁体底受拉区受到拉杆顶压应力的作用，梁体所受拉应力相应减小。这种补强加固法可提高梁体正截面的抗弯承载力，但不能提高支座附近斜截面的抗剪承载力。

②预应力下撑式拉杆加固补强法。将水平的补强拉杆在接近支座处向上弯起，然后将拉杆锚固于梁体支座的上方，弯起点处设置传力构造，再施加预拉力。补强拉杆一般用粗钢筋做成，也有用型钢的。这种下撑式预应力补强拉杆布置较为合理，拉杆中施加预应力后，通过拉杆弯起点的支托构件传力，对梁体产生作用力，起到卸载的作用。这种加固方法的优点是，对受弯构件垂直截面上的抗弯强度和斜截面上的抗剪强度同时起到补强作用。这种加固方法既布置有水平补强拉杆，又布置有下撑式补强拉杆，能够同时提高梁体的抗剪和抗弯强度，从而可大幅度地提高梁体的承载力。

③在大跨度连续梁、连续刚构需用体外预应力加固时，常采用预应力钢丝束或预应力钢绞线及相应的预应力锚具和张拉设备。采用这种体外预应力筋时关键的问题有：预应力束两端头的锚固支撑块体要牢靠，要与被加固的梁体结成一体，需因地制宜，可做成锯齿块、横隔墙，也可利用已有的横隔墙；如果预应力束是折弯形的，则需在设计指定的位置设牢固的转（导）向装置，且其与预应力束间的摩擦力应尽量小。这些为体外预应力加固所增设的锚固支撑块和转（导）向装置，与梁体连接界面的局部应力状况应引起设计者的特别关注。

（7）其他加固法。

其他加固法主要就是通过改变结构体系来加固，实际是通过改变桥梁结构体系来减小梁内应力，包括：在简支梁下增设支架或桥墩；把简支梁与简支梁连接，从而由简支梁变为连续梁；在梁下增设钢桁架等；采用加劲梁、叠合梁；改小桥为涵洞；梁拱结合体系等，以提高桥梁的承载力。改变结构体系的方法很多，但往往要在桥下操作，或设置永久设施，因而影响桥下净空。因此，要在不影响通航及桥梁排洪能力的情况下使用。该法由于加固效果较好，是解决临时通行重型车辆问题的常见加固措施。重型车辆通过后，临时支墩可以随时拆除，故对通航、排洪影响不大。下面介绍其中的几种方法。

简支梁变为连续梁加固法的原理为：采用在简支梁下增设临时支墩，或把相邻的简支梁加以连接的方法，可改变原有结构物的受力体系，由简支梁变为连续梁。将多跨简支梁的梁端连接起来，变为多跨连续梁，以改善结构的受力状况，提高桥梁的承载力，其基本做法如下：①掀开桥面铺装层，凿除梁顶保护层，使主筋外露，并将箍筋切断拉直，然后沿梁顶增设纵向受力主筋，钢筋直径和根数依梁端连接处所受负弯矩大小配置。②浇筑梁顶加高混凝土和梁端接头混凝土。③拆除原有支座，用一组带有加劲垫板的新支座代替原有的两个支座。④重新做好桥面铺装。用临时支架加固时，改变了原简支梁桥的受力体系，支点处将产生负弯矩，故必须进行受力验算。此法由于缩短了桥梁跨径，桥梁承载力得到提高。

加劲梁或叠合梁加固法的原理为：采用加劲梁或叠合梁以增强主梁的承载力，也是常用的改变桥梁结构体系的一种加固法。加劲梁或叠合梁的形式有多种。采用加劲梁或叠合梁加固时，应根据加固时结构体系转换的实际受力状态，分清主次，进行合理的抽象和简化，得出计算图式，进行补强计算。因实际结构比较复杂，各种结构部分之间存在着多种多样的联系，而决定联系性质的主要因素是结构各部分的刚度比值。故新旧结构体系可依据相对刚度大小分解为基本部分和附属部分，分别计算内力，如分为主梁与次梁、主跨与副跨，并注意略去结构的次要变形，从而得到较简明的力学图式。

改桥为涵加固法的原理为：对于跨径不大的桥梁，在不影响通航和排洪能力的情况下，可采用改桥为涵的方法进行加固，涵洞的形式可采用圆管涵、拱涵等。

梁拱结合体系加固法的原理为：消除拱上建筑及实腹段范围内的填料，降低拱顶断面高度，浇筑钢筋混凝土桥面板或耐力混凝土桥面板，并用混凝土将拱上建筑与桥面板结合，从而加大拱上刚度，使原来单一拱式体系转化为梁式体系，使整个体系向柔拱刚梁转化。

6.2.2 钢桥的养护

1. 钢桥的日常养护

（1）清除钢结构的表面污垢，保持杆件清洁，特别应注意节点、转角、钢板搭接处等易积聚污垢的部位。清除的污垢不要扫入泄水孔或排水槽中，以免堵塞。

（2）更换所有松动和损坏的铆钉。更换过的铆钉在检验之后均应涂上与桥梁结构显著不同的颜色，并记入桥梁记录簿，注明其数量和位置。在更换铆钉前，仔细察看钉孔位置是否正确。如钉孔不圆或偏位大于2mm，必须扩钻以加大孔径。在铆接杆件时，如钉孔不合适，严禁采用强力钻进的铆接方法。更换铆钉后，应对其所有相邻且未更换的铆钉加以敲击，检查是否受到损伤。

（3）若发现普通螺栓或高强螺栓连接松动，应及时拧紧，对于高强螺栓必须施加设计的预拉应力。为了便于螺栓的更换，应防止丝口锈蚀，如接合杆件表面有角度，则在螺帽之下垫以模型垫圈。

（4）焊接连接的构件，焊缝处若存在裂纹、未熔合、夹渣、未填满、弧坑等缺陷，应进行返修焊，焊后的焊缝应随即铲磨匀顺。

（5）钢杆件受到冲击造成局部弯曲时，可用撬棍、弓形螺旋顶或油压千斤顶进行冷矫，禁止用锻钢烧材的方法来矫正。钢杆件如有不同方向的弯曲，应对导致弯曲的原因做调查分析以确定矫正方法，矫正时按不同的弯曲方向分别进行。如杆件同时有扭转和弯曲，应先矫正弯曲，再矫正扭转。若由于杆件强度、刚度不足或稳定性差等原因引起弯曲，矫正后应进行加固处理。如需拆卸杆件进行修理，可安装临时杆件替代被拆卸杆件，以保证行车安全。

(6) 钢梁木桥面板的保养，可抽换破损桥面板，加铺轨道板或加设辅助横梁（木梁或钢梁），经计算允许增加恒载时，可把木桥面改为钢筋混凝土桥面。

(7) 装配式钢桥的养护。在桥两端竖立鲜明的限速、限载标志，严禁超速、超载；对各部件接合点的销子、螺栓，以及横梁夹具、抗风拉杆等进行检查，如有松动和缺损，应及时拧紧和修补更换；销子周围应涂油脂，防止雨水进入销孔缝隙；外露的螺栓丝扣应涂油，防止锈蚀；木桥面板出现破裂、弯曲及不平整时，应及时抽换。若经常有履带车通过，则应加铺轨道板。

2. 钢桥防腐涂层的劣化类型、分级及其维护

钢桥的锈蚀是造成钢桥使用寿命折减的重要因素，良好的涂装防护是保证设计寿命和延长使用寿命的有效措施。因此，定期检查钢梁的锈蚀及涂装状况，并及时进行涂层维护，是钢结构桥梁维修养护的主要工作。

(1) 涂层劣化类型及分级。

涂层劣化类型包括粉化、起泡、裂纹、脱落、生锈 5 种。每种类型均分为 4 个劣化等级。

①粉化。涂膜由于表面老化损坏而呈粉状脱落，出现白色（浅色漆）或深色（深色漆）粉状物。其劣化等级按轻微、中等、轻重和严重分为 1～4 级。1 级，用力擦涂膜，手指沾有少量颜料粒子；2 级，用力擦涂膜，手指沾有较多颜料粒子；3 级，用力较轻擦拭，手指沾有较多颜料粒子；4 级，轻轻一擦，手指沾有大量颜料粒子或出现漏底。无粉化时为 0 级。

②起泡。涂膜表面出现直径不同的膨胀、隆起、点泡或气泡。劣化等级按面积分为轻（1 级）、中等（2 级）、轻重（3 级）、严重（4 级）。

③裂纹。涂膜出现裂痕、网状或条状裂纹，并可看见下层或底层，分级方式同起泡。

④脱落。涂膜层间、新旧涂层间丧失附着力，涂层表面呈小片或鳞片状脱落。劣化等级按面积分级，同起泡。

⑤生锈。涂膜出现针状、点状、泡状或片状锈。劣化等级按生锈面积分为轻微（1 级）、中等（2 级）、轻重（3 级）、严重（4 级）。

(2) 劣化涂层的维修。

粉化 0 级及各类 1 级劣化无须进行处理；各类劣化 2 级和 3 级应进行维护性涂装；各类 4 级劣化须进行重涂。

维护性涂装主要有以下几个方面需要注意：①粉化 2 级或 3 级时，应清除表面污渍，用细砂纸除去粉化物，然后涂覆两层面漆；②起泡、裂纹或脱落 2 级或 3 级时，用工具清理损坏区域及周围疏松涂层，未损区涂层边缘制成 50～80mm 的坡口，坡口使涂层边缘渐薄，见底层漆，局部涂覆底漆、中间漆及面漆；③应注意保持涂层的连续性和厚度，最后涂一层面漆，盖至交界处以外。劣化为生锈 2 级或 3 级时，先清除松散涂层，直至良好结合涂层为止，手工清理钢表面至 St3 或机械喷射至 Sa2.5，未损涂层边

缘仍制成50～80mm坡口，然后涂覆相应底漆、中间漆和面漆，并注意保持各涂层的连续性和厚度，再涂一层面漆盖至边缘以外。

重新涂装周期及重新涂装工艺需注意的要点：①重新涂装的周期首先取决于环境条件和涂层性能，在腐蚀性强的海洋型大气条件下，相同的涂层寿命会更短，其次是工业型大气，再次是乡村型大气，桥梁涂装用面漆和底漆不同，干膜厚度及耐久年限差别也较大；②重新涂装在桥梁工地进行，但工艺要求与钢梁初始涂装相同。

3. 钢桥的除锈

钢结构锈蚀主要是指钢结构与大气中所含的氧气、水分、盐类、二氧化碳、二氧化硫、氮氧化物等物质及具有化学活泼性的物质发生化学或电化学作用。这种现象称为钢铁的腐蚀，这些变化通常会在钢铁表面产生松散堆积物，即铁锈。

钢材表面除锈等级以代表所采用的除锈方法的字母"Sa""St"或"Fl"表示。如果字母后面有阿拉伯数字，则其表示清除氧化皮、铁锈和油漆涂层等附着物的程度。

（1）喷射清理。喷射清理以字母"Sa"表示。喷射清理前，应铲除厚的锈层、可见的油脂和污垢。喷射清理后，钢材表面应清除浮灰和碎屑。①Sa1：轻度的喷射清理。在不放大的情况下观察时，表面应无可见的油脂和污物，并且没有附着不牢的氧化皮、铁锈、涂层和外来杂质。②Sa2：彻底的喷射清理。在不放大的情况下观察时，表面应无可见的油脂和污物，并且几乎没有氧化皮、铁锈、涂层和外来杂质。任何残留污染物应附着牢固。③Sa2.5：非常彻底的喷射清理。在不放大的情况下观察时，表面应无可见的油脂和污物，并且没有氧化皮、铁锈、涂层和外来杂质。任何污染物的残留痕迹应仅呈现为点状或条纹状的轻微色斑。④Sa3：使钢材表观洁净的喷射清理。在不放大的情况下观察时，表面应无可见的油脂和污物，并且应无氧化皮、铁锈、涂层和外来杂质。该表面应具有均匀的金属色泽。

（2）手工和动力工具清理。用手工和动力工具，如用铲刀、手工或动力钢丝刷、动力砂纸或砂轮等工具清理，以字母"St"表示。手工和动力工具清理前，厚的锈层应铲除，可见油脂和污垢也应清除。手工和动力工具清理后，钢材表面应清除浮灰和碎屑。①St2：在不放大的情况下观察时，表面应无可见的油脂和污物，并且没有附着不牢的氧化皮、铁锈、涂层和外来杂质；②St3：同St2，但表面处理应彻底得多，表面应具有金属底材的光泽。

（3）火焰清理。火焰清理用字母"Fl"表示。火焰清理前，应铲除全部厚锈层。火焰清理后，表面应以动力钢丝刷清理。火焰清理后，在不放大的情况下观察时，表面应无氧化皮、铁锈、涂层和外来杂质。

4. 钢桥的杆件加固法

（1）钢板梁由于穿孔或破裂而削弱断面时，可补贴钢板或用钢夹紧并铆接来加固，这时板的边缘应锉平，使之结合紧密。如钢板受到了较短和较深的创伤，宜用电焊修补。

（2）采用增设水平加劲肋、竖向加劲肋的方法加固钢板梁。

（3）钢桁梁加固一般通过增加新钢板、角钢或槽钢来加大杆件截面。加固可用栓接、铆接或焊接。

（4）加设加劲杆件，或增强各杆件间的联系。

(5) 在结合处用贴板拼接，加设短角钢加强桁架杆件与节点板的连接。

(6) 如桥梁下挠显著增加，销子与销孔有损坏或上下弦强度不足，应停止交通，进行检查修理或更换。

(7) 钢结构杆件在修理加固之后，应涂漆防锈。

5. 恢复和提高整桥承载力的加固方法

(1) 增设补充钢梁，可装在原有各梁之间，也可以紧靠在原有各梁的旁边。

(2) 用加劲梁装在原下梁的下缘或下弦杆上。加劲梁加固方法，适宜用于不通航的桥孔或桥下净空足够的小型桥梁。

(3) 用体外预应力加固法，预应力施加在下挠后的下弦杆截面上。预应力加固法对桥下净空的影响较小，施工方便，但预应力钢索的防锈工作较困难。

(4) 将拱式桁架结构装在原主梁的上面，拱脚的原主梁固接或铰接，适宜用于下部结构能承受所增加恒载的通航桥孔的加固。

(5) 将悬索结构加在原主梁上面，可使被加孔的恒载转移到悬索上，以改善结构的变形。这种方法可在运营状态下施工，适宜用于下部结构能承受所增加恒载的通航桥孔的加固。

(6) 在不影响排洪和通航的情况下，可在桥孔中间添建桥墩，缩短跨径，减小桁梁杆件内力。为了承受新增支点处的剪应力，在新桥墩墩顶处的上部结构中，必须设置竖杆及必要的斜杆。

(7) 对于多孔简支桁架，分联将其转变为连续桁架，可用体外预应力加固方法，使被连接的主桁上弦杆在墩顶处得以补强。

6.3　拱桥的养护

6.3.1　拱桥的日常养护

(1) 经常清除表面污垢及圬工砌体因渗水而附着在表面的游离物。

(2) 经常疏通泄水管孔，保持桥面及实腹拱拱腔排水畅通。如发现拱桥桥面漏水应及时修补，若发现空腹拱的主拱券（肋）渗水，应对拱背进行清理，清除可能积水的残渣、堆积物等，并用砂浆等材料抹平或堵塞裂缝。若发现实腹拱主拱券渗水，应检查拱腔排水系统，必要时可挖开拱上填料，修补防水层，修理排水管道。

(3) 主拱及拱式腹拱的拱铰及变形缝保持正常工作状态。清除弧面铰及变形缝内嵌入的杂物，保持自由转动、变形。填缝材料如油毛毡、浸渍沥青的木板等，如有损坏应及时更换。

(4) 构件表面缺陷及局部损坏的修补，主要涉及以下几类：①圬工砌体的边角压碎、砌块断裂，干砌石拱桥砌缝张口等，可用水泥砂浆修补。若个别块体压碎或脱落，应用新的块体填塞更换，更换时保证嵌挤或填塞紧密。砌缝砂浆若发生脱离，应凿除后重新用干硬性砂浆或微膨胀砂浆填筑，表面重新勾缝。②钢筋混凝土拱构件的表面缺损与裂缝修补。③钢管混凝土拱钢构件表面的防锈涂层应保持完好，并定期重涂。④实腹拱的侧墙若发生较大变形、开裂，应查明原因并做相应处理。若填料不实或拱腔积水，应挖开拱上填料，修补防排水系统，拆除鼓凸部分侧墙后重新砌筑，重新回填拱上填料及重做路面，也可酌情换用轻质填料或加大侧墙尺寸。若发现侧墙与拱券之间脱开或侧墙上有斜向开裂（若是砌体，通常沿砌缝呈锯齿状开裂），应检查墩（台）与主拱的变形。开裂轻微且不再发展的，可作为一般裂缝进行修补处理。若开裂严重或裂缝在发展中，应考虑采用加固、改造方案。

（5）中下承式拱桥的吊杆养护。系杆拱桥的系杆混凝土裂缝应用环氧砂浆等材料进行处理。系杆采用无混凝土包裹的预应力钢丝束时，应定期对钢丝束的防锈保护层进行养护，更换防护油脂等。系杆的支承点如有下沉，要及时调整。

（6）冬季月平均气温低于$-20℃$的地区，对淹没于结冰水位的拱券，应在枯水期从结冰水位以上$50cm$开始至拱脚涂抹一层防冻环氧砂浆，砂浆表面再涂刷沥青进行保护。

6.3.2 钢管混凝土拱桥关键部位的养护

1. 钢管混凝土拱桥拱肋的养护

钢管混凝土拱桥拱肋（含腹杆及横向连接系）的养护工作主要包括下列内容。

（1）保持焊接的正常状态。当焊缝承受与其方向垂直的交变荷载时，在焊接缺陷及局部应力集中处均易诱发疲劳裂纹。该裂纹一旦形成，在应力与腐蚀介质的共同作用下裂纹迅速扩展。如不及时修复会引起严重后果。因此，对拱肋的焊接部位，应注意保持焊接的正常状态。若桥梁在使用过程中发现焊接处有异常情况，应注意分析裂缝产生的原因，及时处理。

（2）当拱肋出现裂缝后，应由专业技术焊工及时用手电钻在裂纹端钻 $\phi 2\sim 3mm$ 的圆孔，制止裂纹的扩展，然后用碳弧气刨清除裂纹部位。裂纹清除后用砂轮打磨干净，预热后用二氧化碳保护焊修复。修复完毕，应进行无损检查，确认焊缝缺陷不复存在，否则重新修补。焊缝修补次数一般不超过2次。修复工作进行前，制订相应修补方案及焊接修复工艺，焊接修复工艺应进行必要的测试与评定。重要部位的焊缝修复，应征得有关专家认可后方可实施。

（3）在日常检查过程中，若发现拱肋涂层有相关标准所列涂膜劣化等级2级以上的漆膜损坏，应及时处理。

（4）对裸露的钢管，根据防腐材料使用年限经常定期检查，如有腐蚀，要进行除锈防护工作，锈点、锈迹要彻底擦除，除锈后再涂抹防锈漆及面漆。城市及大气污染严重地区的桥梁可用热锌、热铝喷涂工艺进行防护，或用聚乙烯涂料或改性聚氨酯等防护涂料涂刷，其厚度不小于$140\mu m$。

（5）在确定钢管混凝土的管内有空洞或离析时，可先钻孔注入环氧树脂、水泥砂浆后再封闭钻孔。

（6）主梁的挠度值出现异常时要及时限制交通，并应查明原因，委托设计部门计算，采取措施进行处理。

2. 钢管混凝土拱桥拱座的养护

（1）在拱座与裸露的钢管混凝土交界段以上露出的钢管表面，若涂层出现褶皱、龟裂，在排除涂层质量、气温、老化等因素后，宜再将包裹混凝土向上延伸。

(2) 若拱座的外包混凝土出现褶皱、龟裂、裂纹,当无明显变形时,可暂用水泥砂浆涂抹,加强观察,分析原因。待稳定后再根据情况修复(如压浆、封闭或凿除裂损部分进行修复)。若桥梁处于大气污染区,则应采用改性乳胶漆等材料进行大面积喷涂防护。

(3) 对拱座处的积水要及时排除,保持清洁干燥。

(4) 每年冬夏来临之前,对裸露管段与外包混凝土的管段交界处要厚涂油脂。

3. 钢管混凝土拱桥吊杆、系杆及锚具的养护

(1) 吊杆与系杆系统包括吊杆、系杆、锚板及连接件等。吊杆、系杆涉及桥梁的耐久性和承载力,其养护是钢管混凝土系杆拱桥养护工作的重点。养护的重点部位是两端锚头处。

(2) 冷铸锚头和螺栓暴露在大气中,要注意防水、防锈,丝扣部分应经常涂润滑油防腐。应定期对吊杆及系杆系统涂漆防锈,并注意随时补刷防锈漆。对两端锚固处及锚头、吊杆、系杆出口密封处、防护套等部位,发现有损坏时及时处治。

(3) 当锚头出现裂缝或破损时,应更换该吊杆(系杆)。系杆拱桥的系杆及锚于后台的抗负弯矩系杆出现松弛现象时,可在其预留孔内穿梭进行张拉,无预留孔时可在拱脚段的两侧加设型钢。新增系杆应进行包裹防护。

(4) 吊杆与系杆要避免横向冲击,注意防水、防锈。在钢管及防护罩内均应注意防护。如发现系杆及防护板腐蚀或损坏,应及时处理。如发现油脂渗漏,应补注防锈油脂,并找出渗漏部位,加以堵塞。应使系杆锚头、锚板防护罩、滚珠轴承等保持完好状态。

(5) 设计吊杆、系杆时都应考虑若干年后更换吊杆的可能性。个别吊杆或系杆出现疲劳断丝,或意外损坏,或测试结果出现异常时,可根据实际损伤、腐蚀状况及断丝情况适时调整或更换。系杆可用前卡式千斤顶逐股松索后抽换;吊杆可从拱肋上垂下钢丝绳,将横梁一端兜底临时吊住,更换吊杆后拆除。调整或更换前需经专题研究、专家论证,制定方案,编写施工工艺,按有关规范和工艺施工。吊杆(或系杆)及有关连接件或附件更换完毕后,应重新对它们做防腐处理,并应对吊杆(或系杆)拉力进行一次测量。

6.3.3 钢筋混凝土桁架拱桥的养护

钢筋混凝土桁架拱桥的常见病害除拱桥结构的共有病害以外,还有如下几种:杆件开裂破损、节点开裂破损、钢筋锈蚀、混凝土碳化、混凝土不密实、钢筋保护层不足、雨水浸蚀、冻胀开裂剥落、路面破损。

对于桁架拱桥,除了日常养护,还应定期检查,重点检查是否有混凝土开裂、钢筋锈蚀、雨水侵蚀、冻胀冻裂、破损残缺、路面破损等,特别是当杆件受到意外撞击或创伤时,要及时检查,必要时封闭交通进行专业检查和承载力评估,确保结构安全。当路面破损或路面平整度不达标时,要及时维修,因为路面的不平顺会显著增加荷载的冲击效应,而钢筋混凝土桁架拱抗冲击和疲劳的性能比较差。

钢筋混凝土桁架拱桥出现病害时要及时处治,对于混凝土开裂,要查清原因,宽的裂缝(大于等于 0.01mm)进行压浆处理,较窄的裂缝(小于 0.01mm)进行表面封闭,

对于杆件和节点的破损，可用外包碳纤维布的方式加固，也可用外贴钢板或加钢箍的办法加固。

外包碳纤维布加固混凝土桁架杆件的方法是一种有效的方法，杆件用碳纤维布包裹后，其整体性和承载力（特别是后期承载力）显著提高。同时，可以封闭混凝土的裂纹，极大地提高杆件的耐久性。此外，碳纤维布加固基本上不增加结构恒载，无须对非加固构件进行强度验算，这对于桁架拱这种轻型结构形式尤为重要。这种方法施工方便、灵活，可适应不同的截面形式，不需要大型的施工设备和笨重的工具，施工质量容易控制。

外贴钢板也是加固和修复混凝土桁架拱的重要方法，特别是对于需要提高荷载等级的旧桥是首选方法。这种加固方法可以增大杆件的截面尺寸，直接提高杆件的承载力和结构刚度。缺点是会增加结构自重，对于无病害的杆件或节点需要进行强度验算，有时可能需要进行补强加固。

6.3.4 拱桥的加固方法

1. 主拱券强度不足时，可加大拱券截面

从拱腹面加固时，可采用下列方法：粘贴钢板；浇筑钢筋混凝土加大拱肋截面；布设钢筋网，喷射混凝土或水泥砂浆加大拱券截面；在拱肋间加底板，变双曲拱截面为箱形截面。条件许可时，也可在拱腹面做衬拱及相应的下部结构。

从拱背面加固时，可在拱脚区段的空腹段背面加大拱券截面；或拆除拱上建筑，在全拱券背面加大截面。一般使用混凝土或钢筋混凝土材料。

2. 其他加固要点

(1) 拱肋、拱上立柱、纵横梁、桁架拱、刚架拱的杆件损坏可用粘钢或复合纤维片材加固。粘钢时可粘贴钢板，也可在四角处粘贴角钢。

(2) 用粘钢或复合纤维片材的方法加固桁架拱、刚架拱及拱上框架的节点。

(3) 用嵌入剪力键的方法加固拱券的环向连接。剪力键一般采用钢板或铸件，按一定间隔布置，其间的裂缝用环氧砂浆等处理。

(4) 用加大截面的方法加强拱肋之间的横向连接。采用横拉杆的双曲拱，可把拉杆改为系梁。

(5) 更换锈蚀、断丝或滑丝的吊杆。若原构造许可，可以用收紧锚头的方法张拉松弛的系杆或吊杆来调整内力。

(6) 在钢管混凝土拱肋拱脚区段或其他构件的外面包裹钢筋混凝土。

(7) 改变结构体系以改善结构受力，如在桥下通航许可的前提下加设拉杆。

(8) 更换拱上建筑，减轻自重，更换实腹拱的拱上填料为轻质填料。

(9) 用更换桥面板、增加桥面铺装的钢筋网、加厚桥面铺装、换用钢纤维混凝土等方法维修加固桥面。

(10) 因墩（台）变位引起拱券开裂时，应先维修加固墩（台），然后修补拱券。

(11) 加固拱桥时，应注意恒载变化对拱压力线的影响及其引起的推力变化，对各施工工序应进行验算，并做出详细的施工组织设计，严格按照设计的工序施工。

6.4 悬吊及斜拉系统的养护

6.4.1 悬吊系统的养护

1. 悬吊系统的日常养护

(1) 悬索桥梁体和索塔部分的养护,视其结构类型可按钢筋混凝土桥及钢桥的相关规定进行。

(2) 主缆各索股的受力应保持均匀,经检查,若个别索股受力出现明显偏差、松弛或挤紧,应通过索端拉杆螺栓进行调整。

(3) 防止主缆索股的锚头、锚杆、裸露索股、分索器、散索鞍等锈蚀,涂装防锈漆的部分应定期涂刷,涂抹黄油的部分应定期更换黄油,发现剥落、锈蚀,应及时处理。

(4) 主缆索的防护层如有开裂、剥落,应尽快修复,必要时可切开防护层检查主缆是否锈蚀并做相应处理,处理完毕后及时修复。通过涂敷黄油防锈并用简易包裹做防护层的,应定期更换黄油及防护层,并保持其完好状态。

(5) 网格式悬索桥,肢杆拉索应保持正常的工作状态,若发现松弛,可调整端头拉杆螺母,使其复位。

(6) 索鞍应经常清扫,防止尘土与杂物堆积、积水(雪)及锈蚀。索鞍的副轴或滑板应保持正常工作状态。

(7) 锚室及封闭的索鞍鞍罩内应保持干燥。有除湿设备的应保持设备正常工作,如出现故障,应及时检修。

(8) 索夹、索鞍、吊杆等的紧固螺栓应保持原设计受力状态,视工作情况,每半年至2年定期紧固,若发现松动应及时紧固。

(9) 若吊杆有明显摆动、倾斜,或检查发现其受力状况发生变化,应查明原因。若索夹松动,应使其复位并紧固锚栓;若拉杆螺栓松动,应拧紧;若吊索锚头出现松动,应更换。吊杆复位后应进行索力检测。

(10) 吊杆的保护套、止水密封圈、防雨罩等应保持完好,若发现老化、开裂、破损,要及时修补、更换。

(11) 吊杆的减震装置要保持正常工作状态,若发现异常或失效,要及时检修。

(12) 未做衬砌的岩石锚室,若有表面风化或表面裂纹,应用环氧树脂砂浆或钢丝网水泥砂浆进行处理。

2. 吊索系统的养护

(1) 吊索系统防腐涂装的维护。

对于钢丝绳索体,索吊维护一般采用与主缆相同的涂装材料。涂漆前,钢丝绳内槽应以腻子填平。对于维护性修补,可采用该桥原涂装材料。对于平行钢丝或钢绞线,一般采用高密度聚乙烯套管,当套管破裂时,可采用热压成型修补方法。

索夹及眼板螺栓等部件涂装一般采用与锚板、鞍底涂装相同的配方,总干膜厚度一般在250pm以下。吊索系统涂装维护前,将干裂脱落的腻子敲掉并重新抹平,再按涂膜检查评定的结果,进行维护涂装或重涂。

(2) 吊索、索夹及高强度拉杆更换。

当出现下述情况之一时，应当更换吊索：索股严重锈蚀，已削弱截面达5%以上；断丝率超过5%；吊索锚头中有明显拔出迹象；眼板及相连部位有裂纹扩展。

当出现下述情况之一时，应当更换索夹：索夹已严重锈蚀；夹壁开裂；索夹眼板开裂。

更换吊索和索夹，可在被更换吊索或索夹的两侧，解除主缆缠丝，并安装临时索夹和临时吊索，使被更换吊索力由临时吊索和索夹承受。在临时吊索下端，可根据实际情况制造并安装临时吊索吊点。

正式施工前，应准确测试线形及高程，了解设计吊索力和竣工吊索力，以便将新吊索或索夹恢复至原吊索的拉力和高程。吊索长度需按原吊索长度下料制作。如更换索夹，拉杆螺栓需按原设计值张拉到位，并于一月、半年、一年和三年时检查、复张拉。

3. 锚碇及锚室的养护

(1) 锚室除湿系统的养护维修。除湿系统应由经过培训的专门人员进行操作及养护维修。日常维修内容包括系统各部件的检查、清洁、润滑，易损件更换，故障查找及排除等。主要维修设备包括配电盘、鼓风机、电动机、过滤器、阻尼器、除湿组件及温湿度显示记录系统等。维修完毕，要求系统能正常运转，年度相对湿度小于45%。

(2) 排水沟断裂、山水无组织排溢、边坡破坏、掏空等病害的处理。修复排水系统或重新设计排水系统，将水引离锚碇；以石块、钢丝笼等填实塌陷及冲洞，并灌水泥浆填实，然后在其上修筑排水沟槽系统。

(3) 锚室顶盖开裂、四壁开裂渗漏。应对裂纹按宽度大小进行灌浆或封闭处理。同时，应分析水的来源，断绝水源，顶盖用碳纤维布加固或在顶盖上面加铺柔性防水层。

(4) 混凝土腐蚀防护。处于海洋大气及海水飞溅水位变动处的混凝土易遭到严重腐蚀，甚至出现松软腐蚀洞穴，进行防腐处理时，先将松软面层凿除，并清除尘渣，以防水混凝土或防水砂浆修平。必要时进行飞溅面防腐涂装。涂装材料及厚度：底层采用环氧树脂封闭漆；面层采用聚氨酯煤焦油沥青漆；要求寿命为20年时可取干膜厚度为$500\mu m$，10年时取干膜厚度为$300\mu m$。

6.4.2 斜拉系统的养护

1. 制订养护计划

根据第一年的运营、检查与观测结果，可在下述几个方面做出下一步的养护及维修计划。

(1) 经过高温及低温季节和一年的运营，检查聚乙烯管有无硬化开裂、预埋钢管有无漏水等，无材质性硬化和开裂则继续观测；对聚乙烯层机械损伤进行热成型修补，修补采用与实桥相同材质的片材，局部电热成型。

(2) 如有明显的风雨振动发生，应设置外置式阻尼器。通过计算数据和观测数据，可确定哪几根索必须设置外置式阻尼器。大跨度斜拉桥的斜拉索索长、直径大，自振频率低且阻尼小，可在成桥初即根据计算数据设置外置式阻尼器。

(3) 判断线形与索力实测数据是否在温度正常影响范围内。画出曲线，标明温度，作为以后养护的依据。索力超出10%应进一步查明原因。如有异常，经慎重研究后方能调整索力及主梁高程。

(4) 制订较长远的养护计划并按计划实施,其要点为:①聚乙烯层的检查、修补或更换;②集中检查下部预埋筒、锚固系统;③内置式、外置式阻尼器检查修理;④索力与线形检查与调整;⑤钢件锈蚀检查及维护性涂装;⑥拉索钢丝断丝检查及处理;⑦塔梁部位钢锚箱裂缝检查和处理;⑧部分或全部斜拉索更换。

2. 拉索系统病害处理

(1) 拉索的养护。

①拉索两端的锚具及护筒应经常保持清洁和干燥。塔端锚头若漏水、渗水,应及时用防水材料封堵;梁端锚头若漏水、积水,应及时将水排出并封堵水源。

②定期更换拉索两端锚具、锚杯内的防护油,以及钢护筒与套管连接处的防水垫圈及阻尼垫圈,做好搭接处的防水处理。定期对索端钢护筒做防锈涂漆处理。

③若拉索护套出现开裂、漏水、渗水,应及时处理。可剥开已损坏的护套,将已潮湿的钢索吹干,对已生锈的钢索做好除锈处理,再涂刷防护漆及防护油,并用玻璃丝布或其他防护材料包扎严密。

④斜拉索的减震装置要保持正常工作状态,发现异常或失效要及时维修。

(2) 护套更换。

①首先,进行护套更换确认。确认护套已老化开裂且环状断开失去防护功能,经检查钢丝劣化等级在1、2级,未见3、4级腐蚀和断丝。

②其次,于无雨、露、雾天气剥除外护套,进行干燥处理,修补局部破损后,缠包橡胶防腐带。缠绕时加适当拉力(伸长3%),重叠50%,在24h内加热成型。

③最后,进行端部密封处理。

(3) 下锚护筒防水处理。

取掉拉索下锚筒上端护罩,解除内置式减震圈,排干积水,清除油污、杂物、泥土等。必要时可在筒底前低处设置排水孔。利用加长喷头高压射水清洗筒壁及筒底,利用热的高压风使筒的内部干燥。确认彻底干燥、清洁后,进行聚氨酯泡沫塑料填充施工,修整后安装内置式减震圈,恢复上部密封盖。卸掉后盖帽或不锈钢保护罩,清理、干燥后复原并重新注油。

(4) 斜拉索钢丝断丝或锈蚀无损检测。

斜拉索钢丝断丝或锈蚀无损检测由具有该项技术资质的单位以斜拉索断丝和锈蚀检测装置进行。该装置沿斜拉索爬行走过一次,可给出断丝位置、数目及锈蚀的位置等信息。

(5) 换索。

对因钢索、锚具损坏而超出安全限值的拉索应及时更换。对索力偏离设计限值的拉索进行索力调整。张拉的顺序、级次和量值应按设计规定进行,并测定索力和延伸值,同时进行控制。

拉索的更换按改建工程进行,应对各方案技术经济的合理性进行分析比选,确定安全、简便的施工方案。竣工后必须对全桥斜拉索的索力和主梁高程进行测定,检验换索效果,并作为验收的依据,主要包括以下环节:①经过检查确认断丝超过5%,或钢丝锈蚀削弱截面已超过5%,或较多钢丝有3、4级腐蚀,为防止突然拉断,考虑更换该斜拉索；②换索计算，进行斜拉桥结构设计时，已考虑结构应具备减少任一根索时所要具备的储备承载力，即该索所承担的恒载和活载量值由结构和其他索承担造成内力重分布的影响，并且此时允许设计限值增加25%，用于控制活载的量值，当内力或挠度超过该限值时，应限载运行；③换索前及换索后均应对换掉的索和新索进行索力检测，同时复核线形数据。必要时应做适当的调整。

（6）斜拉索钢锚箱裂缝处理。

斜拉桥桥塔及主梁采用焊接钢锚箱的，在拉索荷载的作用下，焊缝及构造处理不当处在应力峰值点可能出现疲劳裂纹。不应随意采取补焊措施，而是采取止裂措施，即以裂纹尖端为钻头，在其中心点钻一个直径为8～12mm的圆孔，将裂纹尖端钻掉，使天然裂纹尖端的应力集中处变为8～12mm的圆孔状态，使峰值得到缓解，再继续观察其发展，不进一步扩展可以不再处理。如果裂纹在焊缝处，可由焊工采用碳弧气刨将带有裂缝的焊肉全吹掉，不能留有裂纹的"极"和"尖"并向两边延长50mm，再制成1:5的斜坡，也可用其他机械方法清除。以砂轮磨掉氧化皮及尖锐部分，露出金属光泽。补焊应于无活载、无风、气温在10℃以上时进行。

焊缝质量检查要求同钢梁制造。同一处处理宜不超过2次。如果裂纹已深入母材，不能随意补焊或补焊钢板，应经专家慎重研究分析是否采用高强度螺栓双面拼接或其他方式，由上级技术主管部门决定。

6.4.3 桥塔的养护与维修

无论是悬索桥的桥塔还是斜拉桥的桥塔，均是索的支撑构件。这些缆索（主缆和斜拉索）支撑起主梁跨越一定空间。维护桥塔的正常技术状态，对保证桥的正常运营非常关键。

（1）经常性保养与维护，保持主鞍室内斜拉索锚固区清洁、无油污及尘垢、无杂物和积水；主鞍座、附件及锚螺栓、连接螺栓无松动、无断裂、无锈蚀；斜拉桥钢锚箱无裂纹，拉索锚头、大螺母及钢工作平台等无锈蚀；对油漆局部破损及时进行修补；塔内升降梯、照明、通风设备及其他设备及标志完好无缺。

（2）主塔混凝土结构部分应无裂纹，尤其是斜拉桥桥塔的索锚固区、塔的横梁部位及主塔重要部位。当发现裂纹时，应详细记录裂纹部位、走向、宽度及深度，必要时请专家分析裂纹产生的原因，对大于等于0.2mm的裂纹，采用压注环氧胶液的措施进行处理，对小于0.2mm的裂纹采取封闭措施进行处理。裂纹涉及结构受力时应深入分析，检测混凝土强度，进行承载力验算，力图得出结论。必要时应进行线形检测和荷载试验。

（3）主塔沉降及倾斜检测应每2～3年进行一次，连同主梁线形一起，并制成曲线图，与竣工时高温及低温测试数据进行比较，以判断是否在正常范围之内。

（4）检测悬索桥主塔鞍座是否偏离，发现偏离竣工位置，需同时进行线形检测。判断偏离造成主塔塔身拉应力变化的程度，以确定是否需要进行鞍座复位处理。

（5）遇强台风、地震及受到船舶强烈撞击以后，应对桥塔进行全面检查。

（6）如发现悬索桥主鞍座及构件、斜拉桥拉索及钢锚箱有裂纹发展，不得随意补焊，可以先采用ϕ6～8mm的钻孔止裂，钻孔必须钻焊于裂纹尖端部分。如裂纹不进一步发展，可以不再做进一步处理。如发现裂纹进一步扩展，需经业内专家研究，采取合适的加固方案，如高强度螺栓连接及焊补。由于鞍座、锚箱均为承受巨大集中力的结构，此种修补需十分慎重，需要关闭交通甚至考虑进一步卸载。焊补时气温要高于10℃，先确定气刨刨去的范围和深度，研究补焊程序，并由合格的焊工实施。最好采用热量较小的二氧化碳气体保护焊，焊后控伤。补焊最好一次完成。构件较大、较厚时，应考虑预热。此后的运营中仍需观测该处是否有新裂纹产生。

（7）塔身、承台混凝土劣化及保护层脱落等缺陷的处理。混凝土水化反应能生成过饱和氢氧化钙溶液，形成较高的碱度，pH值在12.5以上，钢筋在此状态形成一层致密的碱性钝化膜，对锈蚀呈惰性状态。大气中的二氧化碳与游离氢氧化钙反应会使混凝土中性化，即pH值为8.3，钝化膜消失，钢筋开始锈蚀。严重时钢筋锈层膨胀，使保护层脱落。如此时有氯离子存在，会进一步加速钢筋锈蚀。混凝土中性化，即碳化失去耐久性进而产生混凝土破坏、钢筋锈蚀。对于桥龄在10年左右或以上的桥，尤其是受海洋大气影响和浪溅压的桥塔混凝土，应进行碳化检测和缺陷普查。

桥塔设计之初应加保护涂层，最初考虑不够或涂层失效的应采取补救措施，重新涂装。涂装前处理好裂缝及破损处。采用环氧树脂细石混凝土或环氧砂浆时，可不添加基层增强胶黏剂；采用普通混凝土类材料修补时，需在各面涂增强胶黏剂。防锈剂与铁锈反应后能阻止铁锈增长，施工应由具有该项工作资质的单位和个人进行，如需防腐寿命达20年，需进一步设计，涂层厚度达500μm或以上。对于小量或局部病害可采用碳纤维布包裹的方式处理。

6.4.4 悬索桥和斜拉桥的加固方法

1. 悬索桥加固方法

（1）减少悬索桥竖向变位的加固方法。①设置中央构件，把加劲梁与主缆索在跨中连接起来；②把直吊杆（索）改为斜吊杆（索）或交叉斜吊杆（索）；③增加斜拉索，改变结构受力体系，斜拉索可设在主跨1/4跨径区段，并妥善处理斜拉索与加劲梁及索塔的锚固，同时应注意解决索塔受力平衡问题。

（2）减少悬索桥横向摆动的加固方法。①在桥两岸的上下游对称增设侧风缆，侧风缆锚固于悬索桥的加劲梁上，锚固位置可选在1/4跨和跨中之间；②在桥的上下游各架设一根跨河钢缆，其高度可略低于桥面，用钢丝绳将加劲梁与过河钢缆做多点连接，适当张紧形成抛物面网络；③加强加劲梁的水平风撑，加大横向刚度。

（3）主缆垂度调整。对采用少量索股的悬索桥，结构条件许可时，才可对主缆的垂度进行调整。先将要调整的主缆一侧的恒载卸载，放松索夹，用卷扬机或其他张拉设备逐股张紧主缆索索股，再用调整索股端头的螺杆固定。

（4）索鞍座复位。当索鞍座偏移超出设计允许值时，可用千斤顶将辊轴归位。

（5）锚碇及锚室加固处理。锚碇及锚室结构开裂、变形，应及时查明原因，进行加固处理。锚碇板开裂，可增补钢筋混凝土锚碇板，支撑开裂或破损，可增加型钢支撑，若锚室发生变形、位移，可用增加压重等方法处理。

2. 斜拉桥加固方法

（1）可采用更换斜拉索增设辅助墩、增设纵横向主梁限位装置、增设斜拉索减震装置等方法对斜拉桥进行整体加固；可采用增大截面、粘贴钢板或纤维复合材料等方法进行桥塔和主梁的局部加固。

（2）钢主梁加固。斜拉桥多采用钢主梁或钢混组合梁，因此，对于这类主梁可采用纤维增强复合材料（Fiber Reinforced Polymer/Plastic，FRP）加固，其原理是：采用直接或间接预应力，将部分恒载由原有结构转移到FRP。应用于桥梁加固工程中的FRP主要有玻璃钢、碳纤维布和芳纶纤维布三种。目前，国内外较多采用的加固方法主要有预应力FRP法和梁反拱预应力法有两种。预应力FRP法是对FRP先进行张拉，再将FRP黏结到钢梁或钢混组合梁上，待黏结胶固化后松开张拉机具。采用这种方法可以将部分恒载转移到FRP，但将在FRP端部产生很大的界面应力，需要对FRP端部进行锚固。梁反拱预应力法是在加固前，把千斤顶安放在钢梁底部，对梁进行反拱卸载，然后黏结FRP到钢梁上，待黏结胶固化后移开千斤顶。采用这种方法在FRP端部产生的界面应力相对较小，通常无须在FRP端进行锚固，但施工难度大。

（3）混凝土主梁加固。因设计、施工以及实际荷载等级提高等因素的影响，有些斜拉桥出现主梁承载能力不足的情况，因此要对此类主梁进行加固。混凝土主梁加固的方法主要有增大截面面积，粘贴钢板，增设构件以增强主梁的承载能力。增大截面的方法是通过浇筑混凝土来增大主梁顶底板的厚度来提升承载能力，该方法在实际工程中使用较少，一是斜拉桥的跨度大，不便于加固施工；二是桥下净空的要求受到影响，还影响到斜拉桥的美观性。粘贴钢板是在主梁的顶板或底板上用黏结剂粘贴一定厚度的钢板来帮助承载，该方法施工方便，加固效果好。增设构件加固的方法是在主梁上增加"小纵梁"等构件，与原主梁一起共同承担荷载，新增构件应设计到恰当的位置，以保证有效承载。

6.5 桥面与桥梁支座的养护

6.5.1 桥面的养护

1. 桥面铺装层的常见缺陷、成因及养护

每日应对桥面铺装层进行清扫，桥面不得有污物及过往行人或车辆丢弃的杂物，以保持干净的工作状态。同时加强检查与养护，如检查行车道和铺装层下的泄水孔的排水效果，使其保持排水畅通，雨量大时，应注意观察桥面有无积水。

（1）沥青铺装层的常见缺陷、成因及养护。

沥青铺装层的常见缺陷有纵裂、横裂、龟裂、老化开裂、收缩裂缝、车辙（推移波浪）、磨光、剥落、松散、坑槽等。其主要缺陷的分类及产生原因如下。

①局部裂缝。纵裂、横裂、龟裂的成因主要是施工不当，基层出现裂缝反射。老化开裂的成因主要是沥青材质不良。收缩裂缝的成因主要是材料收缩引起的温度应力超过了材料的抗拉强度，为寒冷地区的一种常见缺陷。

②变形。车辙（推移波浪）是因铺装层的各层在汽车荷载重复作用下进一步压实和沥青层中材料的侧向位移而产生的永久变形。热稳定性差的面层材料侧移下沉现象严重，即车辙明显。

③磨耗。磨光、剥落、松散、坑槽的成因主要是面层混合材料不良、石料抗磨耗性能不好、石料与沥青的黏附力不够、碾压不足等。雨天时，光滑桥面铺装层上高速行驶的汽车其轮胎与地面之间易形成水膜，造成汽车行驶产生"水漂"现象，因此，必须注意提高路面的抗滑性能。

对沥青铺装层的养护，应观察其是否平整，有无跳车现象；是否有龟裂；是否有松散、露骨，即桥面是否出现锯齿状的粗糙状态；是否有车辙、推移、波浪等现象。一经发现，应视病害情况及时修补和整治。下面主要对裂缝、车辙及坑槽的养护进行说明。

①裂缝的养护。沥青铺装层的裂缝有多种形式，应根据裂缝产生的不同情况采取相应的养护措施。

②车辙的养护。一般可采用沥青混合料覆盖车辙并加铺沥青混合料薄层罩面的方法。如条件许可，可用加热切割法（使用铣刨机或加热切削整平机）铣刨或切削，然后参照沉陷处理的方法养护。

③坑槽的养护维修。桥面坑槽的修补在养护维修作业中是比较常见的。补坑所用沥青混合料有加热拌和式和常温拌和式两种。采用加热拌和式材料修补坑槽，须先进行加热，并掌握好加热温度，但是修补后耐久性较好。常温拌和式材料能够贮藏、袋装，便于搬运及冬季施工作业，但是常温拌和式材料修补桥面坑槽的耐久性一般较差，仅用于临时修补。

（2）水泥混凝土铺装层的常见缺陷、成因及养护。

水泥混凝土铺装层常见缺陷主要有表面裂缝、板块断裂、孔洞、坑槽等。其中表面裂缝最为常见，包括大面积裂缝和局部裂缝，下面对其进行具体介绍。

①大面积裂缝。大面积裂缝一般呈均匀分布的龟状细裂缝，通常是在水泥混凝土板铺装过程中，由于表面整修收水不当、气温较高、养护不周等原因，混凝土板表面因失水过快而产生的表面收缩裂缝。这种裂缝一般只是深入混凝土表面几毫米，不会随时间延长而发展。另外，由于混凝土材料的不稳定性，如采用的材料产生了碱集料反应等，也会引起铺装层大面积开裂，裂缝呈不规则状，有些会引起翘曲现象等。

②局部裂缝。局部裂缝一般分施工时产生的初期裂缝和使用后产生的纵横向裂缝、板角裂缝及结构附近裂缝等几种。初期裂缝产生的原因一般是，水泥混凝土硬化过程中，表面砂浆沉降开裂及早期混凝土塑性收缩，其长度一般为数厘米到数十厘米。纵横方向和板角处的裂缝均为贯通裂缝。

对水泥混凝土铺装层的养护，应观察其是否平整，是否有裂缝，是否有露骨等现象。其中，关键是观察是否有大面积裂缝或局部裂缝（错台）。

①裂缝的修补。对宽度在 0.5mm 以下的非扩展性的表面裂缝，可采取压注灌浆法修补，灌注材料可用环氧树脂或其他黏结材料；对局部性裂缝且缝口较宽时，可采取扩缝灌浆法修补，修补材料可用聚合物混凝土或其他新型快硬高强材料；对贯穿全层厚度的开裂状裂缝，宜采取条带罩面法修补；表面龟裂且裂缝较多时，可把裂缝集中划入一个施工面，将其中所有裂缝四周松动部分切割成一处深 20cm 的凹槽，把混凝土碎屑吹刷干净，灌注早强混凝土，喷洒养护剂养护到设计强度。

②板块断裂的维修。当病害分布于全桥面板时，可用多个风镐将旧桥面板凿碎清除，再根据通车期限要求，选用合适的材料浇制板块、抹面、压纹或拉槽，养护灌缝。

如为局部损坏，则画线凿除或用锯缝机配合在上口锯除损坏部分（包括边缘松动部分），将接缝处清除干净，必要时应刷上水泥或其他黏结剂，并立即用适宜的修补材料予以修补，新修补表面压纹或拉毛尽量与原板块相同。为了加强新旧混凝土的结合，在接缝处加耙钉或锚筋。路面原有纵横缝应认真恢复，必要时加深上部锯缝深度。如损坏处分布有钢筋，尽可能不要切断，不得已切断后，经论证分析认为应恢复时，必须接好。

③孔洞、坑槽的维修。先将孔洞、坑槽凿成形状规则的直壁坑槽，再用钢丝刷将损坏处的尘土、碎屑清除干净，必要时用压缩空气吹干净，最后用快硬砂浆或早强混凝土进行填补，喷洒养护剂进行养护。

2. 桥面伸缩缝的常见缺陷、成因及养护

（1）桥面伸缩缝的常见缺陷。

桥面伸缩缝由于设置在梁端构造薄弱部位，直接承受车辆荷载的反复作用，又大多暴露于大自然中，受到各种自然因素的影响，因此伸缩缝是易损坏、难修补的部位，经常产生各种不同程度的缺陷。伸缩缝的常见缺陷根据采用材料的不同而有所不同。

①锌铁皮伸缩缝使用多年后均有损坏现象，其形式有：软性防水材料如沥青砂或聚氯乙烯胶泥等老化、脱落；伸缩缝凹槽落入其他硬物，不能自由变形；锌铁皮上压填的铺装层如水泥混凝土铺装层或沥青混凝土铺装层等断裂、剥离；伸缩缝上后铺压填部分发生沉陷，高低不平；由于墩（台）下沉，出现异常的伸缩，车辆行驶时出现冲击及噪声。

②钢板伸缩缝（包括梳形钢板伸缩缝）的常见缺陷有：角钢与钢筋混凝土锚固不牢，使钢板松动，在车辆行驶时受到冲击振动加速了破损；缝内塞进石块或铁夹物，使伸缩缝接头活动异常，不能自由变形；排水管发生破坏损伤或被土砂堵塞；表面钢板焊接部位破坏损伤；梳形钢板伸缩缝中梳齿与承托板的焊接处出现裂缝，严重者出现剪断现象。

③橡胶伸缩缝的常见缺陷有：橡胶条破坏损伤；橡胶条剥离；在橡胶嵌条连接部位漏水；锚固构件破损，锚固螺栓松脱；伸缩缝构造部位下陷或突出；车辆行驶时不适，产生噪声。

（2）桥面伸缩缝产生缺陷的原因。

①交通量增大，重型车辆不断增多，随之车辆的冲击作用明显变大，因此设计、施工上即使稍有缺陷也会成为产生破坏的诱因。

②设计原因。有些桥梁的桥面板刚度不足，当桥面板受到汽车荷载作用时，因翼板较薄，横向联系较弱，导致桥面板变形过大。很多设计是将伸缩装置的锚固件置于桥面铺装层中，与主梁（板）连接的部分很少。采用这些锚固方法时，在荷载作用下容易造成开焊、脱落，而且力不容易传递，微小的变形可能演变成大的位移，最终导致混凝土黏结力失效。伸缩量计算不准确，没有考虑到实际温度对伸缩装置的影响等，在伸缩装置本身不具备或很难具备调整初始位移量，以适应安装温度对位移要求的能力时，选型不当是造成伸缩装置破坏的重要原因。设计上未对伸缩装置两侧的后浇混凝土和铺装层材料的选择、配合比、密实度及强度提出严格要求或规定。在大跨桥、斜桥、弯桥等设计时没有形成与一般的梁（板）结构相符合的构造形式和锚固方法。使用黏结材料、橡胶材料等新形式的伸缩装置，错误地选定构造和材料，且防水、排水设施不完善，由于

漏水、溢水，锚固件受腐蚀，梁端和支座侵蚀严重，多成为产生破坏的原因。

③施工原因。对桥梁伸缩缝装置施工工艺要求的重视程度不够，未能严格按照施工工艺标准和安装工序施工。锚固件焊接质量不能得到保证，只注意表面，忽视内部质量。后浇混凝土（或其他填充料）浇筑不密实，达不到设计的强度要求，时常出现蜂窝、空洞等，难以承受车辆荷载的强烈冲击。由于赶工期，草率从事，放松了对伸缩装置施工质量的要求。伸缩装置两侧混凝土和沥青混凝土铺装层结合不好，碾压不密实，形成"两张皮"，容易产生开裂、脱落，最终引起伸缩装置的破坏。

④管理维护原因。平常未及时、认真地清扫伸缩装置内的砂土、杂物，使原设计的伸缩量不能得到保证。原有桥梁逐渐老化，维修又不充分，因此破坏不断扩展。桥梁超载情况不能得到有效控制，特别是夜间缺乏管理，车辆不按规定行驶，超载车辆自行上桥，对桥梁伸缩装置的有效使用和耐久性造成严重危害。

（3）桥面伸缩缝的养护。

①伸缩缝的日常检查。有计划、有组织地做好经常性的检查工作可以尽早地避免小的损坏演变成大的破坏。日常检查工作主要包括：伸缩缝是否堵塞、挤死、失效；各部分的构件是否完好；锚固连接是否牢固，连接件是否松动；有无局部破损；密封橡胶带是否老化、失去弹性、异常变形或开裂；伸缩缝是否有不正常的响声或异常的伸缩量；伸缩缝各基本单元间隙是否均匀；钢构件是否锈蚀、变形；伸缩缝处是否平整，有无跳车现象等。为便于养护维修，应做好检查记录，并建立检查记录档案。

②伸缩缝的日常养护。桥面伸缩缝要经常注意养护，使其正常发挥功能。日常养护工作中，经常清除碎石、泥土、杂物，拧紧螺栓并刷油保护，修理个别损坏部分等。若有损坏或功能失效，要及时修理或更换。应经常检查伸缩缝的使用情况并及时更换，对于U形锌铁皮伸缩缝，要防止杂物嵌入，若锌铁皮老化、开裂、断裂，应拆除并更换为新型伸缩缝；钢板伸缩缝或钢梳齿板伸缩缝，应及时清除梳齿内的杂物，拧紧连接螺栓。若钢板变形、螺栓脱落、伸缩不能正常进行，应及时拆除更换；橡胶条伸缩缝，若橡胶条老化、脱落，固定角钢变形、松动，应及时拆除更换；板式橡胶伸缩缝，若橡胶板老化、预埋螺栓松脱、伸缩失效，应及时更换。

③伸缩缝养护的注意事项。修补前应查明原因，采用有效、与之相适应的修补方法。修补工作要依据缺陷的程度，或部分修补，或部分及全部更换。对于锌铁皮伸缩缝，当其软性填料老化脱落时，在充分扫清缝内泥土后，重新注入新的填缝料。当铺装层破坏时，要凿除重新铺筑，或对破损部位画线切割（或竖凿），清扫旧料后再铺筑新面层。当采用混凝土浇筑时，采用快硬水泥并注意新旧接缝保持平整，对铺筑部分要加以初期养护；对于钢板伸缩缝，当钢板与角钢焊接破裂时，应清除污垢后重新焊牢。当梳齿断裂或出现裂缝后，也要采取焊接方法修补。排水沟堵塞后，应及时清除。伸缩缝的更换要选型合理，以满足桥跨结构由温度及混凝土收缩、徐变等引起的变形的需要，保障行车平稳、不漏水。此外，桥面伸缩缝的修补或更换工作一般不阻断交通。因此，通常可考虑限制车辆通行，半边施工、半边通行车辆；或白天使用盖板，夜间施工时禁止通行；或白天使用盖板，夜间限制车辆通行，半边施工、半边开放交通等方法。总之，要注意抓紧时间，尽量缩短工期，且保证修补质量。

3. 桥面排水设施的常见缺陷及养护

桥面是供车辆行驶的部位，当桥面因排水不畅或排水设施破坏而形成障碍时，应尽快处理，以保证车辆的正常通行。桥面排水设施的常见缺陷有桥面积水管、泄水管堵塞，泄水管被截断导致水流方向改变等。对于钢筋混凝土桥梁，桥面积水将使雨水渗入混凝土的细小裂纹中，使混凝土产生破坏而缩短使用寿命，水分还会使钢筋锈蚀；对于钢桥，桥面积水将会加速对梁体表面的侵蚀，使钢梁表面锈蚀。

应经常检查桥面是否有坑槽，是否有积水。泄水管是桥面的重要排水设施，应经常检查泄水管是否完好、畅通；泄水管的盖板是否损坏、丢失，管口是否被杂草或石块堵塞；管体有无脱落，管口处有无泥石、杂物堆积，出水口是否畅通；桥头排水功能是否完好；等等。

此外，经常清扫桥面，使其保持整洁。桥面不得凹凸不平，如发现桥面有坑槽，及时修补，避免积水。及时清除泄水管盖板上（进水管口处）的杂物，避免杂物掉入管内堵塞管道而影响排水。若发现泄水管出水口处有泥石、杂物堆积，也应及时清除。经常疏通泄水管。发现泄水管损坏时，要及时修补，新安装接上的接头不牢、已掉落的部分，如损坏严重应更换。

4. 栏杆及防撞护栏的常见缺陷及养护

公路桥梁的栏杆及防撞护栏是桥面上的安全防护设施，暴露在自然环境条件下，加之受人为作用或车辆的撞击，不可避免会出现各种各样的缺陷或损伤。其常见的缺陷主要有撞坏、缺损、裂缝、腐蚀、变形过大等。

撞坏多数是在交通事故中由车辆冲撞所致，也有的是车辆在运输超宽物件时被不慎碰坏或被船只撞坏等。缺损是由于养护管理不善，被人偷拆或者金属、木质栏杆产生锈蚀、腐烂破坏，造成个别部件缺损。裂缝是指钢筋混凝土栏杆长期外露，混凝土表面常因水分浸入、钢筋锈蚀使构件产生裂缝，混凝土保护层出现损坏、剥离、脱落等。一旦金属栏杆或护栏的油漆脱落又长期未重新涂刷，将会受到自然环境的侵蚀，形成腐蚀。变形过大是指金属栏杆或护栏的部件虽未产生破坏或缺损，但变形过大，如立柱局部变形、钢质波形板变形过大等。

为了保证行人和车辆的安全，栏杆、防撞护栏必须始终处于完好的状态，如有撞坏、缺损、裂纹、变形或腐蚀，应迅速采取相应的措施修复。桥梁的栏杆、防撞护栏产生损坏虽然不妨碍交通，但会影响桥容，使桥上交通缺少安全感，降低交通的舒适度。因此，对损坏的桥梁栏杆、防撞护栏要及时修理，同时，加强养护工作，使其经常保持完好状态，水平杆件要能自由伸缩。如已撞坏，要及时重新安装；如有缺损，应及时补齐；如发现钢筋混凝土栏杆有裂缝或剥落，轻者可用环氧树脂黏结材料灌注封缝修补，严重者要凿除损坏部分，重新修补完整；金属栏杆要经常刷漆养护，如发现油漆有麻点、脱皮，应重新刷油漆；桥头端柱和导向柱油漆要鲜明，并要经常校正纠偏。

5. 桥面照明系统的养护维修

桥面照明系统在桥面系中处于非常重要的位置，必须对其进行检查、养护及必要的维修。照明系统的检查主要包括以下几个方面：照明系统设施是否完好并处于正常工作状况；电压是否稳定；灯光亮度及照明效果是否正常；特殊部位、相关场所的平均亮度、照度等是否正常；配电房内的变压器、配电盘及开关的工作状态是否正常等。检查照明系统的目的是查清照明系统存在的病害,并据此进行养护与维修。为了使桥面照明系统能正常工作,必须保持桥面所有照明设施处于良好状态,如有损坏或不正常状况,应及时维修和更换,确保夜间桥上行车的安全。

当照明灯泡已坏时,应及时更换;灯柱锈蚀应及时除锈;灯柱残缺不齐时应补齐;金属灯柱的镀层有脱落时,应及时补镀;标志不正或脱落应扶正并固定或重新更换,照明线路老化而断路或短路时应及时更换。

6. 桥上交通标志和标线的养护维修

交通标志和标线是依据交通法规及国家有关标准制定的,是交通法规的具体体现,也是管理道路交通的安全设施,其作用非常重要,因此成为桥梁养护与维修中必不可少的部分。为确保标志和标线的正确性,必须经常对其进行检查,检查所有标志是否齐全完好,所有标线是否清晰,还要在夜间巡查各种标志、标线、轮廓标等的反光情况。巡视检查人员在检查中如发现标志、标线遭到损坏或污染,应记录下来并及时反映给有关桥梁管理部门。

检查工作是养护与维修的基础。只有全面了解标志、标线的现状才能采取有效的养护与维修措施。桥上交通标志和标线要保持明显、清晰,确保行车安全。标志牌架要保持清洁,做好油漆防腐工作,保证设施完好、结构安全。当交通条件有变化时,应变更和增补。标线应结合日常养护经常清扫或冲洗。当发现因剥落、污染、磨损而影响识别性能的标线占该路段中总标线的一半以上时,应重画;局部损坏的则进行修补,同时注意避免与原标线错位。

6.5.2 桥梁支座的养护

1. 桥梁支座日常检查与养护

(1) 桥梁支座日常检查。

桥梁支座的正常使用与日常的性能检验和养护维修是分不开的。支座一般可每半年检查一次,并检查支座附近梁体有无裂缝。支座检查可借助检查小车进行,或修建专用检查梯。主要检查支座功能是否完好,组件是否完整、清洁,有无老化、变形、锈蚀、断裂、错位和脱空现象;上下座板与梁身和支座垫石之间是否密贴,有无三条腿等不正常现象,支承垫石是否完好,是否有积水或尘埃等;对柔性墩上的固定支座要观测有无变形;对活动支座要检查其是否灵活,实际位移量是否正常,变位方向是否与温度变化相符,倾斜度是否在容许限度内,有无限位装置等。

各类支座还应重点检查以下内容。

对于混凝土支座,重点检查有无剥落、露筋、锈蚀、碎裂等。

对于平板橡胶支座,重点检查橡胶支座是否老化、变形,有无不正常的剪切外鼓变形,支座与梁身、支承垫石间是否密贴。

对于四氟板式支座,重点检查是否脏污、老化,四氟板位置是否正常。

对于钢板滑动支座,重点检查是否干涩、锈蚀。

对于盆式支座,重点检查固定螺栓有无剪断,螺母是否松动,焊缝是否开裂。

对于辊轴(或摇轴)支座和弧形支座,定期测量其位移值和梁温,位移值不允许超过容许值。当发现弧形支座位移超过限值或固定支座不固定时,应顶起梁身检查活动支座销子有无异常、固定支座安装是否符合标准；检查辊轴有无变形、磨损；对使用年久、位于长大坡道及曲线上的桥梁，检查其上下锚栓（特别是弧形支座）有无弯曲断裂，如有剪断，还应检查墩（台）有无变位。

(2) 桥梁支座日常养护。

①支座各部位应保持完整、清洁，位置正确，活动支座伸缩与转动正常。每半年清扫一次，清除支座周围的垃圾、杂物，保证支座正常工作。

②橡胶支座应经常清扫，排除墩帽积水，要防止橡胶支座接触油脂，防止支座因橡胶老化、变质而失去作用。

③支座与梁底、支座与砂浆垫层之间的接触面应平整。梁体位移及转角应不受阻碍。支座垫板与锚（螺）栓应紧密接触，并不得有锈蚀。支座垫层上如有积水，应立即清除。

④支座或支座组件如有缺陷或产生故障不能正常工作，应及时予以修整或更换。

⑤梁支点承压不均匀，板式橡胶支座出现脱空或过大压缩变形时应予以调整，板式橡胶支座发生过大剪切变形、老化、开裂等问题时应及时更换。支承垫石出现空洞、不密实等缺陷时应及时处理。

⑥盆式橡胶支座应设置防尘罩，防止尘埃落入或雨雪渗入支座内。支座外露部分应定期涂红丹防锈漆进行保护。防尘罩应经常进行清洁和防腐蚀处理，防止橡胶老化变质失去弹性。盆式橡胶支座在使用期间应每年定期进行一次检查及养护，主要养护工作内容有：检查支座锚栓有无剪断，支座橡胶密封圈有无龟裂和老化；检查支座相对位移是否均匀，并逐个检查支座位移量；清除支座附近的杂物及灰尘，并用棉丝仔细擦净不锈钢滑板表面的灰尘；松动锚栓螺母，清洗上油，以免螺母锈死；定期对支座钢件用油漆进行防锈，但不锈钢滑动面不用油漆；校核并定点检查支座高度变化，以便校核支座内聚四氟乙烯板的磨耗情况，当支座高度变化超过3mm时，应考虑是否需要更换聚四氟乙烯板。

2. 桥梁支座常见病害整治

(1) 小跨度钢筋混凝土板梁横向移动病害的整治。

跨度小于6m的钢筋混凝土板梁，由于梁体质量轻，支座又均采用沥青麻布或石棉垫，因而受车辆的冲击和振动易发生横向移动。对该种梁，除顶起移正梁身外，均应在墩（台）顶上靠板梁侧埋设角钢或加筑挡土墙。

(2) 支座上下锚栓折断、弯曲、锈死病害的整治。

针对上锚栓病害，可将支座上摆与混凝土梁底镶角板焊起来（当镶角板与梁体为整体时），例如每个支座用2根200mm长，60mm×40mm×8mm的不等边角钢，沿梁长方向将角钢短肢焊在梁底镶角板上，长肢焊在支座上摆上。也可用夹板加固法，即每个支座用2块厚度为4mm钢板，以2根φ20mm的螺栓将其置于支座上摆两侧夹紧于梁体上（如支座与梁肋不等宽，则钢夹板与支座间加填板并与钢板焊牢），并在夹板中间钻孔做丝扣，用顶丝顶紧在支座上摆上，使夹板与支座上摆连成一体。

针对下锚栓病害，在支座底板旁斜向凿去部分混凝土，取出旧锚栓，更换新锚栓，如锚栓被剪断而埋置于垫石内的栓杆仍牢固，也可采用清除剪断的锚栓上部，焊接一段新锚栓的方法进行处理。

(3) 支承垫石与梁体病害的整治。

支承垫石裂损，梁体出现三条腿现象，个别支座明显悬空，以及因线路大修需抬高梁体的整治措施如下：抬高量小于30mm时，采用压力灌浆，抬高量很小时，也可采用灌铅法；抬高量为30~100mm时，采用支座下捣垫半干硬性水泥砂浆；抬高量为50~300mm时，垫入铸钢板；抬高量在200mm以上时，就地灌注钢筋混凝土垫块，或更换钢筋混凝土顶帽。

其中，在支座下捣垫半干硬性水泥砂浆（也可用环氧树脂配制的砂浆）的办法效果好，并且有使用工具简单、短时间封锁就能恢复正常速度行车的优点。具体操作方法如下。

①凿毛。首先，将支座与梁临时连接，用千斤顶架空梁身，比实际需要高程高出1~2mm；其次，在支座四周200mm范围内，将支承垫石支承面凿毛，凿毛应用风镐，并使用多种形式的钎头；再次，先凿外侧一半并垫实，再凿内侧一半，全部凿毕，用水冲洗干净，临时垫以硬木，四周顶紧；最后，放行车辆，并指定专人检查。

②捣垫砂浆（多采用环氧树脂水泥砂浆代替半干硬性水泥砂浆）。砂浆质量配合比为水泥比1：1~1：2，水灰比1：4~1：5，拌和砂浆稠度以手捏成团而不松散、不湿手为宜。捣垫前支座的三面必须牢固地用模壳封妥，用水湿润凿毛面，然后刷水泥浆一遍，再分次填入砂浆并用镐捣实，手工操作每次厚度约50mm，捣固必须认真，以保证满足强度要求。捣固完毕，捣垫完毕，其四周应用水灰比为0.3~0.35的砂浆砌制流水坡，坡度为1：1.5，靠支座边，其高度应比支座低1~2mm，以利排水。最后，捣固的一面用模壳固封（一般用螺栓对拉或加撑头）才能开通桥梁。

③养护。砌制流水坡后1~2h，用湿草袋覆盖，保持湿润7d。

(4) 支座陷槽、积水、翻浆、流锈病害的整治。

应使支座底板略高出墩（台）支承垫石，并采用细凿垫石排水坡的办法，结合在支座下垫沥青麻布或胶皮板进行处理，能取得一定效果。流水坡坡度约为3%，能使水很快排走。

具体细凿方法：第一种做法是先在离垫石外缘20mm处开始向中心推进（防止损坏边缘），最后将周边的窄条敲下，稍加修凿即成，细凿完成后用砂轮打磨光滑；第二种做法是先在垫石四边（桥台为三边）的外侧画上需要凿去的线条，用扁凿对准线条朝里敲打，其余方法同上。在细凿过程中，如发现有局部麻坑不平或边缘缺损等，可用环氧树脂砂浆修补，凝固后一并用砂轮打磨平整。

(5) 支座位置不正、滑行或歪斜，超过容许限度的整治。

应用千斤顶顶起梁身并进行适当的修理或矫正，或移正梁身后重新安装支座。

顶起梁身所用千斤顶的数量和能力，根据梁和桥面的质量来确定，为了保证施工安全，其起重能力必须超过荷载的50%~100%；钢桁梁和钢板梁一般在顶起横梁均预留有放千斤顶的位置。在墩（台）顶的排水坡面安放千斤顶，一般不必顾虑滑移问题，只要用硬木垫平并有足够的安全承压面积即可。但要注意千斤顶位置不要妨碍矫正支座工作的顺利进行。钢筋混凝土梁和预应力钢筋混凝土梁可将千斤顶放在支座附近的梁下顶起。如梁下净空不够安放千斤顶，可以凿低一部分顶帽混凝土以便安放，或在桥孔内搭枕木垛支承千斤顶。对于双片钢筋混凝土梁，也可以用钢轨做成V形扁担放在梁下用两个千斤顶将梁抬起;如经过验算认为可行,也可以将千斤顶安在端横隔板下顶起。

顶起连续梁处理支座病害时,应同时顶起本联内的全部支座,并事先计算各支点的反力,用带压力表的油压千斤顶进行计量,要防止因顶起梁身而造成支点高程与设计不符,改变梁跨各杆件受力状态,从而造成裂纹或损坏。

总之,顶起梁身时要视梁跨结构形式、墩身及周围具体情况选用比较合理的施工方法。在起落过程中,为了保证安全,防止千斤顶发生故障,以及千斤顶放松时结构突然受到冲击,必须有保险木垛,并一路调整木垛上的模子,使其顶面与梁底保持不超过5mm 的空隙。

利用拉紧框架或弹簧整正支座辊轴的方法可以免除顶起梁身的麻烦。框架由两个角钢和两端带丝扣及螺帽的拉杆组成,整正时,把一个角钢支承在支座底板上,另一角钢紧贴住辊轴的连接角钢,上紧拉杆螺栓,利用车辆通过时辊轴的滚动及时拧紧拉杆,使车辆通过后辊轴不能返回原位,这样经数次整正,就能把辊轴调整过来。

弹簧整正支座辊轴用千斤顶横向顶住辊轴来移正位置,千斤顶一端支承在固定支座或挡砟墙上,在千斤顶和辊轴间垫上弹簧,把弹簧顶紧,利用车辆通过时辊轴的滚动,辊轴会被顶动,再适当上紧千斤顶,经过多次整正也可以把辊轴顶回原来的位置。

3. 桥梁支座的更换

(1) 桥梁支座更换方法。

在早期建设的一些梁式桥中,以简支梁桥居多,梁体之间横向联系多采用横隔板并辅以钢板间隔连接。即使桥面系可以整体清除,但上部结构仍是一个整体。因此,支座的更换必须建立在各桥跨的整体施工上。为此,应根据桥梁的具体情况采用一系列起重或顶起设备,在墩(台)顶面或者在预先设置的支架上,选择安全、合适的位置,对已解除纵向约束的桥孔分头进行整体顶起,以安全地开展支座更换工作。

先对桥梁进行特殊检查,对基础、墩(台)、主梁、桥面系和附属工程逐一进行全面检查,并做好记录和拍照。对于基础、墩(台)所存在的病害,应先处治,再处治主梁。需更换支座的,视桥面系和附属工程的具体情况再决定是否对桥面系和附属工程予以保留或全部清除;予以保留的,要事先解除各桥孔的所有纵向连接,最后才能进行支座更换施工。

支座更换办法基本可分为以下三类:①T形梁桥、箱梁桥,墩(台)结构无任何病害,可以考虑直接在盖梁顶面和 T 梁翼缘板(箱梁横隔板)下实施顶升,这是最容易施工的一种类型;②板梁桥或需加固墩(台)的桥,有可以利用的扩大基础或承台,需搭设顶升支架实施作业,但顶升点应尽可能地靠近原支点;③板梁桥或需加固墩(台)的梁桥,没有可以利用的扩大基础或承台,需重新浇筑临时承重基础,再搭设顶升支架实施作业,这种情况多发生在柱桩对接的桥墩或实体式墩(台)结构中,遇到深水基础时施工更为困难。

(2) 更换步骤。

①承重基础。支座更换前,应先根据各桥墩(台)处的地质情况考虑设置临时受力结构。地质情况较好时可修建临时承重基础,当没有承台可以利用,同时地质较差时,可以利用立柱作为顶梁的临时受力结构。

②顶梁设施。在梁底设置横梁,横梁分上下两种,中间安装顶梁的千斤顶。为了保

证顶起过程中不致损伤梁底，在梁底和工字钢接触处用木板垫实，确保软接触密合，使横梁不与梁底部位接触。调节高度采用小钢板块。在基础和下横梁间要根据桥下净空高度搭设受力支架，同时预留一定的操作空间，可采用由多组贝雷架构成的支撑架作为支架。

③试顶。支撑架、横梁、千斤顶安装完毕，待临时承重基础强度满足要求后，即可开始试顶。试顶主要是为了消除支撑本身的非弹性变形或沉降，在主梁还没有正式顶起时即可停止，并停放数小时进行观察，无任何变化后才能开始整体顶升。

④整体顶升。试顶完成后，在专业人员的统一指挥下，所有千斤顶慢慢用力整体顶起梁体，使其离开原支座约2cm立刻停止，并立即在上下横梁间增设若干个钢筋混凝土预制块，形成临时固定点，以增加接触点和面积，提高顶升系统的稳定性，确保桥梁整体安全。

⑤台帽、盖梁维修。如果台帽、盖梁存在病害，此时应立即进行相应的规范处治。

⑥支座更换。台帽、盖梁处治完成后，即可去除原有支座，支座下方用高标号环氧树脂砂浆找平，精确计算出需增加的高度，用厚度合适的钢板来调节，调节施工完毕，重新安装新的支座，然后慢慢地落梁，去掉混凝土块和千斤顶，拆除临时支撑，整孔梁体在施工过程中几乎是相对不动的，对桥面系结构也基本没有任何影响，支座更换前后支撑反力变化也不大，但梁体的支撑条件可大大改善。

7 隧道工程养护技术

7.1 土建结构养护的工作内容

7.1.1 隧道的检查

公路隧道交付使用后，养护管理部门首先要熟悉其设计、施工资料，掌握隧道的全面技术状况，制订小修保养、大中修、改善工程计划。在使用过程中要进行经常检查、定期检查和特殊检查工作，以便及时发现和处理问题，确保安全畅通。

隧道的检查工作可分为日常检查、定期检查、特别检查和专项检查四类。

1. 日常检查

日常检查主要是指对外观状况进行的日常巡视检查。以目测为主，配以简单的检查工具进行，每月一次，检查以定性判断为主，检查由隧道养护工区（站）负责。检查结果应及时填入隧道检查记录表，应翔实记录检查项目的破损类型，估计破损范围、程度及养护工作量，做出分类判定，并采取相应的对策措施。

2. 定期检查

定期检查是按规定周期对结构的基本技术状况进行全面检查。通过定期检查，应系统掌握结构基本技术状况，评定结构物的功能状态，为制订养护工作计划提供依据。

检查的周期宜1次/年，高速公路隧道应不少于1次/年。检查宜安排在春季或秋季进行。新建隧道应在交付使用1年时进行首次定期检查。

检查宜采用步行方式，配备必要的检查工具或设备，进行目测或量测检查。检查时，应尽量靠近结构，依次检查各个结构部位，注意发现异常情况和原有异常情况的发展变化。对于有异常情况的结构，应在其适当位置做出标记。检查结果宜尽可能量化。

检查结果应及时填入隧道定期检查记录表。将检查数据及病害绘入隧道展示图，该图应详细、准确地记录各类结构的基本技术状况，根据图表分析病害的成因并给出判定结论。

定期检查完成后，应提出结构定期检查报告，报告内容应包括如下几项：对结构的技术状况和功能状态的评价；对结构的养护维修状况的评价及建议；需要实施专项检查的建议；需要采取处治措施的建议。另外，检查报告还应附上检查记录表、隧道病害展示图记录表及其他有关检测记录资料。

3. 特别检查

特别检查是在隧道遭遇自然灾害、发生交通事故或出现其他异常事件后，对遭受影响的结构立即进行的详细检查。通过特别检查及时掌握结构受损情况，为采取对策措施提供依据。

应根据受异常事件影响的结构，决定应采用的检查方法、工具和设备。特别检查的内容应重点针对受异常事件影响的结构或结构部位，掌握其受损情况。

特别检查应按定期检查的标准判定，当难以判明破损的原因、程度等时，应做专项检查。检查结果的记录，与定期检查相同。检查完成后，应提交特别检查报告（包括检查记录），评估异常事件的影响，给出判定结论，确定合理的对策措施。

4. 专项检查

专项检查是根据定期检查和特别检查的结果，或者通过其他途径判断，需要进一步查明某些破损或病害的详细情况而进行的更深入的专门检测。通过专项检查，应完整掌握破损或病害的详细资料，为是否实施处治，以及采取何种处治措施等提供技术依据。

专项检查宜委托具有相应检测资质的专业机构实施。检查的项目、内容及其要求，应根据定期检查或特别检查的结果有针对性地确定。检查人员应对有关的技术资料、档案进行调查，并对隧道周围的地质及地表环境等展开实地调查，以充分掌握相关的技术信息，寻找结构发展变化的原因，探索其规律，确保专项检查结果的准确性。

检查的结果可按外荷载作用、材料劣化和渗漏水三种主要情况分别考虑，进行判定分类。由外荷载作用而导致的结构破损，以衬砌变形、移动、沉降、裂缝、起层、剥落以及突发性的坍塌等为主要表现形态。由材料劣化而导致的结构破损，一般出现衬砌强度降低、起层剥落、钢材腐蚀等形态。对于渗漏水、结冰、沙土流出等形态的破损，一般是衬砌裂缝等处漏水、涌水、喷射水流，从而出现铺砌层积水，在寒冷地区，还会形成挂冰、冰柱等形态。

检查完成后，应提交专项检查报告，报告的内容应包括如下几项：检查的主要经过，包括检查的组织实施、时间和主要工作过程等；所检查结构的技术状况，包括检查方法、试验与检测项目和内容、检测数据与结果分析，以及对破损结构的技术评价等；对病害的成因、范围、程度等情况的分析，提出对其维修处治的对策、技术与所需资金等建议。

7.1.2 隧道的保养与小修

土建结构的保养维修工作主要包括经常性或预防性的保养和轻微破损部分的维修等内容，以恢复和保持结构的良好使用状态。

结构应经常性、预防性、周期性地进行清洁维护，其周期应综合考虑隧道状况、交通量大小及组成、结构物脏污程度、清洁方式及效率和环境条件等因素加以确定，并尽量减少对交通营运的干扰。

（1）洞口。及时清除洞口边仰坡上的危石、浮土，冬季应清除积雪和挂冰，保持洞口边沟和边仰坡上截（排）水沟的完好、畅通，修复洞口挡土墙、护坡、排水设施和减光设施等结构物的轻微损坏，维护洞口花草树木的完好。

（2）洞身。无衬砌隧道出现的碎裂、松动岩石和危石，应本着少清除多稳固的原则，加以处理；围岩的渗漏水，应开设泄水孔接引水管，将水导入边沟排出；冬季应及时清除洞顶挂冰。有衬砌隧道出现的衬砌起层或剥离，应及时加以清除或加固；对衬砌的渗漏水，可将水流引入边沟排出。

(3) 路面。及时清除隧道内外路面上的塌（散）落物，及时修复、更换损坏的窨井盖或其他设施的盖板；当路面出现渗漏水时，应及时处理，将水引入边沟排出，防止路面积水或结冰；冬季应及时清除洞口处积雪。

(4) 人行和车行横洞。横隧道内严禁存放任何非救援用物品，及时清除散落杂物，修复轻微破损结构，定期保养横洞门，确保横洞清洁、畅通。

(5) 斜（竖）井。及时清除井内可能损伤通风设施或影响通风效果的异物；维护井内排水设施的完好，保持水沟（管）的畅通；对井内的检查通道或设施进行保养，防止其锈蚀或损坏。

(6) 风道。清理送（排）风口的网罩，清除堵塞网眼的杂物；定期保养风道板吊杆，防止其锈蚀或损坏；及时修复风口或风道的破损，更换损坏的风道板。

(7) 排水设施。维护隧道内外排水设施的完好，发现破损及时修复；排水管堵塞时，可用高压水或压缩空气疏通。

(8) 吊顶和内装。吊顶和内装应保持完好和整洁美观，如有破损、缺失应及时修补恢复，不能修复的应及时更新。

(9) 人行道或检修道。维护人行道或检修道的完好和畅通，道板如有破损或缺失，应及时进行修复和补充；定期保养人行道或检修道护栏，防止其锈蚀、损坏。

(10) 其他。寒冷地区隧道的防冻保温设施应做好保养维护，如有损坏应及时维修，确保其正常使用功能。洞口设有防雪设施的隧道，应做好防雪设施的保养维护，并在大雪降临前完成设施的维修加固。隧道的交通标志应保持外观完整、清晰、醒目，保持位置、高度和角度适当，确保交通信息传递无误。隧道的交通标线应保持完整、清洁和醒目。

7.2 隧道主要病害的处理

7.2.1 隧道的水害处理

隧道水害是指在隧道的修建或运营过程中遇到水的干扰和危害。水害是隧道常见的病害之一。在运营期间，地下水常从混凝土衬砌的施工缝、变形缝、裂缝甚至混凝土孔隙等通道渗漏进隧道中，造成洞内通信、供电、照明等设备处于潮湿环境而发生锈蚀，使路面积水或结冰，造成车轮打滑，危及行车安全。

1. 运营隧道渗漏水的种类

(1) 隧道漏水和涌水。隧道漏水和涌水对隧道稳定、洞内设施、行车安全、地面建筑和隧道周围水环境产生诸多不良影响甚至威胁，具体表现为以下几个方面：①衬砌混凝土出现风化、腐蚀、剥落等情况，造成衬砌结构破坏，围岩软化，引起围岩变形；②涌水病害造成衬砌破坏、铺底或仰拱破碎、道床翻浆冒泥，使行车中断；③造成洞内空气潮湿，影响养护人员的身体健康，加快洞内设备（通信、照明、钢轨等）的锈蚀，影响设备的正常使用，缩短线路设备的使用寿命，增加维修费用；④造成电力牵引区段和电力配线绝缘设施失效，发生短路、跳闸等事故，危及行车安全，影响安全运营；⑤隧道路面的积水会导致行车环境恶化，降低轮胎和路面的附着力，给行车带来危险；⑥严重渗漏水可能会引发地面和地面建筑物的不均匀沉降和破坏；⑦隧道渗漏会造成地表水和含水层大量流失，破坏周围水环境，造成环境灾害。

（2）衬砌周围积水。衬砌周围积水可能造成的危害有以下几种：①水压较大时导致衬砌破裂；②使原来完好的围岩及围岩的结构面软弱夹层因浸水而软化或泥化，失去承载力，使衬砌压力增大而导致衬砌破裂；③使膨胀性围岩体积膨胀，导致衬砌破坏；④在寒冷地区发生冰胀和围岩冻胀，导致衬砌破坏。

（3）潜流冲刷。潜流冲刷主要指由于地下水渗流和流动而产生的冲刷和溶蚀作用，其可能造成的危害有以下几种：①衬砌基础下沉，边墙开裂或者仰拱、整体道床下沉开裂；②围岩滑移错动导致衬砌变形开裂；③超挖回填不密实或未全部回填者会引起围岩坍塌，导致衬砌破坏；④围岩有地下水并具有侵蚀性的情况下对衬砌与隧道内设备的腐蚀会更加严重。

2. 隧道内渗漏水的治理

隧道内的渗漏水应根据调查的渗漏量，采用防、堵、排的方法进行综合治理。

（1）防水。为防止外部的雨雪水浸入隧道内，应保证山体外部排水的便利顺畅；消除山体外的积水，洞穴、凹地积水；保证山体附近的水库、水渠不漏水；地表水不在隧道内积存；尽量防止水对隧道产生病害。

（2）堵水。堵住渗水的来源，可以解决小量渗水问题，即将水封闭在围岩或衬砌层内，不使其外渗。可采用抹水泥砂浆的方法封闭，或做表面防水层解决。具体可采用以下几种方法：①将水泥树脂砂浆、防水膏、沥青油等防水材料通过浅水管排入边沟，再在此处做防水层处理，最后补砌衬砌圬工体；②表面接水棚、槽，此法简单易行，用镀锌薄钢板（防锈）做成接水用的镀锌薄钢板槽，将其固定在衬砌或围岩上接渗漏水，水通过引水管流入边沟排出。接面积较大的渗漏水的称为接水棚；③埋管导流，对单裂缝的渗漏水，可采用埋管的方法，即沿单裂缝开凿成喇叭口状槽，嵌入半圆的塑料管或其他管，通至边沟，同时将管用水泥砂浆封闭，使渗漏水顺势而下；④埋集水管法，适用于集中漏水层的漏水排除，即按前法将裂（漏）缝开凿，使其集中在一个出口排出，在封闭前埋入浅水管，使渗漏水集中到一个排出口，再接上导流管通边沟，导流管固定在边墙的围岩和衬砌上。

（3）排水。排水是指将已从渗缝进入隧道的水，以一定的方式集中，然后将其引入隧道的边沟内，使其顺利排出洞外，一般采用设置竖向管沟的方法。无衬砌隧道，如加修衬砌时应先做防水层，设置竖向盲沟，经泄水孔与边沟相通，再进行衬砌圬工施工。有衬砌隧道，在渗漏水处将圬工拆除，开凿环形的渗漏缝为槽，使渗漏水集中顺槽而下；采取措施，即用支架稳固变形部分，以维持临时通车之需。

7.2.2 衬砌结构的病害处理

1. 衬砌结构病害的主要类型

（1）衬砌变形。衬砌变形主要是指衬砌发生收敛变形，造成隧道净空减小，或侵占预留加固的空间，主要有横向变形和纵向变形两种。其中，横向变形是主要形式，主要包括整体横向、竖向压扁，仰拱、拱顶的上拱与下弯，边墙的内鼓和外鼓。

（2）衬砌移动。衬砌移动是指衬砌的整体或其中一部分出现转动（倾斜）、平移和下沉（或上抬）等变化，也有纵向与横向移动之分。对于大多数发生裂损的衬砌，往往是纵向与横向移动同时出现。

（3）衬砌开裂。隧道在施工或运营过程中，由于各种因素的影响，隧道衬砌出现裂缝现象，从而直接影响隧道的正常运输。在中等强度岩层的隧道中，衬砌拱部的开裂以拱顶内缘压裂、拱腰内缘拉裂较多，且在尖拱形衬砌中较为明显。在边墙部位，则以边墙中部以上拉裂较多。在傍山（偏压）隧道中，以靠山侧拱腰拉裂较多，这与围岩压力的分布不均匀有关。隧道衬砌裂缝的类型多种多样，按照裂缝走向及其与隧道轴向的相关关系可分为纵向裂缝、环向裂缝和斜向裂缝三种。纵向裂缝平行于隧道轴线，其危害性最大，继续发展可引起隧道掉拱、边墙断裂甚至整个隧道塌方。环向裂缝主要是由不均匀荷载、围岩地质变化、沉降缝等处理不当引起的，多发生在洞口或不良地质地带与完整岩石地层的交接处。斜向裂缝和隧道纵轴的夹角一般约为 45°，也常由混凝土衬砌的环向受力和纵向受力组合而成的拉应力造成，其危害性仅次于纵向裂缝，需认真对待。

（4）衬砌缺陷。隧道可能存在的衬砌厚度不足、衬砌背后严重空洞、衬砌背后回填不密实等缺陷，也会使衬砌结构的稳定性和可靠性受到影响，而且这些缺陷在外界各种因素的影响下继续发展，会进一步引起隧道发生开裂变形等各种形式的破坏。

2. 治理的措施

（1）压浆法。

当衬砌圬工体的开裂已相对稳定时，要对其进行压注砂浆处理，一般用环氧树脂水泥砂浆为宜，以增强其黏结力；当初砌与围岩间产生脱离、有空隙时，也可用环氧树脂处治；当衬砌圬工鼓肚时，可先处理鼓肚，配以锚杆锚固，局部压注水泥砂浆。

环氧树脂砂浆的拌和，是先用环氧树脂和邻苯二甲酸二丁酯，配乙二胺拌匀，再加水泥拌和。配方比例须经试验确定。

用环氧树脂灌浆处理钢筋混凝土、混凝土构件裂缝的过程，可分为以下三个阶段。

①准备阶段。此阶段的主要任务是将裂缝构成一个密闭的空腔，有计划地留若干进出口，为压浆阶段做好充分的准备（这一阶段的关键在于封闭的质量）。准备阶段分以下几步：首先，观测裂缝，确定裂缝的位置；其次，处理混凝土表面，在裂缝范围内用小锤、手铲、钢丝刷把混凝土表面找平，清洗干净；再次，粘嘴，嘴子是环氧树脂的进口；从次，封闭裂缝，包括粘贴玻璃丝布和封闭压浆嘴子周围两项工作；最后，试风，在封闭裂缝 1d 后可进行试风，目的是用压缩空气吹净缝内积尘，检查裂缝贯通情况，检查封闭是否严密。

②压浆阶段。管路压浆连接顺序如图 7.1 所示。

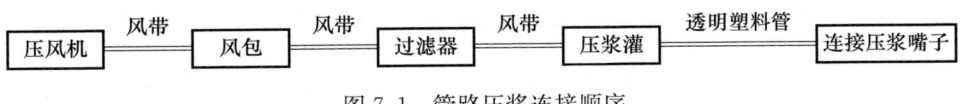

图 7.1 管路压浆连接顺序

③处理完善阶段。具体是裂缝的处理完善。待环氧浆液固化后（约 1d），把压浆嘴子剔掉，用环氧树脂抹平，然后贴上一层玻璃丝布，刷上一层稀环氧砂浆，工作全部结束。

（2）加套拱或更新拱券。

当隧道的损坏在某断面附近，净空又满足设计标准时，可以采用加套拱的方法进行处理。套拱施工宜用钢筋混凝土，此时将钢筋网固定后以喷射混凝土进行处理更为方便。

当裂损严重而用以上各法均不能安全解决问题时，可成段地更换全拱。

（3）侧墙倾斜鼓肚。

侧墙及门洞的墙体圬工，当基层下或围岩内有膨胀性岩石遇水而膨胀，且围岩侧面推力过大时，造成倾斜鼓起、内移、下沉，并使衬砌圬工开裂，需采取工程措施进行处治。

①当发生鼓肚时，可局部拆除圬工，挖出松软部分，予以嵌补，以锚杆稳固。

②扩大基础、提升承载能力。当下沉不严重而其内部变形不大时，可在侧墙基础边开挖，补填混凝土，并用钢筋使其相连为一整体。

③加筑三角撑托。为提升基础的抗侧向推力能力，在隧道净宽不受影响时，可加筑墙角撑托，使基础、侧墙、撑托三部分的钢筋连为整体，其除起加固作用外，还可起到防止汽车直接冲撞的保护作用。

④设置仰拱或水平支撑。对局部下沉、倾斜，可用仰拱或水平支撑梁来消除侧向推力，减缓病害的继续扩展。

⑤加铺水泥混凝土路面。如隧道内路面为碎石沥青路面时，为处治局部下沉、冒水、侧墙倾斜等病害，可用修建水泥路面的方法进行综合处理，以达到隔绝地下水，处治松软基础的综合目的。

7.2.3 隧道的冻害处理

寒冷地区和严寒地区隧道内水流和围岩积水的冻结，会产生隧道拱部挂冰、边墙结冰、道底结冰、洞内网线设备挂冰、围岩冻胀、衬砌断裂和胀裂等影响到安全运营和建筑物正常使用的各种病害。

1. 常见病害

（1）拱部挂冰、边墙结冰、道底结冰。隧道漏水冻结，在拱部形成挂冰，且不断增长变粗；在边墙形成冰柱，多条相近的冰柱连成冰侧墙；衬砌漏水落在道床上，逐渐冻结，形成丘状冰锥。如不及时清除挂冰、冰柱、冰锥和冰侧墙，它们就会侵入隧道限界，对行车安全造成严重威胁。

（2）洞内网线设备挂冰。冬季隧道漏水，会因落在铁路电力牵引区段的接触网和电力、通信、信号架线上而结冰。若任其发展会坠断网线，使接触网短路、放电、跳闸，通信、信号中断，使行车和人身安全受到威胁。

（3）围岩冻胀。当隧道冻结圈范围内的含水量达到一定程度时，围岩会产生强烈的冻胀，冻胀力会使隧道发生破坏，具体表现如下：隧道拱部发生变形与开裂；隧道边墙变形严重；隧道内线路冻害；衬砌材料冻融破坏；隧底冻胀和融沉。

（4）衬砌断裂和胀裂。硬质围岩衬砌背后积水因冻胀产生的冰冻压力（称为冰劈作用）被传递给衬砌，并经常年缓慢发展积累，冰冻压力像楔子似的使衬砌出现破坏、断裂、掉块等现象。已裂解为小块状的拱部衬砌混凝土块，在冰劈作用下，可能发生错动掉块。此外，衬砌的工作缝和变形缝充水冻胀，经多次冻融循环，使裂缝不断扩大，引起衬砌裂开、疏松、剥落等病害。

2. 防治冻害的措施

隧道的冻害主要是防排水和防冻问题。如果能将衬砌背后围岩中的地下水排除，则主要冻害将大大减轻，甚至消除。国内关于寒冷地区隧道防冻害的措施主要有以下几种。

(1) 防冻隔热层。在寒冷地区的冬季，冷空气与围岩的热交换是产生冻害的主要原因之一。采取敷设防冻隔热层的措施，可以起到隔热保温的作用，从而大大缩小冻融圈的范围，以确保衬砌背部的水不冻结。敷设防冻隔热层的方式有两种：一种是在衬砌内缘表面敷设保温层，另一种是在两层衬砌之间敷设保温层。

(2) 中心深埋水沟。中心深埋水沟是将水沟埋置于洞内相应的冻结深度以下，利用地温达到排水沟内水流不致冻结的排水设施。中心深埋水沟一般适用于比较严寒的地区，即所在地黏性土的冻结深度在 1.5~2.5m 范围内，且冬季有水的隧道。中心深埋水沟与防寒泄水洞基本相似，其区别是，防寒泄水洞适用于季节冻深大的地区，可采用暗挖法施工；中心深埋水沟相对来说埋得浅，宜于明挖施工。中心深埋水沟的最大优点是明挖回填松散，渗透力强，排水效果好；缺点是在开挖时对已成衬砌及基底有一定影响。

(3) 保温水沟。保温水沟采用浅埋方式（浅于隧道内的最大冻结深度），在水沟内采取保温措施，以达到冬季水流不冻结的目的。保温水沟一般适用于寒冷地区，最冷月平均气温为 -10~-5℃，当地黏性土的冻结深度在 1.0~1.5m 范围内，且冬季有水或可能有水的隧道。当隧道较长时，因洞内温度较高，隧道中部一般不产生冻害，故只需在两端洞口 150~400m 范围内设置保温水沟即可，低洞口可适当加长。保温水沟一般采用侧沟式，水沟上部设双层盖板，在上下两层盖板间充填保温材料，保温层厚度一般不小于 30cm，下部为流水槽。

(4) 防寒泄水洞。防寒泄水洞是隧道排除地下水的主要措施之一，其形状类似一个带孔的小隧道，位于隧道的正下方，并将所设竖向盲沟、泄水孔、支导洞、检查井、锥体保温出水口等组成一个排水系统，通过该系统将衬砌后面围岩中的地下水汇集在泄水洞中，然后再排出隧道。泄水洞可以大大减少或消除隧道内部冒水、挂冰、积冰、冻胀等病害。

7.2.4 其他类病害的处治

1. 隧道衬砌腐蚀

建在富含腐蚀性介质地区的隧道，其衬砌背后的腐蚀性环境水容易沿衬砌的工作缝、变形缝、毛细孔及其他孔洞渗流到衬砌内侧，形成隧道渗漏水，它会对衬砌混凝土和砌石、灰缝产生物理性或化学性的侵蚀作用，造成衬砌腐蚀。在腐蚀介质的作用下，衬砌混凝土的主要病害有侵蚀麻坑、腐蚀疏松、掉末、剥落，裂缝渗出白色泡沫，露筋锈蚀，裂缝渗漏水，冻融加速开裂，造成混凝土脱皮、掉落。

(1) 常见病害。

①干湿交替盐类结晶性胀裂损坏。在隧道周围有含石膏、芒硝和岩盐的环境水的情况下，渗透到混凝土衬砌表面毛细孔和其他缝隙的盐类溶液，在干湿交替的条件下，由于低温蒸发浓缩析出白毛状或棱柱状结晶，产生胀压作用，促使混凝土由表及里，逐层

破裂、疏松、脱落。常见在边墙脚高 1m，混凝土沟壁，起拱线接缝和拱部等处裂缝呈条带状，局部渗水处蜂窝状腐蚀成孔洞，露石、集料分离，疏松，用手可掏渣。干湿交替盐类结晶性胀裂损坏会造成混凝土或不密实的沙石衬砌和灰缝起白斑、长白毛，逐层疏松剥落。沿渗水的裂缝和局部麻面处，条带状和蜂窝状腐蚀成凹槽和孔洞。

②硫酸盐侵蚀。隧道混凝土（或钢筋混凝土）衬砌结构产生很大的损伤破坏，长期作用下，衬砌结构变得酥松、成层剥落、强度下降，减弱隧道衬砌的整体承载能力，给安全运营带来隐患。损伤形式可概括为衬砌混凝土严重腐蚀变质、表面剥落和衬砌混凝土盐结晶侵蚀。

（2）治理措施。

①表面喷浆（混凝土）。以喷射在圬工体或围岩表面上的砂浆混凝土法代替压注水泥砂浆的处理法，除施工容易外，可使水泥砂浆渗入裂缝内，黏结开裂，使新旧圬工成为一个完整的受力体，可达到加固的目的。当初砌层严重风化剥落，造成衬砌层厚度减小时，以此法加固可获得满意效果。无衬砌隧道需加衬砌时，可用喷射混凝土的方法进行处理。当用于修补时，选喷射砂浆，其厚度为 3~4cm；当用于加强层处理时，可选喷射混凝土，其厚度为 5~10cm；当用于衬砌层时，需按隧道受力情况计算喷射层厚度。

②采用抗侵蚀混凝土。选用抗侵蚀的水泥和适当的矿物掺和料与外加剂进行治理。

2. 危石碎落

无衬砌隧道和半口洞，因风化作用发生危石脱落和碎落石。其处治方法如下：①小面积的碎落石区，用抹水泥砂浆进行稳固。②碎落石区较大时，可喷射水泥砂浆进行稳固。③当清除危石，发生其他碎石下落的情况时，可用支撑支护、锚固。在危石周围埋锚杆，挂钢筋网后喷射水泥砂浆或混凝土进行稳固。④用喷射水泥混凝土为衬砌层方法处理较大范围的碎落危石，形成稳固的新衬层，使碎落得以根治；⑤土隧道黄土开裂，对无衬砌的土隧道，待其多年的干裂缝稳定后，缝内填以水泥、砂泥；如片块脱落，用喷射砂浆加以稳固。

3. 明洞超载

明洞顶因两边崩塌而增大洞顶回填土石，若其超过板或拱圈的载重，会发生断板或拱券开裂的情况。其处治方法如下：①保护，一是平整填土及夯实，使地面水排除顺利；二是清除多余塌方，减轻洞顶静载；三是稳固明挖部分的边坡，不使边坡坍塌。②修理，断板及断拱要大修，首先进行支护，保证正常通行，处理断板及断拱可按处理拱券变形的方法进行。

参考文献

[1] 陈栋梁. 桥梁技术状况评定方法比较研究 [D]. 重庆：重庆交通大学，2013.
[2] 费月英，任小艳. 公路工程检测技术 [M]. 成都：西南交通大学出版社，2011.
[3] 杭争强，张运山，刘小飞. 道路桥梁工程施工与养护维修技术 [M]. 武汉：华中科技大学出版社，2021.
[4] 黄煜镁. 道路与桥梁工程试验检测技术 [M]. 重庆：重庆大学出版社，2021.
[5] 赖雪锋. 高速公路桥梁养护与维修加固的施工技术分析 [J]. 工程建设与设计，2023（12）：206-208.
[6] 李果，杨坚强. 公路养护技术与管理 [M]. 天津：天津科学技术出版社，2019.
[7] 李玉华，钟栋青，范生海. 公路工程试验检测技术 [M]. 上海：华东理工大学出版社，2023.
[8] 刘凤伟. 公路桥梁养护及维修加固施工技术研究 [J]. 工程建设与设计，2022（12）：216-218.
[9] 刘俊峦. 高速公路沥青路面养护管理技术探讨 [J]. 工程建设与设计，2023（3）：100-102.
[10] 沈艳东，李月姝. 公路养护 [M]. 2版. 北京：北京理工大学出版社，2021.
[11] 汪玚. 从传统到现代：中国公路养护行业的智能化转型之路 [J]. 交通建设与管理，2023（4）：1.
[12] 王亦章. 橡胶沥青同步碎石封层技术在公路养护中的应用 [J]. 工程建设与设计，2024（8）：178-180.
[13] 魏景新. 沥青路面同步碎石封层施工技术 [J]. 交通世界，2023（11）：86-88.
[14] 夏杰. 预防性养护技术在公路养护中的应用研究 [J]. 工程建设与设计，2023（16）：143-145.
[15] 辛公锋，黎奎. 公路工程试验检测技术与管理 [M]. 徐州：中国矿业大学出版社，2017.
[16] 徐凯，初国栋，李新永. 道路工程试验与检测技术应用研究 [M]. 长春：吉林科学技术出版社，2022.
[17] 杨婕，柳治国. 公路隧道技术状况检测与评价 [M]. 北京：北京理工大学出版社，2021.
[18] 姚立阳. 公路工程试验检测技术 [M]. 北京：中国建材工业出版社，2019.
[19] 齐永生，王佳宾. 路基路面试验检测技术 [M]. 合肥：合肥工业大学出版社，2021.
[20] 赵金云，汪洁. 公路工程检测技术 [M]. 2版. 北京：北京理工大学出版社，2018.
[21] 周爱成，马运朝. 公路养护与管理 [M]. 重庆：重庆大学出版社，2022.
[22] 张钊. 公路路基路面快速检测技术应用研究 [D]. 西安：长安大学，2017.